浙江省高职院校"十四五"重点立项建设教材　　活页式

商务大数据的获取处理与可视化分析

主　编　刘晓刚　谢红标　刘　芳
副主编　许莉丽　覃浩轩
参　编　石奇亮　钱燕群

 北京理工大学出版社
BEIJING INSTITUTE OF TECHNOLOGY PRESS

版权专有　侵权必究

图书在版编目（CIP）数据

商务大数据的获取处理与可视化分析 / 刘晓刚，谢红标，刘芳主编. -- 北京：北京理工大学出版社，2025.1.
ISBN 978-7-5763-4691-6

Ⅰ. F712.3

中国国家版本馆 CIP 数据核字第 2025P2P608 号

责任编辑：钟　博　　　**文案编辑**：钟　博
责任校对：周瑞红　　　**责任印制**：施胜娟

出版发行 / 北京理工大学出版社有限责任公司
社　　址 / 北京市丰台区四合庄路 6 号
邮　　编 / 100070
电　　话 / （010）68914026（教材售后服务热线）
　　　　　　（010）63726648（课件资源服务热线）
网　　址 / http://www.bitpress.com.cn

版 印 次 / 2025 年 1 月第 1 版第 1 次印刷
印　　刷 / 河北盛世彩捷印刷有限公司
开　　本 / 787 mm×1092 mm　1/16
印　　张 / 15.75
彩　　插 / 2
字　　数 / 370 千字
定　　价 / 52.80 元

图书出现印装质量问题，请拨打售后服务热线，负责调换

前　言

一、编写背景

党的二十大报告明确指出，要加快发展数字经济，促进数字经济和实体经济深度融合，打造具有国际竞争力的数字产业集群。发展数字经济的战略地位更加稳固，发展数字经济已成为推进中国式现代化的重要驱动力量。高校要以习近平新时代中国特色社会主义思想为指导，全面落实立德树人根本任务，立足区域经济社会发展和职业教育特色，根据现代职业教育体系建设趋势和要求，体现产教融合发展生态，打造职业教育和人才培养新高地，为社会主义现代化建设提供高素质技术技能人才支撑。结合此背景，融合当前主流热点技术，从企业引进丰富的案例和数据，编者开发了这本新型活页式教材，以方便学生的移动学习、碎片化学习、线上与线下结合学习，争取为社会主义数字化人才培养提供优秀的教学载体。

二、本书的主要内容

本书以习近平新时代中国特色社会主义思想为指导，贯彻落实党的二十大精神，融合当前主流热点技术——Python 语言程序设计、Web 网络爬虫与大数据获取、商务大数据的处理与可视化分析、AI 模型预测分析和聚类分析等。本书内容循序渐进，培养学生具备互联网环境下的数据获取、管理与处理以及分析能力，为今后从事相关工作奠定基础。本书偏重应用，案例和数据丰富，实训任务求真、求新，注重理论和实践相结合，设置预备知识、任务实施准备、任务实施与分析、拓展知识、思考与总结、能力提升、任务训练等多个模块，符合高职学生的特点。

本书按照商务大数据分析与管理的知识体系，组织成 4 个项目、18 个任务，以任务为载体，构建行动体系。项目一"管理商务数据"，引导学生使用 Python 语言进行初步的数据处理与管理。项目二"获取商务数据"，介绍如何利用 Python 语言通过 XPath、正则表达式、Selenium 等技术编写网络爬虫以获取互联网上的数据。项目三"处理分析商务大数据初步"，介绍如何使用 Pandas、NumPy、Matplotlib 三大库进行基础的商务大数据处理分析。项目四"处理分析商务大数据进阶"，介绍如何使用 Seaborn 库、Pyecharts 库、聚类和 AI 模型等高阶技术进行较复杂的商务大数据处理分析。

三、本书的编写特点

（1）本书基于"项目导向、任务驱动"教学模式编写，突出实践与应用，适合高职特点。本书从应用入手，提出问题，解决问题，再总结归纳；理论部分"精学够用"，突出实践与应用；通过任务型课程的设计，让学生充分在学习上"动"起来，由传统的被动学习转为主动学习和探究。本书的组织过程构成了以工作任务为主线、以学生为主体、以教师为主导的新型教学模式。本书创设任务情境，以实际的工作任务驱动学生主动学习，达到培养学生分析问题和解决问题能力的目的。

（2）校企联合共建课程，合作开发教材。浙江经贸职业技术学院专门建设有校外紧密性实训基地（包括杭州恒生聚源信息技术有限公司、杭州普罗云科技公司、杭州柯铭智能科技有限公司等），每年吸收多名实习生到基地实习，从事程序设计、数据采编、处理、分析业务等，已有多届多名学生成为基地的正式员工。浙江经贸职业技术学院与基地的公司签订了多年的顶岗实习合作协议，社会影响度良好；已与基地的公司签订《校企合作课程建设协议书》，将共同建设课程，由基地的公司提供应用案例，合作撰写教材。

（3）本书和谐、顺畅地融入思政元素，特别是融入党的二十大报告精神，潜移默化地培育学生，为浙江省首批课程思政示范课程"商务数据分析与管理"的配套教材。编者经过深层次的分析，探索本书内容与思政元素的关联因子，然后将它们和谐、顺畅地联系起来，使学生潜移默化地接受培育。

（4）本书构建了知识体系的模块化结构。本书将知识体系按由易到难、由浅入深的规律分为18个任务，对每个任务中的知识点、技能点根据其重要程度、使用频率、掌握的必要性等要素进行了合理取舍，形成了层次分明、结构清晰、方便学习的模块化结构。

（5）本书构建了模块式新形态的活页式结构。本书将纸质固定方式与电子活页方式完美结合，形成活页式教材模式，并且采用活页式装订，方便取出或加入内容，也便于学生在学习中记录重点、难点及心得体会。

（6）本书配有丰富的在线资源库。本书紧密联系课程，依托教学平台，配有丰富的课程资源，包括整体设计、单元设计、PPT、微视频、任务书等，方便学生使用。

四、本书的使用建议

本书中案例程序的软件环境推荐使用 Anaconda 3 与 PyCharm 2023 社区版的组合，部分第三方库需要自行安装。操作系统建议使用 Windows 10 或 Windows 11。推荐采用理论实践一体化的教学模式使用本书，建议学时为54学时，其中项目一建议9学时，项目二建议15学时，项目三建议18学时，项目四建议12学时。

本书使用的所有任务单已经过编者多年教学实践检验并根据行业发展不断调整内容，学生反馈良好，配有电子版以供下载。本书嵌入了多个真实源数据及分析案例，仅供师生在授课和学习时参考，其源数据、分析策略和版权均为原作者所有，请学习者勿将其用于商业用途。

五、本书的编写团队

本书由浙江经贸职业技术学院商务数据分析与管理教学团队集体完成。刘晓刚教授担任第一主编，负责全书的整体设计、任务设计和统稿，以及项目二～四的编写；谢红标副教授负责项目一的编写，刘芳讲师负责案例的收集、整理与校对；许莉丽副教授、覃浩轩讲师任副主编，负责代码的编写、资源的收集、整理等；杭州市电子信息职业学校的石奇亮高级讲师、嘉善信息技术工程学校的钱燕群高级讲师参编，负责资源建设等。感谢杭州恒生聚源信息技术有限公司、杭州普罗云科技有限公司、杭州柯铭智能科技有限公司提供的一线案例和数据。

编者在编写本书的过程中参阅了大量网络资料，编者已尽可能在书中相应位置和参考文献中列出，在此对原作者表示感谢。因疏漏没有列出或网络引用出处不详者，在此表示深深的歉意。

由于编者水平有限，书中难免有不妥之处，敬请广大读者批评指正。针对本书内容选取、编排和活页式教材使用等方面的建议请发邮件至 sylxg@163.com。

编　者

目　　录

项目一　管理商务数据 ··· 001

项目背景 ··· 001
研究内容 ··· 001
学习目标 ··· 002
任务 1　安装 Python 并按格式打印商品数据 ·· 003
任务 2　转换商品数据类型并打印 ·· 012
任务 3　使用 Python 自定义函数打印商品数据表格 ·· 023
素养提升 ··· 044
项目评价 ··· 045

项目二　获取商务数据 ··· 047

项目背景 ··· 047
研究内容 ··· 048
学习目标 ··· 048
任务 1　编写 XPath 单页面爬虫获取互联网数据 ··· 049
任务 2　编写 XPath 多页面爬虫获取互联网数据 ··· 059
任务 3　编写正则表达式元字符爬虫获取互联网数据 ·· 065
任务 4　编写正则表达式非贪婪爬虫获取互联网数据 ·· 074
任务 5　编写 Selenium 爬虫获取互联网数据 ·· 086
素养提升 ··· 095
项目评价 ··· 096

项目三　处理分析商务大数据初步 ··· 097

项目背景 ··· 097
研究内容 ··· 097
学习目标 ··· 098
任务 1　简单分析中印法国家发展情况数据 ·· 099
任务 2　导入分析中国国民经济核算数据 ·· 115
任务 3　分组分析世界电子游戏销量数据 ·· 129
任务 4　使用 NumPy 库计算分析适合共享单车绿色出行的季度 ································ 145

任务 5	分段与交叉分析世界各区域幸福指数	158
任务 6	合并分析手机系统流量	170
素养提升		179
项目评价		180

项目四 处理分析商务大数据进阶 181

项目背景 181
研究内容 181
学习目标 182
任务 1　Seaborn 库相关性分析短视频网站数据 183
任务 2　Pyecharts 库词云分析成都大运会数据 196
任务 3　AI 模型预测分析人口数据及商品销售额 215
任务 4　K-Means 聚类分析电商广告效果 230
素养提升 243
项目评价 244

参考文献 245

项目一

管理商务数据

项目背景

党的二十大报告强调,"加快发展数字经济,促进数字经济和实体经济深度融合,打造具有国际竞争力的数字产业集群"。习近平总书记指出,"构建以数据为关键要素的数字经济,推动实体经济和数字经济融合发展"。加快发展数字经济,促进数字经济和实体经济深度融合,提升实体经济发展水平,是我国把握新一轮科技革命和产业变革新机遇、实现经济高质量发展与打造竞争新优势的战略选择。

利用信息化手段管理商务数据,不仅能有效提升企业的运营效率,同时能为企业的决策提供有力的数据支持。

在现代企业管理中,Python 作为一种强大且灵活的编程语言,在商务数据管理中发挥着重要作用。强大的数据处理和分析能力使 Python 成为企业实现信息化和数字化转型的重要工具。Python 不仅可以大幅提升企业的运营效率,还能通过数据驱动决策,优化业务流程,增强企业的市场竞争力。

本项目的任务情境如下。杭州多多商贸有限公司是一家销售图书和文具的小型企业,为了提升业务管理效率,该公司委托杭州恒深科技信息有限公司开发一款软件,对商品和销售情况进行全面管理,以增强市场竞争力。

研究内容

本项目主要研究 Python 的基本语法以及使用 Python 管理商务数据的方法。具体研究内容如下。

(1) Python 的简要介绍。

(2) Python 基本数据结构的使用。

(3) Python 流程控制的使用。

(4) Python 自定义函数和模块的使用。

学习目标

知识目标
（1）理解 Python 的语法基础。
（2）描述 Python 编码格式与数据类型。
（3）理解 Python 字符串格式化。
（4）归纳 Python 的复杂结构。
（5）实现 Python 的分支与循环结构。
（6）描述 Python 常用函数的特点。

技能目标
（1）能够熟练使用 PyCharm 工具编写和运行 Python 程序。
（2）能够正确使用 Python 编码格式与数据类型。
（3）能够熟练使用 Python 字符串格式化方法。
（4）能够使用 Python 的复杂结构编程。
（5）能够使用 Python 的分支与循环结构编程。
（6）能够使用 Python 的函数编程。
（7）能够使用 Python 的模块与导入方法。

素养目标
（1）领悟中国共产党的英明领导，领悟中华传统文化的伟大。
（2）培养尊重知识产权、严保数据安全和国家安全的责任意识。
（3）爱岗敬业，遵守职业道德和行为规范，具有诚实、守信的高尚品质。

任务 1　安装 Python 并按格式打印商品数据

预备知识

1. Python 简介

Python 简介

Python 是一种面向对象的解释型计算机程序设计语言，由荷兰人 Guido van Rossum 于 1989 年发明，其第一个公开发行版本发行于 1991 年[1]。

相比于 1995 年发行的 Java，Python 为解释型动态语言，天生存在运行速度较低的问题，因此它在诞生初期并不被编程界看好。其追求开发速度、强调简洁优雅、降低编程门槛的核心理念超越了当时的主流思想。

Java "出身名门"，由当时的互联网头号公司 SUN 发布并得到大力推广，且由一个能力强、专职、有组织的团队进行开发和维护，因此很快获得成功。Python 由个人编写，由志愿者帮助开发和维护。个人的时间和精力是有限的，志愿者的帮助相比正规大公司也差了许多，这些都导致 Python 在诞生初期发展缓慢。

时至今日，计算机的硬件性能已经得到数量级的提高，运行速度不再是限制编程语言的最重要原因，敏捷开发成为生产环境下选择编程语言的重要因素，Python 的优点得到很好的发挥，从而开始快速崛起。自 2012 年起，随着数据科学和机器学习的兴起，Python 凭借其丰富的库和工具，逐渐成为这些领域的首选编程语言，迎来了爆发式的发展。从图 1-1 所示的，TIOBE 官网公布的 2024 年 8 月编程语言排行榜来看，Python 已经成为开发者最喜爱的编程语言[2]。

Aug 2024	Aug 2023	Change	Programming Language	Ratings
1	1		Python	18.04%
2	3	∧	C++	10.04%
3	2	∨	C	9.17%
4	4		Java	9.16%
5	5		C#	6.39%
6	6		JavaScript	3.91%

图 1-1　TIOBE 官网公布的编程语言排行榜

Python 大受欢迎的主要原因有以下几点。

（1）Python 对大数据和人工智提供了很好的支持，它们都是当今最火热的技术。

（2）Python 作为一种开源编程语言，其活跃的社区中有众多贡献者，他们互帮互助，共同促进了 Python 生态系统的繁荣。

（3）Python 具有"内置电池"的特点，拥有大量的标准库和第三方库，使开发者能够轻松实现各种功能。

（4）Python 具有跨平台、可移植、可扩展、交互式、解释型和面向对象等优点，这进一步提升了其适用性和灵活性。

（5）Python语法简洁、容易理解，开发速度高，符合当今潮流。

Python有强大的数据处理库（如NumPy、Pandas）和机器学习库（如Scikit-learn、TensorFlow）等，为数据科学和机器学习方面的研究和开发人员提供了强大的工具。不仅如此，在网络开发和后端开发方面Python也崭露头角，其流行的Web框架（如Django和Flask）为开发者提供了快速开发高效、安全的应用程序的能力。根据GitHub的2023年报告[3]，Python是仅次于JavaScript的第二大最受欢迎的编程语言，被广泛应用于Web开发和后端开发项目中。另外，Python的简洁性和易用性使其成为自动化和脚本编写的理想选择，无论是在系统管理、测试还是日常任务的自动化中，Python都发挥着重要作用。

2. PyCharm 的安装与使用

PyCharm是Python最常用的集成开发环境（Integrated Development Environment，IDE）之一，分为社区版和专业版。社区版是免费的，适用于大多数Python开发需求，推荐学生使用。专业版提供了更多高级功能，但需要付费，适用于进行商业软件开发的程序员。访问PyCharm官网（https://www.jetbrains.com.cn/pycharm/），选择适合的版本和适用于操作系统的PyCharm安装程序，单击"下载"按钮，就可以获得PyCharm的安装包。

Python 的安装与使用

安装包下载完成后，双击安装包进行安装。在安装的过程中，需要设置一些选项，如安装路径（不要包含中文字符）、创建桌面快捷方式等。

在实际使用过程中需要对PyCharm进行一些个性化的设置，这里以安装简体中文插件、设置主题等为例进行简要介绍。

1）安装简体中文插件

运行PyCharm后，选择"File"→"Settings"选项，在"Setting"面板中选择"Plugin"选项，然后在搜索框中输入"Chinese"，找到简体中文插件进行安装（即"ChinesePinyin-CodeCompletionHelper"）。

2）设置主题

在"设置"面板中选择"外观"选项，选择需要的主题（如Light），然后单击"确定"按钮即可。

3）创建和运行Python项目

在"文件"菜单中选择"新建项目"命令，设置Python项目存储位置、Python解释器等，再单击"创建"按钮即可新建一个Python项目。

在打开的Python项目环境中，选择需要运行的Python文件，单击"▷"按钮运行，如图1-2所示。也可以在Python项目中新建一个Python文件，在其代码区中通过键盘输入代码进行编程、调试和运行。

3. Anaconda 的安装与使用

为了更方便地使用Python，建议安装Anaconda搭配PyCharm使用。这一方面是因为Anaconda的安装包中有大量常用的第三方库，不需要再花时间另外安装；另一方面是因为Anaconda本身为统计分析利器，带有Jupyter Notebook这个重要工具，在项目三和项目四中需要经常用到。

访问Anaconda官网（地址为https://www.anaconda.com/download），选择合适的版本和适用于操作系统的安装包下载。下载完成后，双击安装包进行安装。安装完成后打开PyCharm，选择"文件"→"设置"选项，打开"设置"对话框，在左侧选择"项目"→"Python解释器"选项，如图1-3所示，将Python解释器指定为安装好的Anaconda目录中的

项目一　管理商务数据

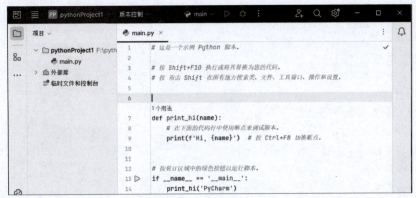

图 1-2　运行 Python 项目

"python.exe"文件（图中是完整路径"C:\ProgramData\Anaconda3\python.exe"，实际根据 Anaconda 的安装位置选择路径），这样 PyCharm 就可以直接使用 Anaconda 中的第三方库了。

图 1-3　指定 Python 解释器

4. Python 语法基础

Python 标识符用于命名变量、函数、类、模块和其他对象的名称，它们必须遵循一定的规则和惯例，以确保代码的可读性和一致性。

（1）标识符可以由字母（a~z，A~Z）、数字（0~9）和下划线（_）组成，同时不能以数字开头。

Python 基本语法

（2）Python 中的关键字不能用作标识符。这些关键字是 Python 的保留字，具有特殊的意义。常见的关键字包括 if、else、while、for、def、class 等。

Python 中的注释用于在代码中添加说明性文字，帮助程序员理解代码的逻辑和功能，Python 提供了单行注释和多行注释两种方式。

（1）单行注释以井号（#）开头，注释内容跟在#之后。单行注释常用于对某一行代码进行解释。例如：

```
# 这是一个单行注释
x = 10  # 变量 x 被赋值为 10
```

（2）多行注释通常用于对大段代码进行解释，可以使用多个单行注释或者三引号［3 个英文单引号（'''）或 3 个英文双引号（"""）］包裹注释内容。例如：

```
def add(a, b):
    """
```

```
    这个函数用于计算两个数的和
    参数:
    a (int): 第一个加数
    b (int): 第二个加数
    返回:
    int: 两个加数的和
    """
    return a + b
# 计算 5 和 3 的和
result = add(5, 3)
print(result)              # 输出结果为 8
```

在 Python 中，代码的结构和语义是通过行和缩进来表示的。Python 中的一行代码通常对应一个语句，每个语句结束时无须使用分号或其他符号。使用缩进来表示代码块的层次结构，缩进的数量由空格或制表符决定。通常使用 4 个空格表示一个缩进层级。例如：

```
if True:
    print ("True")
else:
    print ("False")
```

在 Python 中，最常用的输出方式是使用 print( )函数。print( )函数可以输出字符串、数字和其他数据类型，多个参数之间用逗号分隔时，输出时会自动在数据之间添加空格。例如：

```
print("Hello, World!")
print(42)
print("The answer is", 42)
```

运行结果如下，注意最下面一行在 42 前添加了空格：

```
Hello, World!
42
The answer is 42
```

print( )默认输出是换行的，如果不换行，则需要在变量末尾加"end=" ""。这一对双引号中间可以是空格，也可以是逗号、分号等符号，作为输出数据之间的间隔。例如：

```
counter = 100              #整型对象
miles = 1000.0             #浮点型对象
name = "Jingmao"           #字符串
print(counter,end=" ")     #以空格结尾,不换行
print(miles,end=",")       #以逗号结尾,不换行
print(name)
```

运行结果如下：

```
100 1000.0,Jingmao
```

Python 中的变量不需要声明类型，但每个变量在使用前都必须赋值，赋值以后该变量才会被创建。Python 中能直接处理的数据类型有十余种，如表 1-1 所示。

表 1-1 Python 中的基本数据类型

数据类型	说明
整型	代表没有小数部分的数，包括正数、负数或零
浮点型	代表有小数部分的数，通常是双精度
复数	有实部和虚部的数，如 3+5i
字符串	以英文单引号或双引号括起来的字符组成的不可变序列
列表	包含不同类型的元素的有序集合，元素可以被修改
元组	类似列表，但一旦创建便不能被修改
字典	存储键值对，其中每个键对应一个值。键必须是不可变类型
集合	一个无序的不重复元素集
布尔型	表示逻辑值 True 和 False
空	表示不存在或空值，只有一个值 None

Python 中常用的运算符如表 1-2 所示。

表 1-2 Python 中常用的运算符

运算符	说明	示例
+	加法	5 + 3 结果为 8
-	减法	10 - 2 结果为 8
*	乘法	4 * 2 结果为 8
/	除法	16 / 2 结果为 8.0
//	整除	17 // 2 结果为 8
%	取模	10 % 2 结果为 0
**	幂	2 ** 3 结果为 8
=	赋值	x = 5 将 5 赋给 x a, b, c = 1, 2, "Jingmao"（多变量赋值）
==	等于	5 == 5 结果为 True
!=	不等于	5 != 3 结果为 True
>	大于	5 > 3 结果为 True
>=	大于等于	5 >= 5 结果为 True
and	逻辑与	True and False 结果为 False
or	逻辑或	True or False 结果为 True
not	逻辑非	not True 结果为 False

Python 提供了多种字符串格式化方法，使生成带有变量值的字符串更加简便和可读。

（1）使用 % 操作符。

这是 Python 早期使用的字符串格式化方法。% 操作符允许通过指定格式化字符串和一个值或值的元组来创建新的字符串。例如：

```
name = "Jack"
age = 30
height = 1.8
# %s 表示字符串,%d 表示整数,%f 表示浮点数
formatted_str = "Name: %s, Age: %d, Height: %.1f" % (name, age, height)
print(formatted_str)
```

运行结果如下：

Name: Jack, Age: 30, Height: 1.8

（2）使用 format() 方法。

format() 方法的功能比采用%操作符的功能更强大，使用大括号（{}）作为特殊字符代替%。例如：

Format 格式化.mp4

```
name = "Jack"
age = 30
height = 1.8
formatted_str = "Name: {}, Age: {}, Height: {:.1f}".format(name, age, height)
print(formatted_str)
```

运行结果如下：

Name: Jack, Age: 30, Height: 1.8

也可以通过在大括号内添加数字来指定参数的顺序。例如：

```
formatted_str = "Name: {0}, Age: {1}, Height: {2:.1f}".format(name, age, height)
print(formatted_str)
```

运行结果同上。

（3）使用 f-string。

使用 f-string 是 Python 3.6 及以上版本引入的一种格式化字符串的方法，即通过在字符串前加 f 字符，直接在字符串中插入变量。例如：

```
name = "Jack"
age = 30
height = 1.8
formatted_str = f"Name: {name}, Age: {age}, Height: {height:.1f}"
print(formatted_str)
```

运行结果同上。

（4）对齐。

format() 方法支持通过格式说明符来指定对齐方式。

① <：左对齐。

② >：右对齐。

③ ^：居中对齐。

在格式说明符中，还可以指定填充字符，默认的填充字符是空格。例如：

```
text = "Hello"
formatted_str = "{:<10}".format(text)        #取10位左对齐
print(f"'{formatted_str}'")
```

运行结果如下：

'Hello   '

右对齐：

```
text = "Hello"
formatted_str = "{:>10}".format(text)        #取10位右对齐
print(f"'{formatted_str}'")
```

运行结果如下：

'   Hello'

居中对齐：

text = "Hello"
formatted_str = "{:^10}".format(text)   # 取 10 位居中对齐
print(f"'{formatted_str}'")

运行结果如下：

' Hello   '

（5）其他格式化参数。
除了对齐操作以外，Python 字符串格式化还支持其他格式化参数，具体如下。
① b：二进制整数。
② c：字符。
③ d：十进制整数。
④ o：八进制整数。
⑤ x：十六进制整数。
⑥ e：科学计数法。
⑦ g：通用格式，根据值的大小自动选择 f 或 e。
⑧ n：当地化数字。
⑨ %：将数字格式化为百分比形式。
⑩ r 或 R：去除转义。
例如：

```
print('{0:b}'.format(3))           #输出 11
print('{:c}'.format(65))           #输出 A
print('{:d}'.format(20))           #输出 20
print('{:o}'.format(20))           #输出 24
print('{:x}'.format(20))           #输出 14
print('{:e}'.format(20))           #输出 2.000000e+01
print('{:g}'.format(20.1))         #输出 20.1
print('{:f}'.format(20))           #输出 20.000000
print('{:n}'.format(20))           #输出 20
print('{:%}'.format(20))           #输出 2000.000000%
print(r'Jing\nmao')                #输出 Jing\nmao
```

任务实施准备

通过预备知识的学习，同学们已经了解了 Python，以及 Python IDE 的安装和使用，掌握了 Python 的基本语法，接下来运用这些知识以表格方式输出商品数据列表。在任务实施前需要准备好计算机和相关软件，要求安装好 Word 软件和中文输入法等，操作系统可以是 Windows 10 或 Windows 11。

本任务要求先下载并安装好 Python，然后编写程序，模拟以简易表格方式打印输出商品数据列表。要求提示输入购买数量，用户输入购买数量后，打印包含商品编码、图书名称、数量和商品金额等的列表,表格线必须对齐,商品编码使用学生自己的完整学号,图书名称为"杨沫·青春之歌",定价为40.5元。例如,只购买一本书的打印结果如下:

请输入购买数量:1

商品编码	图书名称	数量	商品金额
1002563	杨沫·青春之歌	1	40.50

购买6本书的打印结果如下:

请输入购买数量:6

商品编码	图书名称	数量	商品金额
1002563	杨沫·青春之歌	6	243.00

任务实施与分析

任务实施包括多个步骤,首先是PyCharm和Anaconda的下载、安装和配置,然后是代码的编写与运行。

步骤1:完成Anaconda的下载、安装和配置。
要求到指定网站下载指定版本的Anaconda,然后安装到指定位置,并且配置好开发环境。
步骤2:完成PyCharm的下载、安装和配置。
要求到指定网站下载指定版本的PyCharm,然后安装到指定位置,并配置好IDE。
步骤3:完成本任务的代码编写。
要求使用format( )方法进行格式化输出打印,灵活使用半角字符、全角字符和换行功能,表格线必须对齐。
步骤4:完成本任务的代码运行。
代码运行必须正常,并且能打印输出正确的效果,否则修改代码并继续运行。

思考与总结

通过以上的学习,同学们完成了Python的安装、使用和多种格式输出,请同学们比较并思考Python的哪种字符串格式化输出方法最值得推荐。

能力提升

请同学们打开课程中心页面,完成以下任务:使用Python根据用户输入的数据输出学生信息列表。

任务训练

请同学们根据本任务的内容,独立完成任务单1-1中的实训。

项目一 管理商务数据

任务单 1-1

任务单 1-1

班级		学号		姓名	
实训 1-1	安装 Python 并按格式打印商品数据				
实训目的	（1）能够安装 Python 并配置 IDE。 （2）能够熟练使用 PyCharm 编写和运行 Python 程序。 （3）能够正确使用 Python 编码格式与数据类型。 （4）能够熟练使用 Python 字符串格式化方法。 （5）领悟中国共产党的英明领导，培养严谨、细致、耐心、有担当的职业素养。				
实训过程	（1）下载并安装 Anaconda，将安装成功的界面截图粘贴在下面。 （2）下载并安装 PyCharm，将安装成功的界面截图粘贴在下面。 （3）启动 PyCharm，新建文件"python1-1.py"，编写程序，模拟以简易表格方式打印输出商品数据列表，要求提示输入购买数量，用户输入购买数量后，打印出包含商品编码、图书名称、购买数量和商品金额等的列表。注意表格线必须对齐，商品编码为学生自己的完整学号，图书名称为"杨沫·青春之歌"，定价为 40.5 元。请完成"python1-1.py"的代码编写。 （4）完成"python1-1.py"的代码运行，将运行结果截图粘贴在下面。				
总结	（1）通过本任务你学到了什么？ （2）在本实训中你遇到了哪些问题？你是怎么解决的？				

任务2　转换商品数据类型并打印

预备知识

1. 列表

列表（List）是 Python 中最常用的数据结构之一，它提供了一种灵活且高效的方式来存储和操作有序的数据集合，广泛应用于数据处理、算法实现和软件开发等领域。列表中的元素可以是任意类型，包括数字、字符串、元组、列表等。

列表

1）列表的创建与赋值

在 Python 中，创建列表只需要将元素放在方括号([])中，用逗号进行分隔。例如：

```
stu_list=[]                        #创建一个空列表
stu_list=["jack","john"]           #创建一个列表并赋值为字符串
co_list=[1,"peach",2,"orange"]     #创建一个列表并赋值为不同的数据类型
```

2）列表元素的访问

列表中的元素可以通过索引访问，索引为负数表示从列表末尾开始向前数（如-1 表示从末尾向前数的第一个元素）。例如：

```
stu_f=stu_list[0]                  #访问 stu_list 列表的第 1 个元素
stu_l=stu_list[-1]                 #访问 stu_list 列表的最后一个元素
```

如果要访问多个元素，可以通过"切片"的方式完成，基本形式是 [开始：结束]。例如：

```
print(co_list[1:3])                #输出第 1 个元素到第 3 个元素(不包括第 3 个元素)
```

当然，也可以间隔一个或多个元素访问，形式为 [开始：结束：步长]。例如：

```
print(co_list[0::2])               #从第 0 个元素开始每隔一个输出到末尾
```

3）列表元素的添加和删除

为列表添加元素有两种方法。一种是使用 append()方法将元素添加到列表的尾部。例如：

```
stu_list. append("Rose")           #在列表尾部添加一个元素
```

另一种是使用 insert()方法将元素插入指定位置。例如：

```
stu_list. insert(1,"Mike")         #在列表的第 1 个位置插入元素"Mike"
```

insert()方法的逆操作是 pop()方法，其作用是将特定位置的元素移除并返回。例如：

```
stu_list. pop(2)                   #把列表的第 2 个位置的元素移除,返回"john"
```

也可以通过 remove()方法把指定的元素移除（remove()方法只会移除第一个匹配的元素）。例如：

```
stu_list. remove("Mike")           #移除列表中的元素"Mike"
```

4）列表的连接

Python中列表的连接也有两种方法可以实现。一种是使用加号（+）操作符。例如：

stu_list＝stu_list+["Aimi","lina"]　　　#stu_list列表连接一个新列表

另一种是通过extend（）方法实现。例如：

stu_list.extend(["Aimi","lina"])　　　#为列表添加多个元素

5）列表元素的排序

可以调用sort（）方法对列表元素进行排序。例如：

int_list＝[1,4,6,3,2,5]　　　#创建一个整型列表
int_list.sort()　　　#对列表元素进行排序

6）列表相关函数

列表相关函数如表1-3所示。

表1-3　列表相关函数

序号	函数	作用
1	len(list)	返回列表的元素个数
2	max(list)	返回列表中元素的最大值
3	list(seq)	将元组转换为列表

7）列表相关方法

列表相关方法如表1-4所示。

表1-4　列表相关方法

序号	方法	作用
1	list.count(obj)	返回列表中某个元素出现的次数
2	list.index(obj)	返回列表中某个元素值第一个匹配项的索引值
3	list.reverse()	反向排列列表的元素
4	list.clear()	清空列表
5	list.copy()	复制列表

2. 元组

元组（Tuple）与列表类似，其不同之处在于元组的元素不能修改，列表写在"[ ]"中，而元组写在小括号"()"中，元素之间也用逗号隔开。元组的操作与列表的操作基本类似，下面通过一段代码来说明。

元组

```
tuple=('abcd',786,2.23,'jingmao',70.2)    #定义元组并赋值
tinytuple=(123,'jingmao')                 #定义元组并赋值
print(tuple)                              #输出完整元组
print(tuple[0])                           #输出元组的第1个元素
print(tuple[1:3])                         #输出第2个元素到第3个元素
print(tuple[2:])                          #输出从第3个元素开始的所有元素
print(tinytuple*2)                        #输出2次元组
print(tuple+tinytuple)                    #连接元组
```

运行结果如下：

('abcd', 786, 2.23, 'jingmao', 70.2)
abcd
(786, 2.23)
(2.23, 'jingmao', 70.2)
(123, 'jingmao', 123, 'jingmao')
('abcd', 786, 2.23, 'jingmao', 70.2, 123, 'jingmao')

值得注意的是，虽然元组的元素不可改变，但它可以包含可变的对象，如列表，同时列表和元组都属于有顺序序列（Sequence）。

3. 字典

与列表和元组相比，字典是无序的对象集合，它是一种映射类型，用"{}"标识，是一个无序的键值对集合。

字典

1) 字典的创建与赋值

字典可以在创建时同时赋值，也可以在创建后逐个赋值。例如：

```
dict={}                                              #创建一个空字典dict
dict['one']="教材"                                   #在字典中添加一个键值对,'one'为键,"教材"为值
my_dict = {'name': 'Alice', 'age': 25, 'gender': 'female'}    #创建一个字典,同时赋值
```

2) 字典中值的获取

可以通过键来获取字典中对应的值。例如：

```
name=my_dict['name']    #通过键'name'获取值'Alice'
```

3) 字典中值的修改

字典中的值可以修改，修改时要指明其对应的键。例如：

```
my_dict['name']='Rose'    #通过键'name'修改对应的值为'Rose'
```

(4) 字典元素的删除和字典的清空

可以使用 del 语句和 pop() 方法删除字典元素，del 语句的语法格式如下：

```
del dict[key]
```

其中 dict 表示字典，key 表示要删除的键。例如：

```
delmy_dict['name']    #通过键'name'删除对应的元素
```

也可以使用 pop() 方法删除字典元素，其语法格式为 dict.pop（key）。与 del 语句不同的是，pop() 方法在删除字典元素的同时会返回该字典元素的值。例如：

```
n=my_dict.pop('name')    #通过键'name'删除对应的元素并返回值'Rose'给n
```

用字典的 clear() 方法可以清空字典，其语法格式为 dict.clear()。其中 dict 表示字典。使用 del 语句还可以删除整个字典对象。例如：

```
my_dict.clear()        #清空字典
del my_dict            #删除字典对象
```

4. 集合

集合（Set）与数学中的集合概念类似，用于保存不重复的元素。集合有可变集合

（Set）和不可变集合（Frozenset）两种。

在形式上，集合的所有元素都放在一对大括号中，两个相邻元素间使用英文逗号","分隔。集合常见的应用是去重和成员关系测试。

1）集合的创建与赋值

集合可以直接创建并赋值。使用 {value01，value02，...} 格式来创建集合。也可以把其他类型转化为集合，格式为 set(value)。注意，创建一个空集合必须使用 set()函数而不是 {}，因为 {} 用来创建一个空字典。例如：

```
stu1 = set()                    #创建一个空集合
stu2 = {'Tom', 'Jim', 'Mary'}   #直接创建集合并赋值
stu3 = set(stu_list)            #使用 set()函数把列表转化为集合
```

2）集合元素的添加和删除

可以使用 add()方法向集合末尾添加元素。例如：

```
stu.add('Rose')      #使用 add()方法在集合末尾添加元素
```

也可以使用 update()方法添加元素。例如：

```
stu.update(['Rose','jack'])    #使用 update()方法将列表元素添加到集合中
```

可以使用 discard()和 remove()方法丢弃指定的元素。例如：

```
stu.discard('jack')    #使用 discard()方法在集合中丢弃元素
stu.remove('jack')     #使用 remove()方法在集合中丢弃元素
```

可以使用 clear()方法清空整个集合以及使用 del 语句删除整个集合对象。例如：

```
stu.clear()    #使用 clear()方法清空集合
del stu        #使用 del 语句删除集合对象
```

3）集合运算

集合运算有"&"（交）、"|"（并）、"-"（差）、"^"（对称差）几种。交集表示两个集合中共同元素的集合；并集表示两个集合中所有元素的集合，重复的元素只会出现一次；差集表示存在于第一个集合，但不存在于第二个集合中的元素的集合；对称差集表示只存在于一个集合中，但不同时存在于两个集合中的元素的集合。例如：

```
col_a={1,2,3}              #定义集合 col_a
col_b={3,4,5}              #定义集合 col_b
print(col_a&col_b)         #col_a 和 col_b 的交为{3}
print(col_a|col_b)         #col_a 和 col_b 的并为{1,2,3,4,5}
print(col_a-col_b)         #col_a 和 col_b 的差为{1,2}
print(col_a^col_b)         #col_a 和 col_b 的对称差为{1,2,4,5}
```

5. 相关函数与方法

1）range()函数

range()函数返回的是一个可迭代对象（类型是对象）的序列，但不是列表类型。rang()函数语法格式如下：

range(stop)

或

```
range(start, stop[, step])
```

参数说明如下。

（1）start：计数从 start 开始，默认从 0 开始。例如：range(5) 等价于 range(0, 5)。

（2）stop：计数到 stop 结束，但不包括 stop。例如：range(0, 5) 返回的是 0, 1, 2, 3, 4，但没有 5。

（3）step：步长，默认为 1。例如：range(0, 5) 等价于 range(0, 5, 1)。

下面的代码利用 range() 函数控制循环次数：

```
for i in range(5): print(i,end=" ")
```

运行结果如下：

```
0 1 2 3 4
```

range() 函数中步长可以为负数。例如：

```
for i in range(-10, -100, -30) : print(i)
```

运行结果如下：

```
-10
-40
-70
```

range() 函数经常与 len() 函数结合使用，以便于逐个访问列表中的数据。例如：

```
a = ['Google', 'Baidu', 'jingmao', 'Taobao', 'QQ']
for i in range(len(a)):
    print(i, a[i])
```

运行结果如下：

```
0 Google
1 Baidu
2 jingmao
3 Taobao
4 QQ
```

需要注意，range() 函数返回的结果并不是列表，不能直接使用，可以使用 list() 函数将它转换成列表后使用。例如：

```
a=list(range(5))
print(a)
```

运行结果如下：

```
[0, 1, 2, 3, 4]
```

2）zip() 函数

zip() 函数用于将可迭代的对象作为参数，将对象中对应的元素打包成一个个元组，然后返回由这些元组组成的 zip 对象，这个 zip 对象可以方便地转成列表或字典。例如：

zip() 函数

```
list1 = [1, 2, 3]
list2 = ['a', 'b', 'c', 'd']
zipped = zip(list1, list2)        #两个列表的元素组合成元组,元素个数与最短的列表一致
zipped_list = list(zipped)        #将 zip 对象转换为列表
print(zipped)                     #zip 对象不能直接打印,输出<zip object at 0x0000026E64CDBB40>
print(zipped_list)                #输出列表:[(1, 'a'), (2, 'b'), (3, 'c')]
zipped1 = zip(list1, list2)
zipped_dict=dict(zipped1)         #将 zip 对象转换为字典
print(zipped_dict)                #输出字典:{1: 'a', 2: 'b', 3: 'c'}
# 多个列表使用 zip 打包
list3 = [4, 5, 6, 7, 8]
zipped_multiple = zip(list1, list2, list3)
# 将 zip 对象转换为列表
zipped_multiple_list = list(zipped_multiple)
print(zipped_multiple_list)       # 输出:[(1, 'a', 4), (2, 'b', 5), (3, 'c', 6)]
```

3) get( )方法

get( )方法是字典的一个内置方法,用于从字典中获取一个键对应的值。如果指定的键不存在于字典中,则返回一个默认值。例如:

```
# 定义一个字典
my_dict = {'a': 1, 'b': 2, 'c': 3}
# 获取键 'a' 的值
value = my_dict.get('a')              #返回 1
# 获取键 'd' 的值,键 'd' 不存在,返回 None
value = my_dict.get('d')              #返回 None
# 获取键 'd' 的值,键 'd' 不存在,返回默认值 'default'
value = my_dict.get('d', 'default')   #返回 'default'
```

4) split( )函数

split( )函数通常用于将一个字符串分割成子字符串,并将结果作为字符串数组返回,其语法格式为 str.split(str = " " , num = string.count(str)) [n],其中 num 表示分割次数,[n] 表示选取第 n 个切片。例如:

split( )函数

```
str = "this is string example....wow!!!"
print (str.split( ))                  #默认以空格分割
#输出结果为['this', 'is', 'string', 'example....wow!!!']
str1 = 'a-b-c-d'
print(str1.split('-', 2))             #分割两次的结果为['a','b','c-d']
```

5) join( )方法

join( )是 str 类的一个方法,用于将序列中的元素连接成一个新的字符串。该方法接收一个可迭代对象(如列表或元组),然后返回一个由这个对象的元素组成的新字符串,元素之间用指定的字符连接。其语法格式为 str.join (iterable)。例如:

join( )方法

```
## 使用3个点连接字符串列表
my_list = ['apple', 'banana', 'cherry']
result = '...'.join(my_list)
print(result)                    #输出：apple...banana...cherry
# 使用空格连接字符串列表
my_strings = ['hello', 'world']
result = ''.join(my_strings)
print(result)                    #输出：hello world
```

6）startswith( )与endswith( )方法

startswith( )方法用于检测字符串是否以指定子字符串开头，如果是，则返回True，否则返回False。如果参数begin和end指定值，则在指定范围内检查。其语法格式如下：

str1.startswith(str2[, begin[,end]])

参数说明如下。

（1）str1：被检测的字符串。

（2）str2：用于检测的子字符串。

（3）begin：可选参数，用于设置字符串检测的起始位置，默认为0。

（4）end：可选参数，用于设置字符串检测的结束位置。

（5）返回值：如果检测到子字符串，则返回True，否则返回False。

下面的代码用于检测字符串"fish"是否存在子串"fi"和"is"，并且是否在指定的位置，若检测成功，则返回True，否则返回False。

```
print('fish'.startswith('fi'))        #检测字符串'fish'是否以'fi'开头
print('fish'.startswith('fi',1))      #检测字符串'fish'从索引1开始是否是'fi'
print('fish'.startswith('is',1,3))    #检测字符串'fish'从索引1到3是否是'is'
```

运行结果如下：

```
True
False
True
```

endswith( )方法用于检测字符串是否以指定后缀结尾，如果以指定后缀结尾，则返回True，否则返回False。如果参数begin和end指定值，则在指定范围内检查。其语法格式如下：

str1.endswith(str2[, start[, end]])

参数说明如下。

（1）str1：被检测的字符串。

（2）str2：用于检测的子字符串。

（3）start：可选参数，用于设置字符串检测的起始位置。

（4）end：可选参数，用于设置字符串检测的结束位置。

（5）返回值：如果字符串含有指定的后缀，则返回True，否则返回False。

下面的代码用于检测字符串"fish"中是否以子串"sh"和"is"结尾，并且是否在指定的位置，若检测成功，则返回True，否则返回False。

```
print('fish'. endswith('sh'))              #判断字符串'fish'是否以'sh'结尾
print('fish'. endswith('sh',2))            #判断字符串'fish'从索引 2 开始是否是'sh'
print('fish'. endswith('is',1,3))          #判断字符串'fish'从索引 1 到 3 是否是'is'
```

运行结果如下：

```
True
True
True
```

任务实施准备

通过预备知识的学习，同学们已经了解了 Python 中列表、元组、字典、集合及相关函数的使用方法，接下来使用这些知识完成任务。在任务实施前需要准备好软件环境，软件环境要求是安装有 PyCharm、Anaconda 和 Word 软件并配置好的计算机，操作系统可以是 Windows 10 或 Windows 11。

具体商品数据如下：

```
bookTitles = [ "红岩","林海雪原","青春之歌","铁道游击队","钢铁是怎样炼成的"]
authors = ("罗广斌","曲波","杨沫","刘知侠","尼古拉·奥斯特洛夫斯基")
```

对于上述商品数据，bookTitles 列表中存放的是书名，authors 元组中存放的是书名对应的作者名，要求将它们以"书名：作者名"的键值对形式创建为字典，然后用表格打印输出，输出效果如图 1-4 所示，要求表格线和数据都对齐。

中国红色经典书籍名与作者名：

书名：	作者名
红岩	罗广斌
林海雪原	曲波
青春之歌	杨沫
铁道游击队	刘知侠
钢铁是怎样炼成的	尼古拉·奥斯特洛夫斯基

图 1-4　商品数据表格输出效果

任务实施与分析

任务实施包括多个步骤，首先是初始化数据、创建字典，然后是对列表中的数据进行打印，具体步骤如下。

步骤 1：创建列表并赋值书名，创建元组并赋值作者名。

步骤 2：将书名、作者名以键值对的形式创建为字典。

要求使用 zip( ) 函数将列表与元组中的数据一一对应打包，然后转换为字典。

步骤 3：按格式要求打印字典数据。

注意表格线要对齐，表格中的数据也要对齐，要求使用 format( ) 方法进行格式化输出，灵活使用其参数控制半角和全角字符的对齐。

拓展知识

1. 使用 len( ) 函数求不同类型字符串长度

Python 版本 3 中的 len( ) 函数对于 bytes 类型按其字节获取其长度，而对于 str 类型则按其字符个数（1 个字符可对应多个字节）获取其长度。例如：

```
print(type("中国 good"))                    #普通字符串一般是 str 类型
print(type("中国 good". encode("GBK")))     #将字符转换成 GBK 编码查看类型
print(type("中国 good". encode("utf-8")))   #将字符转换成 utf-8 编码查看类型
print(len("中国 good"))                     #str 类型的长度即字符个数
print(len("中国 good". encode("GBK")))      #输出 GBK 的 bytes 类型长度
print(len("中国 good". encode("utf-8")))    #输出 utf-8 的 bytes 类型长度
```

运行结果如下：

```
<class 'str'>
<class 'bytes'>
<class 'bytes'>
6
8
10
```

可见在使用 len( ) 函数计算长度的前提下，str 类型字符串中不论中文字符还是英文字符，其长度都为 1；在 GBK 编码的 bytes 类型字符串中，一个全角字符（如汉字）占 2 个字节，长度为 2；在 utf-8 编码的 bytes 类型字符串中，一个汉字（一般）占 3 个字节，长度为 3；后两种编码的英文字符都只占 1 个字节，长度为 1。

2. 求字符串中半角字符的个数

为了实现输出对齐，可能需要统计一个字符串中半角字符的个数。在使用 len( ) 函数计算字符串的长度时，一个字符串的 GBK 编码的 bytes 长度可能大于其 str 长度，两者相减的结果即全角字符（如汉字）的个数，再用 str 长度减去全角字符的个数，结果即字符串中半角字符的个数。例如：

```
a="你好 world123"
b="你好你好你好你好"
print(len(a))                              #输出 10
print(len(a. encode("GBK")))               #输出 12,12-10=2,说明 a 中有 2 个全角字符
print(len(b))                              #全部为汉字时长度为 8
print(len(b. encode("GBK")))               #输出 16,16-8=8,说明 b 中有 8 个全角字符
#求字符串 a 中半角字符数量
alen=len(a)-(len(a. encode("GBK"))-len(a))
print(alen)                                #输出 8,说明 a 中有 8 个半角字符
#求字符串 b 中半角字符数量
blen=len(b)-(len(b. encode("GBK"))-len(b))
print(blen)                                #输出 0,说明 b 中有 0 个半角字符
```

3. 使用 format( ) 方法实现灵活对齐

format( ) 方法在输出字符串时，如果字符串长度不够指定的长度，则会自动填充半角空格（即 chr（32）），这是导致输出字符对不齐的原因之一。如果强制让 format( ) 方法自动填

充全角空格（即 chr（12288）），就可能解决对不齐的问题。例如：

```
a="你好 world123"
b="你好浙江省杭州市下沙"
align=">"                       #右对齐
length=18                       #输出总长度为18
print("{0:>18s}". format(a))    #在缺省情况下,长度不够时填充半角空格 chr(32),左边填充了 8 个半角空格
print("{0:>18s}". format(b))    #左边填充了 8 个半角空格 chr(32)
#长度不够时强制填充全角空格,代入多个参数用 format()方法灵活打印
print("{0:{3}{1}{2}s}". format(a,align,length,chr(12288)))   #强制填充全角空格,左边填充了 8 个全角空格
```

运行结果如图 1-5 所示，因为都是右对齐，所以左边会填充空格。第一行输出，在 a 的输出是缺省的情况下，长度不够时左边填充 8 个半角空格的结果。第二行输出，字符串 b 本身有 10 个全角字符，左边自动填充了 8 个半角空格，总长度是 28 个半角字符。第三行输出，因为字符串 a 有 2 个全角字符和 8 个半角字符，左边用 format( )方法强制填充了 8 个全角空格，总长度也为 28 个半角字符。最终第二行和第三行在右边实现了对齐。要实现表格对齐，也可以采取这种强制填充全角空格的方法。

```
          你好world123
     你好浙江省杭州市下沙
          你好world123

Process finished with exit code 0
```

图 1-5　填充空格代码运行结果

思考与总结

通过以上的学习，同学们熟悉了 Python 的多种数据结构。请同学们思考这些数据结构与 Java 的数据结构相比有什么不同，有什么优、缺点。

能力提升

请同学们打开课程中心页面，完成以下任务：使用 Python 根据用户输入的数据创建集合，过滤掉重复的数据后打印输出。

任务训练

请同学们根据本任务的内容，独立完成任务单 1-2 中的实训。

任务单1-2

任务单1-2

班级		学号		姓名	
实训1-2	转换商品数据类型并打印				
实训目的	(1) 能够熟练使用PyCharm工具编写和运行Python程序。 (2) 能够正确使用Python编码格式与数据类型。 (3) 能够熟练使用Python字符串格式化方法。 (4) 能够使用Python的复杂结构进行编程。 (5) 领悟中国共产党的英明领导，培养严谨、细致、耐心、有担当的职业素养。				
实训过程	(1) 已知下列商品信息： bookTitles = [" 红岩 "," 林海雪原 "," 青春之歌 "," 铁道游击队 "," 钢铁是怎样炼成的 "] authors = (" 罗广斌 "," 曲波 "," 杨沫 "," 刘知侠 "," 尼古拉·奥斯特洛夫斯基 ") 在 PyCharm 中新建文件"python1-2.py"，编写程序，模拟以表格方式输出商品信息，要求将书名和作者列表数据转换为一个字典，以 bookTitles 中的元素为键，以 authors 中的元素为值，用表格打印输出书名和对应作者。 (2) 完成"python1-2.py"的代码编写，并粘贴在下面。 (3) 完成"python1-2.py"的代码运行，将运行结果截图粘贴在下面。				
总结	(1) 在本实训中你学到了什么？ (2) 在本实训中你遇到了哪些问题？你是怎么解决的？				

任务 3　使用 Python 自定义函数打印商品数据表格

预备知识

Python 分支结构

1. 选择结构

在 Python 中，选择结构用于根据特定条件执行不同的代码段。主要用 if...else 实现选择结构，其语法格式如下：

```
if    判断条件 1:
        语句块 1
elif  判断条件 2:
        语句块 2
else:
        语句块 3
```

每个条件后面要使用英文冒号(:)，表示接下来是满足条件后要执行的语句块。使用缩进划分语句块，相同缩进数的语句放在一起组成一个语句块。注意在 Python 中没有 switch case 语句。

下面通过一个判断狗狗年龄对应人类年龄的例子来介绍 if...else 选择结构的使用。

```
age = int(input("请输入你家狗狗的年龄: "))
if age < 0:
    print("你是在逗我吧!")
elif age == 1:
    print("相当于 14 岁的人。")
elif age == 2:
    print("相当于 22 岁的人。")
elif age > 2:
    human = 22 + (age -2) * 5
    print("对应人类年龄: ", human)
input("按 Enter 键退出") ### 退出提示
```

上述 Python 代码的功能是根据用户输入的狗狗年龄，计算出它相当于人类年龄的大致范围，并将结果打印出来。

简单的 if...else 选择结构可以处理基本的条件判断，但面对更复杂的逻辑关系时，可能需要使用 if 嵌套结构，其语法格式如下：

```
if 表达式 1:
    语句
    if 表达式 2:
        语句
    elif 表达式 3:
        语句
```

```
        else:
            语句
elif 表达式 4:
    语句
else:
    语句
```

下面的代码通过嵌套的 if...else 选择结构来检查用户输入的数字,并根据该数字是否能被 2 和 3 整除来打印相应的消息。

```
num=int(input("输入一个数字:"))
if num%2==0:
    if num%3==0:
        print ("你输入的数字可以整除 2 和 3")
    else:
        print ("你输入的数字可以整除 2,但不能整除 3")
else:
    if num%3==0:
        print ("你输入的数字可以整除 3,但不能整除 2")
    else:
        print ("你输入的数字不能整除 2 和 3")
```

运行结果如下:

```
输入一个数字:7
你输入的数字不能整除 2 和 3
```

2. 循环结构

在 Python 中,循环结构用于重复执行一段代码,直到指定的条件不再被满足。Python 提供了两种主要的循环结构:while 循环和 for 循环。

while 语句

1) while 循环

while 循环是编程语言中常用的一种循环结构,它重复执行一段代码,直到指定的条件不再被满足(即条件评估为假),其语法格式如下:

```
while 条件表达式:
    循环体
```

注意,条件表达式后面也要使用英文冒号(:),循环体中的语句应该统一缩进。下面的代码通过一个计算 1 到 100 之和的例子来说明 while 循环的使用方法。

```
n = 100
sum = 0
counter = 1
while counter <= n:
    sum = sum + counter
    counter += 1
print("1 到 {} 之和为:{}". format(n,sum))
```

运行结果如下:

1到100之和为:5050

在 Python 中，while 循环可以与 else 语句一起使用。else 语句在 while 循环中不常见，但它很有用。当 while 循环正常结束时 else 语句块将被执行，其语法格式如下：

```
while  判断条件:
        语句块1
else:
        语句块2
```

下面通过一个"每天努力一点点，1年后……"的例子介绍 while else 的使用方法。

```
day=1
h=1
l=1
print("基础值都为1！")
while (day<=365):
    h=1.1*h
    l=0.9*l
    day=day+1
else:
    print("满一年了！")
print("每天进步一点点,一年后为:{:.10f}".format(h))
print("每天懒惰一点点,一年后为:{:.20f}".format(l))
```

运行结果如下：

```
基础值都为1！
满一年了！
每天进步一点点,一年后为:1283305580313390.2500000000
每天懒惰一点点,一年后为:0.00000000000000001988
```

可见 else 语句在 while 循环正常结束后自动执行。运行结果说明：虽然基础值都为1，但经过长期持续努力，哪怕每天只进步一点点，一年的积累也会变成巨大的进步，而如果每天一点点，则一年后会明显退步。该程序通过数学模型强调了持续进步和懒惰积累的巨大差异，提醒人们要脚踏实地，只有不断努力，才能成功。

如果 while 循环体中只有一条语句，也可以将该语句与 while 写在同一行上。例如：

```
while  var1<365: print(var1)
```

2）for 循环

在 Python 中 for 循环可以遍历任何序列，包括列表、字符串、元组、字典和集合，其语法格式如下：

for 循环

```
for <变量> in <序列>:
        <语句块1>
else:
        <语句块2>
```

注意，for 语句和 else 语句的后面都要加英文冒号（:），语句块要统一缩进。下面通过一个例子来介绍 for 循环的基本使用方法。

```
languages1 = {"C", "C++", "Perl", "Python"}
for x in languages1:
        print (x,end=",")
print()    #控制换行
languages2 = {1:"C", 2:"C++", 3:"Perl", 4:"Python"}
for x in languages2:
        print (x,end=",")
```

上半段代码定义了一个集合 languages1，其中包含 4 个编程语言的名称，然后使用一个 for 循环遍历这个集合，并打印集合中的每个元素。由于集合是无序的，所以元素的打印顺序可能与它们在集合中定义的顺序不同。

下半段代码定义了一个字典 languages2，其中包含 4 个键值对，键是整数 1~4，值是对应的编程语言名称。在 for 循环中，默认 x 遍历的是字典的键，而不是值。因此，这段代码将打印字典的键，而不是编程语言名称。

运行结果如下：

```
C++,Perl,Python,C,
1,2,3,4,
```

可见通过 for 循环的遍历来访问集合、字典乃至列表、元组中的元素都是非常方便的，推荐大家使用。

在 Python 中，while 和 for 循环的退出条件与循环条件是否被满足有关，但也受到 break 和 continue 语句的影响。

break 语句可以跳出 for 和 while 循环体，从 for 或 while 循环中终止，任何对应的 else 语句块将不执行。

下面通过一段代码来了解 break 语句的使用方法。

break、continue 及 pass 语句

```
sites=["Baidu","Google","Jingmao","Taobao"]
for site in sites:
        if site=="Jingmao":
                print("下面执行break!")
                break
        print("循环数据"+site)
else:
        print("else 语句块")
print("完成循环!")
```

上述代码中用 site 变量遍历 sites 列表，当 site 等于"Jingmao"时，会执行 break 语句跳出循环，不再执行 else 语句块，直接执行循环体后面的代码，打印"完成循环!"。运行结果如下：

```
循环数据 Baidu
循环数据 Google
下面执行 break!
完成循环!
```

continue 语句也可以跳出循环，与 break 语句不同的是它不是终止整个循环，而是跳过

当前循环迭代中的剩余代码，并立即开始下一次循环迭代。

把上例中的 break 改为 continue，代码如下：

```
sites=["Baidu","Google","Jingmao","Taobao"]
for site in sites:
    if site=="Jingmao":
        print("下面执行 break!")
        continue
    print("循环数据"+site)
else:
    print("else 语句块")
print("完成循环!")
```

上述代码同样用 site 变量遍历 sites 列表，当 site 等于"Jingmao"时，执行 continue 语句并不跳出循环，而是立即开始下一次循环，继续遍历"Taobao"并打印"循环数据 Taobao"。遍历完成，循环体正常结束后还会执行 else 语句块中的代码，打印"else 语句块"，然后才执行循环体后面的代码，打印"完成循环"。运行结果如下：

```
循环数据 Baidu
循环数据 Google
下面执行 break!
循环数据 Taobao
else 语句块
完成循环!
```

还有一种语句是 pass 空语句，它一般用于占位，不做任何事情，可以保持程序结构的完整性。

3. 自定义函数

在 Python 中有很多系统内置的函数（如 print( )、dict( )、ord( )等），可以随时使用，同时，用户还可以根据需要自行定义函数来扩展程序的功能，实现代码的模块化和重用。自定义函数的语法格式如下：

```
def 函数名(参数列表):
    函数体
```

注意，def 语句的后面要加英文冒号（:），函数体中的语句必须统一缩进。下面通过一个计算面积的例子来说明自定义函数的定义和使用方法。

```
def area(width, height):
    return width * height
def print_welcome(name):
    print("Hello")
    print("Welcome", name)
print_welcome("Jingmao")
w = 4
h = 5
print("width =", w, " height =", h, " area =", area(w, h))
```

上述代码的第1、2行定义了一个名为area()的函数，它接收两个参数width（宽度）和height（高度），计算并返回矩形的面积。

第3~5行定义了一个名为print_welcome()的函数，它接收一个参数name。该函数打印两条欢迎信息，首先打印"Hello"，然后打印"Welcome"以及传入的name参数。

第6行调用print_welcome()函数，并将字符串" Jingmao"作为参数。

第9行调用内置函数print()，打印一个包含变量w、h和area()函数返回值的字符串，这里调用area()函数，并传入w和h作为参数，返回计算矩形面积的结果。

运行结果如下：

```
Hello
Welcome Jingmao
width = 4   height = 5    area = 20
```

1）不可变对象与可变对象

在Python中函数的参数也是对象，其既可以是可变对象，也可以是不可变对象。

（1）不可变对象。

整数（int）、浮点数（float）、字符串（str）、元组、字节（byte）、不可变集合等都是不可变对象。例如，变量赋值a=5后再赋值a=10，这里实际是新生成一个int型对象10，再让a指向它，而5被丢弃。

当将不可变对象作为参数传递给函数时，实际上传递的是对象的引用。但是，由于这些对象是不可变的，所以不能在函数内部改变这些对象的值（如果尝试这样做，则实际上会创建一个新的对象）。下面的代码将不可变对象b作为ChangeInt()函数的参数传给a，a在函数中被重新赋值为10，实际上是a指向另一个int型对象10，因此并不影响b的值。

```
def ChangeInt(a):            #调用时a被赋值为2
    a = 10                   #a被重新赋值为10
    print("a=",a)            #输出10
b = 2
ChangeInt(b)
print("b=",b)                #输出b的值还是2
```

（2）可变对象。

列表、字典、集合在创建后其内容可以被改变的对象为可变对象。例如，变量赋值la=[1,2,3,4]后再赋值la[2]=5，是将列表la的第3个元素值更改，la本身不变，但其内部的一部分值被修改了。

当将可变对象作为参数传递给函数时，传递的也是对象的引用，但如果在函数内部修改了对象的内容，那么原始对象也会被修改。例如：

```
def changeme(youlist ):
        youlist. append([1,2,3,4])
        print ("函数内取值: ", youlist)
        return
mylist = [10,20,30]
changeme( mylist )                    #调用 changeme( )函数
print (" 函数外取值: ", mylist)
```

调用函数前 mylist 的值是［10, 20, 30］，在 changeme( ) 函数中将它的值改变为［10, 20, 30,［1, 2, 3, 4］］。因为 list 为可变对象，所以函数内的改变对函数外的取值有影响，于是输出结果都为［10, 20, 30,［1, 2, 3, 4］］。运行结果如下：

函数内取值：　[10, 20, 30, [1, 2, 3, 4]]
函数外取值：　[10, 20, 30, [1, 2, 3, 4]]

需要注意的是，如果将第 2 行代码改成赋值语句，则依然会创建一个新列表对象，然后变量 youlist 会指向这个新创建的列表，程序后面对变量 youlist 的改变不会影响调用函数传递过来的列表。例如：

```
def changeme(youlist):
    youlist=[1, 2, 3, 4]
    youlist. append(5)
    print("函数内取值: ", youlist)
    return
mylist = [10, 20, 30]
changeme(mylist)    # 调用 changeme( ) 函数
print (" 函数外取值: ", mylist )
```

运行结果如下所示：

函数内取值：　[1, 2, 3, 4, 5]
函数外取值：　[10, 20, 30]

全局变量与
局部变量

在函数 changeme( ) 中改变并输出的是新列表 youlist，函数外的列表值并没有改变，仍旧是［10, 20, 30］。

2）局部变量与全局变量

在上面的代码中可以看到，在函数内部有变量，在函数外部也有变量。在函数内部定义的变量为局部变量且拥有局部作用域，只能在其被声明的函数内部访问。定义在函数外部的变量为全局变量且拥有全局作用域，可以在整个程序范围内访问。

如果局部变量和外部全局变量同名，那么在函数内部访问的是哪个变量？Python 在函数内部访问变量时会优先在自己的命名空间中寻找，也就是说，当变量名相同时，在函数内部会优先访问其局部变量。例如：

```
total = 0                          # 这是一个全局变量
def sum(arg1, arg2):
    total = arg1 + arg2            #函数内赋值30,这里产生了新的局部变量 total
    print("函数内是：", total)        #打印的是局部变量 total 的值
    return total                   #返回的是局部变量 total 的值
sum(10, 20)
print("函数外是：", total)            #函数外的值是 0
```

第 1 行声明了一个全局变量 total，当在函数内部为 total 重新赋值时（第 3 行），会产生新的局部变量 total，这样在函数内部就同时出现了全局变量 total 和局部变量 total。第 4 行用 print( ) 函数打印时，会优先访问局部变量 total，而不是直接访问全局变量 total。

运行结果如下：

函数内是：30
函数外是：0

那么如何在函数内部访问同名的全局变量？在上述代码中，要想在函数内部访问全局变量 total，则需要在函数内部该变量名前加 global，表示访问的是外部全局变量，而非局部变量。例如：

```
a_string = "This is a global variable"
def foo():
    global a_string          #声明 a_string 为全局变量，这样在函数内部才可以修改这个全局变量
    a_string="Hello world"   #没有产生新的局部变量，修改了全局变量的值
    print("函数内:%s"% a_string)   #打印全局变量 a_string 的值
foo()
print("函数外:%s"% a_string)
```

第 3 行在函数内部用 global 修饰了变量 a_string 后，当第 4 行再给 a_string 赋值时，就不会再产生新的局部变量，而是直接使用全局变量 a_string。

运行结果如下：

函数内:Hello world
函数外:Hello world

4. Python 函数参数传递

Python 中的函数定义非常简单，但其参数传递方式却非常灵活，从而大大增强了函数的功能，扩大了函数的适用范围。Python 函数参数传递方式有位置参数、关键字参数、默认参数和可变参数 4 种，下面分别进行介绍。

Python 函数参数传递

1）位置参数

位置参数是最常见的参数传递方式，它遵循按照位置一一对应传递的原则。当定义一个函数时指定位置参数的名称，调用函数时必须按照参数的顺序传递值。以下是一个使用位置参数的例子：

```
def power(x,n):   #求 x 的 n 次方
    s =1
    while n > 0:
        s =s * x
        n = n-1
    return s
print(power(2,10))    #求 2 的 10 次方，输出 1024
```

在上面的例子中，power( ) 函数有两个参数 x 和 n，在调用函数时按照位置传递了参数值，即 2 传给 x，10 传给 n，函数内部使用这些参数值进行操作。

使用位置参数传递方式时，要注意传递的参数必须顺序正确、数量匹配，否则可能导致函数运行出错或者程序运行结果错误。

2）关键字参数

在调用函数时以等号键值对的形式传递参数，这个参数就叫作关键字参数。关键字参

数允许通过指定参数的名称传递参数值,而不必按照固定的位置和顺序,这使函数传参更具有可读性和灵活性。下面是一个使用关键字参数的例子:

```
def power(x,n):          #求 x 的 n 次方
    s = 1
    while n > 0:
        s = s * x
        n = n-1
    return s
print(power(1,10))              #求 1 的 10 次方,输出 1
print(power(x=2,n=10))          #求 2 的 10 次方,输出 1024
print(power(n=10,x=3))          #求 3 的 10 次方,输出 59049
```

从上面的例子可以看出,对于 power( ) 函数,既可以用位置参数为它传递参数,也可以用关键字参数为其传递参数。在最后两行调用函数时使用了关键字参数,通过指定参数的名称和相应的值(如 x=2),可以用任意顺序给参数传递值,而函数仍然能够正确地解析和使用这些值。

3) 默认参数

默认参数允许在函数定义中为参数提供默认值。如果调用函数时没有为这些参数指定值,则它将采用默认值。下面是一个使用默认参数的例子:

```
def power(x,n=9):        #求 x 的 n 次方
    s = 1
    while n > 0:
        s = s * x
        n = n-1
    return s
print(power(1))              #n 用默认值9,求 1 的 9 次方,输出 1
print(power(2,10))           #n 用 10,求 2 的 10 次方,输出 1024
print(power(3,8))            #n 用 8,求 3 的 8 次方,输出 6561
```

在上面的例子中,power( ) 函数的参数 n 具有默认值9。调用函数时如果不提供参数 n 的值,则将使用默认值。如果提供了参数 n 的值,则将覆盖默认值。

4) 可变参数

在定义函数时,可能出现不能确定参数个数的情况,这时可以使用可变参数。可变参数包含两种参数传递方式,即单星号"*"加变量的包裹位置传递和双星号"**"加变量的包裹关键字传递。包裹位置传递中传递的参数被变量收集,并根据传递参数的位置合并为一个元组。例如:

```
def printinfo(arg1, * vartuple):
    print("输出: ")
    print(arg1)                    #输出位置参数 arg1 的值
    print(vartuple)                #输出 vartuple 的值
    print(type(vartuple))          #输出 vartuple 的类型
    for var in vartuple:           #对元组进行遍历操作
        print(var)
```

```
        return
printinfo(10)
printinfo(70, 60, 50)
```

在上述代码中,printinfo( )函数使用了一个 *vartuple 参数。这个参数是可变参数,可以用包裹位置传递方式接收可变数量的传递值,在函数内部将这些传递值按照位置打包成一个元组,类型为 tuple。

当可变参数没有接收到传递值时,会生成一个空元组;当可变参数接收到多个传递值时,打包成的元组可以进行迭代遍历等正常操作。运行结果如下:

```
输出:
10
()
<class 'tuple'>
输出:
70
(60, 50)
<class 'tuple'>
60
50
```

包裹关键字传递方式可以接收关键字,并打包成字典。例如:

```
def printinfo(arg1, * * vartuple):
    print("输出: ")
    print(arg1)              #输出位置参数 arg1 的值
    print(vartuple)          #输出 vartuple 的值
    print(type(vartuple))    #输出 vartuple 的类型
    for var in vartuple:     #对字典进行遍历操作
        print(var)
    return
printinfo(10)
printinfo(70, a=60, b=50)
```

在上述代码中,printinfo( )函数使用了一个 * *vartuple 参数,这个参数也是可变参数,可以用包裹关键字传递方式接收可变数量的传递值,在函数内部将这些传递值按照键值对打包成一个字典,类型为 dict。

当可变参数没有接收到传递值时,会生成一个空字典;当可变参数接收到多个传递值时,打包成的字典可以进行迭代遍历等正常操作。运行结果如下:

```
输出:
10
{}
<class 'dict'>
输出:
70
{'a': 60, 'b': 50}
```

```
<class 'dict'>
a
b
```

在日常编程工作中,多种参数的混合使用很常见,这时应遵循的基本原则如下:先位置参数,再默认参数,然后包裹位置参数,最后是包裹关键字参数。例如:

```
def func1(a,b,c=4,*args,**kwargs):
    print(a,b,c)
    print(args)
    print(kwargs)
func1(1,2.0,3,"abc",[789],k1=123,k2="456")
```

在上述代码中,位置参数 a 和 b 只能按照位置接收前两个传递值,即 1 和 2.0。参数 c 具有默认值 4,但函数调用时在它的位置传递了 3,从而覆盖了 4。可变参数 args 可接收排在后面的非关键字的值,即"abc"及[789],并打包成元组。可变参数 kwargs 只能接收最后的两个关键字的值,即 k1=123 和 k2="456",并按照键值对的形式打包成字典。运行结果如下:

```
1 2.0 3
('abc', [789])
{'k1': 123, 'k2': '456'}
```

5. Python 内置函数

Python 提供了一个庞大的内置函数库,这些内置函数涵盖了数学、字符串处理、文件操作、数据类型转换、序列操作、函数操作、类型检查、异常处理等多个方面,这里介绍几个常用的内置函数。

1) eval()函数

eval()函数将字符串当作有效的表达式来求值,并返回计算结果。

无论是字符串本身还是字符串变量,eval()函数都可以将其当作有效的表达式来求值,并返回计算结果。例如:

```
x=1
print(eval('x+1'))                    #输出 2
a="[[1,2],[3,4],[5,6],[7,8],[9,0]]"
print(type(a))                        #输出<class 'str'>,a 中内容为字符串类型
b=eval(a)
print(b)                              #输出[[1, 2], [3, 4], [5, 6], [7, 8], [9, 0]]
print(type(b))                        #输出<class 'list'>,b 中内容为列表类型
```

2) map()函数

map()函数对指定的可迭代对象(如列表、元组、字符串等)中的每个元素应用一个函数,并返回一个迭代器,该迭代器包含应用该函数后的结果。map()函数的语法格式如下:

```
map(function, iterable, ...)
```

其中 function 表示对每个元素执行的函数,iterable 表示一个或多个可迭代对象。

下面是一个程序示例，对于自定义函数 square() 和列表 numbers，map() 函数将列表中的每个元素都代入函数运行，并返回结果。

```
def square(x):
    return x ** 2
numbers = [1, 2, 3, 4, 5]
squared_numbers = map(square, numbers)
# map () 函数返回的是一个迭代器,需要转换为列表来打印
print(list(squared_numbers))   # 输出: [1, 4, 9, 16, 25]
```

3）filter() 函数

filter() 函数用于过滤序列中的元素，接收一个函数和一个可迭代对象作为参数，然后根据函数的返回值是 True 还是 False 来决定是否保留元素。其返回的也是一个迭代器。下面的代码为 filter() 函数传入一个可以判断是否奇数的自定义函数 is_odd()，以及一个有 8 个元素的列表，根据把列表元素代入 is_odd() 函数计算的结果，是 True 则返回该元素，是 False 则丢弃。

```
def is_odd(n):
    return n % 2 == 1
print(list(filter(is_odd, [1, 2, 4, 5, 6, 9, 10, 15])))
```

运行结果如下，说明只有这 4 个数是奇数：

```
[1, 5, 9, 15]
```

下面的代码自定义了一个判断字符串是否为空的函数 not_empty()，把它代入 filter() 函数，可以起到过滤列表中空字符串的作用。

```
def not_empty(s):
    return s and s.strip()
print(list(filter(not_empty, ['A', '', 'B', None, 'C', ''])))
```

运行结果如下，过滤掉了列表中的 3 个空字符串，只剩下 3 个字符串：

```
['A', 'B', 'C']
```

4）其他函数

Python 内置函数很多，由于篇幅有限不能一一详述，表 1-5 所示为常用的 Python 内置函数。

表 1-5 常用的 Python 内置函数

序号	函数	作用
1	max()	用于找到可迭代对象中的最大值
2	min()	用于找到可迭代对象中的最小值
3	sum()	用于计算可迭代对象（如列表、元组、字典等）中所有元素的总和
4	isalnum()	检测字符串是否仅由字母和数字组成
5	isalpha()	检测字符串是否仅由字母组成
6	isdigit()	检查字符串是否仅由数字组成

序号	函数	作用
7	isupper( )	检查字符串是否都是大写字母
8	islower	检查字符串是否都是小写字母
9	sorted( )	返回一个排好序的列表

6. Python 匿名函数

Python 匿名函数（也称为 lambda 函数或行函数）是一种没有名称的函数，其通常用于需要一个简单的函数对象，但不需要显式定义函数的情况。所谓匿名，即不使用 def 语句这样标准的形式定义一个函数。Python 使用 lambda 关键字创建匿名函数，其语法格式如下：

Python 匿名函数

```
lambda [参数 1 [,参数 2,…,参数 n ]]:表达式
```

需要注意的是，匿名函数的主体是一个表达式，而不是一个代码块，仅能在 lambda 表达式中封装有限的逻辑，而且匿名函数拥有自己的命名空间，不能访问自有参数列表之外或全局命名空间中的参数。

下面的代码创建了一个两数相加的匿名函数，它在程序中可以多次调用，非常方便。

```
sum = lambda arg1, arg2: arg1 + arg2
# 调用 sum 函数
print("相加后的值为：", sum(10, 20))
print("相加后的值为：", sum(30, 40))
```

这段代码创建匿名函数后将它赋给变量 sum，然后传递不同参数两次，调用这个函数，并打印返回的结果。运行结果如下：

```
相加后的值为： 30
相加后的值为： 70
```

匿名函数还可以与 for 语句一起使用，下面的代码对列表中的每个元素乘 2 并输出，非常简洁。

```
# 定义一个列表
numbers = [1, 2, 3, 4, 5]
# 在 for 循环中直接使用 lambda 函数
for number in numbers:
    print((lambda x: x * 2)(number),end=",")
```

运行结果如下：

```
2,4,6,8,10,
```

下面的代码将匿名函数封装在 myfunc( ) 函数中，通过传入不同的参数来创建不同的匿名函数，功能更加强大。

```
def myfunc(n):
    return lambda a: a ** n
mydoubler = myfunc(2)           #创建了一个求平方的匿名函数 mydoubler
mytripler = myfunc(3)           #创建了一个求立方的匿名函数 mytripler
```

```
print(mydoubler(11))        #求 11 的平方,输出 121
print(mytripler(11))        #求 11 的立方,输出 1331
```

匿名函数还常用于将简单的逻辑作为参数传递给高阶函数,如 filter( )、map( )等函数。下面的代码用匿名函数作为参数传递给 map( )和 filter( )函数使用。

```
#使用匿名函数和 map()函数对列表中的每个元素都求平方
numbers = [1, 2, 3, 4, 5]
squared = list ( map ( lambda x: x * x, numbers ) )
print ( squared )           #输出: [1, 4, 9, 16, 25]
#使用匿名函数和 filter()函数筛选出列表中的偶数
even_numbers = list ( filter ( lambda x: x % 2 == 0, numbers ) )
print ( even_numbers )      #输出: [2, 4]
```

排序是编程中的常见操作,但有时排序不容易实现,需要使用一些技巧。例如,可以把匿名函数作为排序的关键字,根据特定的条件对序列进行排序。一般常用的字符串排序按照字母序进行,而下面的代码使用匿名函数实现了按照字符串的长度进行排序。

```
# 使用匿名函数对列表进行排序
names = ['Jingdong', 'Ali', 'Taobao', 'Tengxun']
sorted_names1 = sorted(names)                          #默认按字母序排序
print(sorted_names1)                                   #输出:['Ali', 'Jingdong', 'Taobao', 'Tengxun']
sorted_names2 = sorted(names, key=lambda x: len(x))    #按串长度排序
print(sorted_names2)                                   # 输出:['Ali', 'Taobao', 'Tengxun', 'Jingdong']
```

还可以使用匿名函数自定义一个排序规则,实现复杂结构的排序。例如:

```
students = [
    {'name': 'Tiyong', 'grade': 90},
    {'name': 'Bob', 'grade': 85},
    {'name': 'Toy', 'grade': 95}]
# 按照学生的成绩进行排序
sorted_students = sorted(students, key=lambda x: x['grade'], reverse=True)
print(sorted_students)
```

上述代码中的 students 是一个复杂结构(装有字典的列表),在一般情况下是不能直接对其排序的,但使用匿名函数指定用字典的"grade"键值进行排序,就巧妙地实现了字典排序。运行结果如下:

```
[{'name': 'Toy', 'grade': 95}, {'name': 'Tiyong', 'grade': 90}, {'name': 'Bob', 'grade': 85}]
```

7. 列表推导式

Python 的推导式是一种数据处理方式,目的是构建一个新的数据序列。Python 支持各种数据结构的推导式,包括列表推导式、字典推导式、集合推导式、元组推导式等,其结果是创建一个列表、字典、集合或元组[4]。在日常工作中使用最多的是列表推导式,本任务重点介绍它。

列表推导式

Python 的列表推导式也叫作列表解析式,是利用其他列表创建新列表,或用满足特定条件的元素创建子序列的方法。其语法格式可以是下面的两种之一:

[表达式 for 变量 in 列表]
[表达式 for 变量 in 列表 if 条件]

注意，列表推导式的结果也是一个列表。列表推导式的最大优点是简洁，例如，要将列表中能被 2 整除的元素提取出来并加上 2，用列表推导式只需一行代码即可实现，用普通代码实现则需要多行，如下所示：

```
#列表推导式实现
print([k+2 for k in [1,2,3] if k%2==0])
#多行代码实现
list=[1,2,3]
for k in list:
    if k%2==0:
        A=k+2
        print([A])
```

运行结果如下：

[4]

[4]

在 Python 中列表推导式的使用非常灵活。例如：

```
print([x*x for x in range(10)])
print([x*x for x in range(10) if x%3==0])
print([(x,y) for x in range(3) for y in range(3)])
print([[x,y] for x in range(3) for y in range(3)])
```

第 1 行代码输出 0~9 的平方，所产生的列表中有 9 个数，是下面运行结果中的第 1 行。第 2 行代码在列表推导式中增加了条件 "if x%3==0"，要求满足条件的数（即 0，3，6，9）才能进行平方计算，所产生的列表中只有 4 个数，是下面运行结果中的第 2 行。第 3 行代码用列表推导式直接产生有多个元组的列表，是下面运行结果中的第 3 行。第 4 行代码用列表推导式直接产生有多个子列表的列表，是下面运行结果中的第 4 行。

[0, 1, 4, 9, 16, 25, 36, 49, 64, 81]

[0, 9, 36, 81]

[(0, 0), (0, 1), (0, 2), (1, 0), (1, 1), (1, 2), (2, 0), (2, 1), (2, 2)]

[[0, 0], [0, 1], [0, 2], [1, 0], [1, 1], [1, 2], [2, 0], [2, 1], [2, 2]]

列表推导式与其他函数组合使用，功能更加强大。例如在下面的代码中，在列表推导式中再使用 zip( ) 函数，对 x、y 的取值进行限制，从而获得需要的结果。

```
x = range(1,4)
y = range(4,9)
z=[i*j for i,j in zip(x,y)]
print(z)                #输出[4, 10, 18]
print(sum(z))           #输出 32
```

列表推导式经常用简洁的代码实现复杂的功能，下面只用一行代码就实现了九九乘法表的打印。

```
print("\n".join([" ".join(["{} * {} = {}".format(x, y, x * y) for x in range(1,y+1)]) for y in range(1,10)]))
```

运行结果如下：

```
1*1=1
1*2=2 2*2=4
1*3=3 2*3=6 3*3=9
1*4=4 2*4=8 3*4=12 4*4=16
1*5=5 2*5=10 3*5=15 4*5=20 5*5=25
1*6=6 2*6=12 3*6=18 4*6=24 5*6=30 6*6=36
1*7=7 2*7=14 3*7=21 4*7=28 5*7=35 6*7=42 7*7=49
1*8=8 2*8=16 3*8=24 4*8=32 5*8=40 6*8=48 7*8=56 8*8=64
1*9=9 2*9=18 3*9=27 4*9=36 5*9=45 6*9=54 7*9=63 8*9=72 9*9=81
```

任务实施准备

通过预备知识的学习，同学们已经掌握了 Python 的选择结构、循环结构、自定义函数、常用函数、匿名函数和列表推导式等方面的知识，接下来使用这些知识编写程序，完成任务。

在任务实施前需要准备好软件工具，软件环境要求是安装有 PyCharm、Anaconda 和 Word 等软件并配置好的计算机，操作系统可以是 Windows 10 或 Windows 11。已有商品数据如下：

```
fieldName=["图书编号","图书名称","出版社","定价"]
bookData=[
    {"id": 1, "bookName": "资本论（第一卷）", \
     "publisher": "人民出版社", "Price": 90.00},
    {"id": 2, "bookName": "中华人民共和国简史", \
     "publisher": "上海人民出版社", "Price": 40.50},
    {"id": 3, "bookName": "百年大党正年轻", \
     "publisher": "东方出版社", "Price": 68.00},
    {"id": 4, "bookName": "零基础学Python3.0（全彩版）", \
     "publisher": "吉林大学出版社", "Price": 79.80},
    {"id": 5, "bookName": "HTML5+CSS3 移动Web开发实战", \
     "publisher": "人民邮电出版社", "Price": 59.80},
]
```

对于上面给出的商品数据，fieldName 列表中存放的是欲打印表格的标题，bookData 列表中存放的是图书数据字典，每个字典中的键有图书编号 id、图书名称 bookName、出版社 publisher、定价 Price，以及键所对应的值。注意这些值是中英文混合的，既有全角字符，也有半角字符。要求定义多个函数，用表格的方式输出这些数据，并且表格线和数据都需要对齐，输出效果如图1-6所示。

项目一 管理商务数据

图书编号	图书名称	出版社	定价
1	资本论（第一卷）	人民出版社	90.00
2	中华人民共和国简史	上海人民出版社	40.50
3	百年大党正年轻	东方出版社	68.00
4	零基础学Python3.0（全彩版）	吉林大学出版社	79.80
5	HTML5+CSS3移动Web开发实战	人民邮电出版社	59.80
6	HTML5CSS3移动Web开发实战	人民邮电出版社	59.80

图 1-6　商品数据表格输出效果

任务实施与分析

任务实施包括多个步骤，必须严格按照要求完成编程，最后顺利运行并打印要求格式的表格。

步骤 1：新建 Python 文件编写程序，导入已有的两个列表，第一个列表为表头信息（fieldName），第二个列表（内嵌字典）为商品信息（bookData）。注意，为了对齐表格，在 PyCharm 的 "Settings" 对话框中选择 "Editor" → "Color Scheme" 选项，为 Console Font 选择等宽字体——新宋体 NSimSun。

步骤 2：为了打印时对齐表格，要求对中英文混合的图书名称先按指定长度输出文本内容，再使用全角空格进行填充；如果图书名称字符串有 n 个半角字符，则再输出 n 个半角空格，以保证全角、半角混合的字符串能对齐输出。

自定义函数 printField()，居中打印标题行 fieldName，宽度设定为 6，20，12，6 个全角字符，当需要填充空格时要求填充全角空格（chr（12288））。下面要求在划线处填写代码：

```
def printField(fieldName): #居中打印标题行,宽度设定为6,20,12,6个字符
    print("┌────────┬────────────────────────┬─────────────┬────────┐")
    print("{0:{1}^6s}". format(_____, chr(12288)), end="") #图书编号
    print("{0:{1}^20s}". format(_____, chr(12288)), end="")#图书名称
    print("{0:{1}^12s}". format(_____, chr(12288)), end="") #定价
    print("{0:{1}^6s}". format(_____, chr(12288)))    #出版日期
```

步骤 3：编写自定义函数 printData()，该函数传入一个参数 bookData，然后通过循环在该参数中遍历，每次循环中先打印一行表格线，再按要求格式和顺序打印 id、bookName、publisher、Price 的值，最后打印一行表格线形成闭合，提供代码如下：

```
def printData(bookData):#自定义的打印图书数据函数
    for row in bookData:
        print("├────────┼────────────────────────┼─────────────┼────────┤")
        printFormatData(row["id"], "^", "6d")
        printFormatData(row["bookName"], "<", "20s")
```

```
                printBlankFill(row["bookName"],"")
                printFormatData(row["publisher"], "<", "12s")
                printBlankFill(row["publisher"],"")
                printFormatData(row["Price"], "<", "6.2f")
                print("")
    print("┕━━━━━━━━━━━━┷━━━━━━━━━━━━━━━━━━━━━━━━━━━━━━━━━┷━━━━━━━━━━━━━━━━━━━━━━━┷━━━━━━━━━━━┙")
```

步骤4：编写自定义函数 getSize()，传入一个参数 text，实现用字符串 str 长度对比 GBK 编码字符串长度获取 text 中半角字符的数量，最后返回这个数量。要求把 pass 处代码填写完整。

```
def getSize(text):    #Unicode 字符串对比 GBK 字符串长度获取 text 半角字符的数量
    pass
```

步骤5：编写自定义函数 printFormatData()，传入参数字符串 text、对齐方式 align、长度 len，实现用 print() 打印字符串 text，要求对齐方式为 align，长度为 len，长度不够的用全角空格填充（chr(12288)），一行打印结束后不换行。在 pass 处只需填写一行代码。

```
def printFormatData(text,align,len):
    #0 对应输出的字符串,1 对应填空符,2 对应对齐方式,3 对应显示长度
    pass    #此处只需要一行代码即可完成
```

步骤6：编写自定义函数 printBlankFill()，实现打印指定数量的半角空格（chr(32)），弥补字符串中的半角字符的宽度，实现中英文混合对齐。要求调用 getSize() 函数获得传入参数 text 的半角字符的数量，用 endMark 参数传入结束字符（即 end=endMark）。在 pass 处只需填写一行代码。

```
def printBlankFill(text,endMark):      #打印指定数量的半角空格,注意它至少打印一个空格!
    pass                                #此处只需要一行代码即可完成
```

步骤7：在程序入口处，调用下面两行代码即可。

```
printField(fieldName)        #打印标题行
printData(bookData)          #打印图书信息
```

拓展知识

Python 模块与包

在 Python 中，模块（Module）和包（Package）是组织代码的两种主要方式，它们用于将代码分割成更小的、可管理的块，以便于维护和重用。在 Python 中导入模块的方法较为复杂，这里进行专门介绍。

1. 模块和包

在 Python 中，一个扩展名为 ".py" 的文件就称为一个模块。当一个模块编写完毕后，它就可以被其他模块引用。使用模块有利于代码重用，还可以避免函数名和变量名冲突，相同名称的函数和变量完全可以分别存在于不同的模块中。

Python 按照目录组织模块的方法称为包。包与目录的不同主要是包中一定有一个 "_init_.py" 文件。

如图 1-7 所示，文件 "abc.py" 就是一个名称为 abc 的模块，文件 "xyz.py" 是名称

为 xyz 的模块，它们所在的包的名称为 mycompany，其中就有一个"_init_.py"文件。在 mycompany 包的外面访问 abc 等模块应采用"包名.模块名"的方式，如"mycompany.abc"和"mycompany.xyz"。

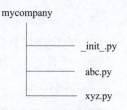

图 1-7 mycompany 简单包结构

2. 导入模块的方法

1）import 语句

一个模块若要使用其他模块中的内容，需要在这个模块中执行 import 语句，把其他模块导入进来，其语法格式如下：

```
import 模块 1[, 模块 2[, ... 模块 n]
```

当解释器遇到 import 语句时，会按照一定的搜索路径查找模块，即"sys.path"中的路径，包括当前工作目录、Windows 系统环境变量中的 Python PATH 目录、Python 安装目录及其标准库安装目录。位于这 4 个目录中的模块，直接使用 import 关键字导入就可以使用，如"import sys""import math"等。如果是自定义模块或第三方模块且不在这些目录中，就需要将其所在路径添加到系统的搜索路径中，或者为 import 语句指定模块所在的位置。

注意，不管执行了多少次 import 语句，相同的模块只会被导入一次，这样可以防止导入相同的内容。

2）from ... import 语句

Python 的 from ... import 语句允许从模块中导入指定的部分内容（如函数、类、变量等）到当前的命名空间中，其语法格式如下：

```
from 模块名 import name1[, name2[, ... namen n ]]
```

如果只需要导入模块 fibo 的 fib( )函数，则可以使用如下语句：

```
from fibo import fib
fib(500)                #可以直接调用 fib()函数
```

若要一次导入一个模块中的多个函数，可以将需要导入的函数名都写在 import 语句的后面。例如：

```
from fibo import fib, fib2, fib3
fib(500)                #可以直接调用 fib()函数
fib2 ( 600 )            #可以直接调用 fib2()函数
fib3 ( 700 )            #可以直接调用 fib3()函数
```

注意，from...import 语句不会把整个 fibo 模块的内容导入当前的命名空间，只会将 fibo 模块中的 fib( )、fib2( )和 fib3( )函数引入，这样可以精准导入需要的内容，而不导入多余内容，从而减小程序体积，提高运行效率。

3）from ... import * 语句

要把一个模块的所有内容全都导入当前的命名空间，只需使用如下语句：

```
from 模块名 import *
```

其中星号"*"代表模块中的全部内容，即将其一次性地全部导入目标程序。from ...import *语句的优点是使用方便，但会使目标程序变得过于臃肿，降低运行效率，因此不推荐使用。

4）导入时为模块取别名

如果模块名太长不好记，可以通过用 as 关键字为它取一个简化的别名，以便于频繁调用，其语法格式如下：

import 模块名 as 别名

可以直接使别名代替模块名。例如：

import random as r
r.random()

同理，也可以为导入的函数、类或变量取别名以方便调用，其语法格式如下：

from 模块名 import name as 别名

例如：

from helloworld import say_hello as hello
hello()   #直接使用别名调用函数

5）复杂包结构中的导入与访问方式

如图1-8所示，classOne模块与classTwo模块位于不同的包中，要想在classTwo模块中访问classOne模块中的自定义函数hello()，有3种导入和访问方式。

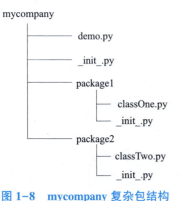

图1-8　mycompany复杂包结构

（1）import mycompany.package1.classOne，这种方式只能以全名访问导入的模块内容，即mycompany.package1.classOne.hello()，使用起来比较麻烦。

（2）from mycompany.package1 import classOne，这种导入方式可以用classOne.hello()调用函数，使用起来比较简便，推荐使用。

（3）from mycompany.package1.classOne import hello，这种方式可以直接访问被导入的函数，像classTwo模块访问自己的函数一样，即直接调用hello()函数，使用起来非常方便，强烈推荐使用。

思考与总结

（1）通过以上的学习，同学们掌握了Python的程序结构。请同学们思考这些程序结构与其他编程语言（如Java）的程序有什么不同。

_____

_____

（2）通过以上的学习，同学们掌握了Python的函数参数传递方式。请同学们思考这些函数参数传递方式与其他编程语言（如Java）的函数参数传递方式相比有什么不同，有什么优、缺点。

_____

_____

能力提升

请同学们打开课程中心页面，完成以下任务：使用Python编程实现抢购倒计时器。

任务训练

请同学们根据本任务的内容，独立完成任务单1-3中的实训。

项目一 管理商务数据

任务单1-3

任务单1-3

班级		学号		姓名	
实训1-3	使用Python自定义函数打印商品数据表格				
实训目的	（1）能够使用Python的复杂结构进行编程。 （2）能够使用Python自定义函数和内置函数进行编程。 （3）领悟中国共产党的英明领导，领悟中华传统文化的伟大。 （4）爱岗敬业，遵守职业道德和行为规范，具有诚实、守信的高尚品质。				
实训过程	（1）新建Python文件"shixun1-3.py"，编写程序，导入提供的两个列表和自定义函数，第一个列表为表头信息（fieldName），第二个列表（内嵌字典）为商品信息（bookData），自定义函数为printData()。 （2）自定义函数printField()，居中打印标题行fieldName，将宽度设置为6，20，12，6个全角字符，当需要填充空格时要求填充全角空格（chr(12288)），将编写好的printField()函数的完整代码粘贴在下面。 （3）编写自定义函数getSize()，传入一个参数text，实现用字符串长度对比GBK字符串长度获取text中半角字符的数量，最后返回这个数量，将编写好的getSize()函数的完整代码粘贴在下面。 （4）编写自定义函数printFormatData()，传入参数——字符串text、对齐方式align、长度len，实现用print()函数打印这个字符串text，要求对齐方式为align，长度为len，长度不够的用全角空格填充（chr(12288)），一行打印结束后不换行，将编写好的printFormatData()函数的完整代码粘贴在下面。 （5）编写自定义函数printBlankFill()，实现打印指定数量的半角空格（chr(32)），弥补字符串中的半角字符的宽度，实现中英文混合对齐。调用getSize()函数获得传入参数text的半角字符的数量，endMark参数传入结束字符（即end=endMark），将编写好的printBlankFill()函数的完整代码粘贴在下面。 （6）完成整个程序的运行，将运行结果截图粘贴在下面。				
总结	（1）在本实训中你学到了什么？ （2）在本实训中你遇到了哪些问题？你是怎么解决的？				

素养提升

项目 1 在编写 Python 程序的过程中，培养学生具有严谨、细致、耐心、有担当的职业素养。

任务 1 中的 Python 逆袭的发展史表明，经历过风雨才能见到彩虹。作为一名 IT 学子，要有坚强的毅力和刻苦学习、努力奋斗的精神，在学习和工作中要耐得住寂寞，只有经历过磨难才能获得成功。

任务 1 中打印的《青春之歌》是当代作家杨沫创作的一部以亲身经历为素材的半自传体长篇小说，它以 20 世纪 30 年代从"九·一八"事变到"一二·九"运动的爱国学生运动为背景，通过女主人公林道静的成长过程，讲述了一个革命历史故事。该小说情节生动，人物形象鲜明，真实感人，建议同学们精读。

任务 2 数据中的《红岩》是作家罗广斌、杨益言创作的一部长篇小说，它描写了中华人民共和国成立前夕中国共产党的地下革命斗争，着重表现了齐晓轩、许云峰、江雪琴等共产党人在狱中所进行的英勇战斗，充分显示了中国共产党人视死如归的大无畏英雄气概。《林海雪原》是作家曲波所创作的一部长篇小说，它描写了解放战争初期东北剿匪的战斗过程，特别是侦察英雄杨子荣与威虎山匪帮斗智斗勇的细节，表现了中国共产党领导下的解放军战士不怕牺牲的革命精神。《铁道游击队》是作家刘知侠创作的小说，它讲述了抗日战争时期山东鲁南地区的铁道游击队员和八路军在中国共产党的领导下，深入日寇白区，机智勇敢地开展对敌斗争的故事。《钢铁是怎样炼成的》是苏联作家尼古拉·奥斯特洛夫斯基所著的一部长篇小说，它通过记叙保尔·柯察金的成长经历告诉人们，只有在革命的艰难困苦中战胜敌人也战胜自己，只有在把自己的追求和祖国、人民的利益联系在一起的时候，才会创造出奇迹，成长为真正的钢铁战士。

任务 3 数据中的《资本论》全称为《资本论：政治经济学批判》，是德国思想家卡尔·马克思创作的政治经济学著作，它在 1867—1894 年分为三卷出版，第一卷研究了资本的生产过程，分析了剩余价值的生产问题。马克思在《资本论》中以唯物史观的基本思想作为指导，通过深刻分析资本主义生产方式，揭示了资本主义社会发展的规律。《中华人民共和国简史》是中共中央宣传部组织编写的政治读物，该书坚持马克思主义唯物史观和实事求是原则，以习近平新时代中国特色社会主义思想为指导，在充分尊重历史资料的基础上，去伪存真、去粗取精，科学、准确、全面地阐释了中华人民共和国的历史。《百年大党正年轻》是李君如主编的政治理论著作，该书以通俗易懂的语言，阐述了中国共产党百年来始终朝气蓬勃的基本经验，揭示了中国共产党厚植根基、实现长期执政的成功秘诀。

这些图书激励了一代又一代的年轻人，充满了时代的正能量，推荐大家阅读。

项目评价

知识巩固与技能提高（50 分）		得分：
计分标准： 得分＝1×单选题正确个数+2×填空题正确个数+编程题得分		

学生自评（20 分）		得分：
计分标准： 得分＝2×A 的个数+1×B 的个数+0×C 的个数		

专业能力	评价指标	自测结果	要求 （A，掌握；B，基本掌握；C，未掌握）
Python 的 基本语法	1. Python 的标识符与运算符 2. Python 的基本数据类型	A☐ B☐ C☐ A☐ B☐ C☐	掌握 Python 的标识符与运算符，熟悉 Python 的基本数据类型
Python 的 数据类型	1. 列表的定义与使用 2. 元组的定义与使用 3. 字典的定义与使用	A☐ B☐ C☐ A☐ B☐ C☐ A☐ B☐ C☐	掌握列表、元组、字典的定义与使用； 掌握集合的特点与使用
Python 的 函数	1. 分支与循环结构 2. 自定义函数及参数传递 3. 匿名函数、列表推导式 4. 模块和包	A☐ B☐ C☐ A☐ B☐ C☐ A☐ B☐ C☐ A☐ B☐ C☐	掌握分支与循环结构； 掌握自定义函数的创建与使用； 掌握匿名函数、列表推导式； 掌握导入模块的多种方法
职业道德 思想意识	爱党爱国、严谨、细致、耐心、有担当	A☐ B☐ C☐	专业素质、思想意识得到提升，德才兼备

小组评价（10 分）		得分：
计分标准：得分＝5×A 的个数+3×B 的个数+1×C 的个数		

团队合作	A☐ B☐ C☐	沟通能力	A☐ B☐ C☐

教师评价（20 分）		得分：
教师评语		
总成绩	教师签字	

项目二

获取商务数据

 项目背景

近10年来，我国数字经济发展增速很快，辐射范围很广，规模不断壮大，信息便民惠民加速普及，数字治理格局日益完善，覆盖人民生活的方方面面。2012—2022年，我国数字经济规模从11万亿元增长到50.2万亿元，占国内生产总值的比重由21.6%提升至41.5%[5]。与此同时，我国电子商务交易额、移动支付交易规模位居全球第一，新技术、新产业、新业态、新模式不断涌现，推动经济结构不断优化、经济效益显著提升、人民生活持续改善。这些事实说明，我国已进入以大数据为核心资源的数字经济时代。

从农业经济时代到工业经济时代，再到如今的数字经济时代，数据已逐渐成为驱动经济发展的新的生产要素。大数据从计算领域萌芽，逐步延伸到科学和商业领域，为人们提供了一种认识复杂系统的全新思维和探究客观规律的全新手段。在过去10年，以网络购物、共享经济、移动支付为代表，数字经济已全面进入人民的日常生活。数字社会、数字政府正如火如荼地建设；数字产业化、产业数字化正全面推进；新型智慧城市、数字乡村建设已全面铺开；全民数字素养与技能正稳步提升。

党的二十大的胜利召开，擘画了我国全面建设社会主义现代化国家、以中国式现代化全面推进中华民族伟大复兴的宏伟蓝图。发展数字经济的战略地位更加稳固，发展数字经济已成为推进中国式现代化的重要驱动力量。

过去，人们通过人工实地调研，书籍、报纸、电视、广播，以及本地数据库获取信息。但是，这些信息数量有限，且信息面过于狭窄，导致视野受限。现在，互联网呈现爆炸式增长，面对这样的大规模低价值密度数据，缓慢的人工摘录早已过时，那么如何高速过滤并获取有用的互联网信息？本项目介绍使用Python编写多种网络爬虫解决这个问题的方法。

本项目的任务情境如下。浙江星科信息技术有限公司是一家小型数据公司，共有员工8人、计算机10台。该公司可为其他企业提供数据获取和处理服务：由其他企业提供网络地址和业务需求，该公司从互联网上合法地以多种方式获取有用数据，包括人工录入、PDF识别、爬虫自动抓取等，最后经过处理形成正式文档交付需求方。

研究内容

本项目主要研究使用Python编写多种网络爬虫进行互联网数据获取并保存的过程。具体研究内容如下。

（1）XPath定位方法。
（2）XPath爬虫编写方法。
（3）正则表达式定位方法。
（4）正则表达式爬虫编写方法。
（5）Selenium定位方法。
（6）Selenium爬虫编写方法。

学习目标

知识目标

（1）了解网络爬虫的工作流程。
（2）理解单页面、多页面网络爬虫的编写流程。
（3）理解XPath定位方法。
（4）理解正则表达式定位方法。
（5）理解Selenium的特点及定位方法。

技能目标

（1）掌握XPath定位方法。
（2）掌握正则表达式定位方法。
（3）掌握Selenium定位方法。
（4）能够用XPath定位方法编写网络爬虫。
（5）能够用正则表达式定位方法编写网络爬虫。
（6）能够用Selenium定位方法编写网络爬虫。

素养目标

（1）领悟新时代工匠精神。
（2）培养爱岗敬业、严保数据安全的数据工程师职业道德。
（3）体现严谨、细致、耐心、有担当的职业素养。

任务 1　编写 XPath 单页面爬虫获取互联网数据

预备知识

1. 爬虫的定义

随着网络技术的迅速发展，互联网成为大量信息的载体，如何有效地提取并利用这些信息成为一个巨大的挑战。搜索引擎作为辅助人们检索信息的工具，成为用户访问互联网的入口和指南，但随着网络技术的不断发展，互联网数据的形式越来越丰富，互联网数据的体量也越来越大，搜索引擎往往不能很好地发现和获取这些信息，网络爬虫因此应运而生。

爬虫的定义及编写流程

网络爬虫（Web Crawler，以下简称爬虫）又称为网页蜘蛛，是一种按照一定的规则，自动抓取互联网信息的程序或者脚本。所谓网页爬取，就是利用爬虫把 URL 中指定的网络资源从网络流中读取出来，保存到本地，类似使用程序模拟浏览器的功能，即把 URL 作为 HTTP 请求的内容发送到服务器，然后读取服务器的响应资源[6]。

可以把互联网比作一张大网，而爬虫便是在网上爬行的蜘蛛；把网上的节点比作一个个网页，爬虫爬到某节点就相当于访问了该网页，获取了其信息。还可以把节点间的连线比作网页之间的链接关系，这样爬虫通过一个节点后，可以顺着节点连线继续爬行到达下一个节点，即通过一个网页继续抓取后续网页的信息。这样整个网上的节点就可以被爬虫全部爬行到，网上的信息则可以被全部抓取。

2. 爬虫的基本流程

爬虫的基本流程一般包括四步，下面进行简单描述。

1）请求目标链接

爬虫发起一个带有请求头（headers）、请求参数（包括 URL）等信息的请求（Request），等待服务器响应。如果服务器正常响应，则请求成功，否则请求失败。常见的请求方式是 GET 或 POST，请求 URL 用来定位互联网上的一个唯一的资源，如一个文件、一张图片、一段视频等。爬虫的请求头一般需包含 User-Agent 和 Cookies 等内容。如果没有 User-Agent 客户端配置，服务器端可能将其当作一个非法用户请求而拒绝访问，Cookie 则用来保存登录成功的信息等。

为了构造请求并发送给服务器，Python 提供了一些库来帮助实现这个操作，如 urllib 库、request 库等，可以使用这些库方便地实现 HTTP 请求操作。

2）获取响应内容

如果服务器能正常响应，则会返回一个 Response，其中包含指定 URL 的所有内容，可能是 HTML、JSON 字符串、二进制数据（图片、视频）等。

服务器在响应的同时会返回一个响应状态码，值为 200 表示访问成功，同时返回所请求的结果；值为 301 表示跳转到其他地址再请求；值为 404 表示访问的文件不存在，可能是 URL 错误；值为 403 表示无权限访问，需要获取相应权限才能请求；值为 502 表示服务器错误，可能是服务器停止服务或 URL 错误等。

3）解析内容

得到的 Response 并不能直接使用，需要先用解析库进行解析，再用专门的方法从解析结果中提取需要的信息。提取信息的方法有多种，例如采用正则表达式提取信息，这是一个万能的方法，但是构造正则表达式比较复杂，要求较高。还可以用 XPath 选择器或 CSS 选择器提取信息，根据网页的结构规则、节点属性或文本值提取信息。

4）保存信息

提取到信息后，可以将其保存到某处以便后续使用。保存信息的形式多种多样，可以将信息简单保存为 TXT 文本或 JSON 文本，也将信息可以保存到数据库中，如 MySQL 和 MongoDB 等，还可以将信息保存至远程服务器中。

3. XPath 及其语法

XPath 的全称为 XML Path Language，即 XML 路径语言，它是一种在 XML 文档中查找信息的语言。因为 HTML 与 XML 结构类似，所以 XPath 也经常用于 HTML 文档查找定位。XPath 的功能非常强大，不仅提供了简洁明了的路径选择表达式，还提供了 100 多个内置函数，用于字符串、数值、时间的匹配以及节点、序列的处理。在 HTML 文档中 XPath 主要通过元素（即 HTML 标签）和属性（即 HTML 标签的属性）进行查找定位。下面从 4 个方面对 XPath 的语法进行介绍。

XPath 语法

1）层级

/ 后面跟子节点，表示从根节点开始一级接一级地向下查找，可视为绝对定位或绝对查找。例如/html/body/div[2]/div/div[3]/span[1]/input，表示先查找根节点下的 html，再查找 html 下的 body，然后查找 body 下的第 2 个 div，这样一级接一级地查找，直到查找到最后的 input，才算完成定位。

// 后面跟子节点，全局查找任意位置，可视为相对定位或相对查找。例如//div/input，表示查找任意位置的 div 下的 input，或者说相对定位到 div 下的 input。

. 表示当前目录，即当前节点。

.. 表示上一级目录，即当前节点的父节点。

下面的 9 条也称为轴定位，其语法格式为：轴名称::元素名。

（1）parent：表示查找当前节点的父节点。

（2）child：表示查找当前节点的所有子节点。

（3）preceding：表示查找当前节点的开始标签之前的所有节点。

（4）following：表示查找当前节点的结束标签之后的所有节点。

（5）ancestor：表示查找当前节点的所有先辈节点（父节点、祖父节点等）。

（6）descendant：表示查找当前节点的所有后代节点（子节点、孙节点等）。

（7）descendant-or-self：表示查找当前节点的所有后代节点及当前节点本身。

（8）preceding-sibling：表示查找当前节点之前的所有兄弟节点（同级）。

（9）following-sibling：表示查找当前节点之后的所有兄弟节点（同级）。

例如/A/descendant::*，表示查找根节点下 A 元素的所有后代元素。

又如//div[@class='mnav s-top-more-btn']/preceding::a[7]，表示相对查找 class 属性为"mnav s-top-more-btn"的 div 元素前面的第 7 个 a 元素。

2）属性

@（属性访问）用于查找带有某个属性的节点。例如：

//input[@name]，表示查找带有 name 属性的任意位置的 input 元素，或者说相对定位带有 name 属性的 input 元素。
//input[@*]，表示查找所有带有属性的任意位置的 input 元素。
//input[@id="kw"]，表示查找 id 属性为"kw"的任意位置的 input 元素。
//input[@class="s_ipt"]，表示查找 class 属性为"s_ipt"的任意位置的 input 元素。

3）*与[ ]

（1）*（通配符），用于匹配任意字符。例如：

//*，表示匹配所有元素。
//div/*，表示相对查找 div，然后匹配 div 元素下的所有元素。

（2）[ ]（方括号），谓语和索引都需要用[ ]括起来。谓语是用来查找某个特定节点或包含指定值的节点。例如：

//div[@id="s-top-left"]/a[1]，表示相对定位 id 为"s-top-left"的 div 元素下的第一个 a 元素。
//div[@class='highlight']，表示相对定位 class 属性为"highlight"的 div 元素。

4）常用函数

（1）contains()函数用于定位一个属性值中包含的字符串，属于模糊定位。例如//div[contains(@id,"s-t")]/a[2]，表示相对查找所有 id 属性包含"s-t"字符串的 div 元素下的第 2 个 a 元素。

（2）text()为元素内容定位函数，常和 contains()函数一起使用。例如//div/a[contains(text(),"学")]，表示相对查找所有 div 下的 a 元素，且要求这个 a 元素内容包含"学"字符串。

（3）last()函数用于返回被处理节点的最后一个元素。例如//div[@id="s-top-left"]/a[last()]，表示相对查找 id 属性为"s-top-left"的 div 元素下的最后一个 a 元素。注意该 div 元素下可能有多个 a 元素。

（4）position()函数用于定位返回节点的索引位置。例如//div[@id="s-top-left"]/a[position()<3]，表示相对查找 id 属性为"s-top-left"的 div 元素下的前 2 个 a 元素。

（5）starts-with()函数用于定位一个属性值开始位置的关键字，属于模糊定位。例如//div[starts-with(@id,"s-t")]/a[last()]，表示相对查找有 id 属性以"s-t"开头的 div 元素下的最后一个 a 元素。

4. Python 中的 XPath 定位方法

在 Python 中使用 XPath 定位，需要先导入支持 XPath 定位的库和模块，然后用函数代入 XPath 表达式进行定位。归纳起来常用的方法有 5 种，下面通过示例逐一说明。

XPath 定位方法

1）绝对定位

一般不推荐使用绝对定位方式，除非在本级和父级，甚至父级的父级……都找不到一个全局唯一的定位元素，如 id、name、class 属性等，才考虑使用绝对定位方式。

要使用绝对定位方式，必须先写好绝对定位表达式，然后代入相关函数进行查找定位。例如以下代码，html 变量中存储的是一个完整的 HTML 文档代码，要求编写 Python 程序使用绝对定位方式查找"啤酒"这两个字。

```
from  lxml  import etree                           #导入XPath支持库
html = """                                         #一个完整的HTML文档
<! DOCTYPE html>
    <html lang="en">
        <head>
            <meta charset="UTF-8">
            <title>wuliao</title>
        </head>
        <body>
            <ul>
                <li>啤酒</li>
                <li>饮料</li>
                <li>矿泉水</li>
                <li>
                    <a href="http://www. baidu. com">百度</a>
                </li>
                <li>
                    < a id ="yx" class ="shopping" href ="https://rpic1. douyucdn. cn/asrpic/180727/5096323_2105. jpg">游戏</a>
                </li>
                <li>
                    < a class ="shopping" href ="https://rpic2. douyucdn. cn/asrpic/180727/3857053_2109. jpg">动画</a>
                </li>
            </ul>
            <p class="first">first_people</p>
            <p class="first" id="one">
                <span>hello world</span>
            </p>
            <p class="first sencond" id="two">sencond class</p>
            <div class="now">
                first_div_element
                <p class="third">fourth</p>
                <a href="https://www. meishijie. net">美食节</a>
            </div>
        </body>
    </html>
"""
selector=etree. HTML(html) #解析html
result=selector. xpath('/html/body/ul/li[1]/text()')    #把绝对定位表达式代入xpath()方法进行查找
print(result)   #打印查找到的结果
```

具体过程如下。首先,导入XPath支持库lxml的etree模块,其中包含各种XPath解析和定位函数。然后，给 html 变量赋予一个完整的 HTML 文档代码，这里做了简化，实际爬虫的 html 中应是从网上抓取的内容。接着，用 etree.HTML() 方法对 html 内容进行解析，将解析的结果存放在 selector 中。最后，用 xpath() 方法对 selector 内容进行查找定位，找到需要的内容。html 中"啤酒"的绝对定位表达式是 "/html/body/ul/li[1]/text()"，将其代入 xpath() 方法执行，将查找的结果保存在 result 中。运行结果如下，说明定位成功：

['啤酒']

2）通过元素索引定位

如果元素是已知一系列元素中的某一个，而且结构清晰，明确知道这是 HTML 文档中的第几个元素，就可以通过元素索引定位。

如果要在 html 中定位"矿泉水"这三个字，已知其位于整个 HTML 文档的第 3 个 li 中，而且整个 HTML 文档比较简单，则可以通过元素索引定位。把上面程序的定位表达式改为 "//li[3]/text()"，即相对查找 HTML 文档中的第 3 个 li 中的文本。XPath 会从 HTML 文档的头部向下查找，并返回找到的第 3 个 li 中的文本，程序的其他部分不变。运行结果如下，说明定位成功：

['矿泉水']

3）使用 XPath 属性定位

如果在元素所在的本级或父级，甚至父级的父级……能找到一个全局唯一的定位元素，例如 id、name、class 属性等，则推荐使用 XPath 属性定位方式。

若要在 html 中定位"游戏"这两个字，而"游戏"所在的元素 a 具有 3 个属性 id、class 和 href，且它们唯一，则它们都可以用来定位。在网页中搜索这些属性，发现 id 值和 href 值是唯一的，class 值不唯一，建议使用较为简单的 id 属性进行定位，将程序中的定位表达式改为 "//a[@id="yx"]/text()"，表示相对查找 id 属性为"yx"的 a 元素的文本，程序的其他部分不变。运行结果如下，说明定位成功：

['游戏']

还可以用逻辑运算符连接多个属性进行定位，例如上面的定位表达式可以改为 "//a[@id='yx' and @class='shopping']/text()"，同时用 id 和 class 两个属性进行定位，这样更加准确。

4）使用函数定位

如果存在文本的部分匹配或者模糊定位等情况，则可以使用函数进行辅助定位。

如果要在 html 中查找"美食节"三个字，可以看到在其所在的元素 a 的 href 属性中，部分文本"meishijie"是唯一的，则可以用它来定位。使用文本模糊定位函数 contains()，改写定位表达式为 "//a[contains(@href,"meishijie")]/text()"，程序的其他部分不变。运行结果如下，说明定位成功：

['美食节']

同理，若要定位 html 中的"动画"两个字，发现它所在的 a 元素的 href 属性以 "https://rpic2" 开头，则可以使用 starts-with() 函数，将定位表达式改写为 "//a[@class="shopping" and starts-with(@href,"https://rpic2")]/text()"，就能成功地查找到"动画"两个字。

5）从当前位置开始定位

从当前位置开始定位既不需要用 "/" 也不需要用 "//"，直接写当前位置即可。要从当前位置开始定位，需要先通过绝对定位或相对定位的方式确定当前位置，然后才能从当前位置开始定位。例如：

```
result = selector. xpath("/html/body/ul")
result1 = result[0]. xpath("li[2]/text()")
```

上面的第 1 行代码通过绝对定位确定了当前位置是"/html/body/ul"，第 2 行代码从这个当前位置开始定位，定位到"/html/body/ul"下的第 2 个 li 的文本中，结果是"饮料"。

5. 编写抓取手机商城数据的单页面爬虫

1）用 XPath 定位一个数据

图 2-1 所示为地址为"http://127.0.0.1:5001/"的手机商城首页[7]，要求编写单页面爬虫抓取一个手机的价格。

用 XPath 定位一个数据

在网页的一个手机价格上（如"1199.0"元）单击鼠标右键，选择"检查"命令，即弹出 Chrome 浏览器的开发者工具窗口，如图 2-2 所示。其中选中的一行即一个手机价格的 HTML 代码，span 元素中的文本即手机价格"1199.0"。需要编写 XPath 表达式定位到这个数据，根据网页结构，编写绝对定位表达式为"/html/body/div[1]/div[2]/div[2]/div[4]/span/text()"。

图 2-1　手机商城首页

图 2-2　在 Chrome 浏览器的开发者工具窗口中定位一个手机价格

编写完整的单页面爬虫如下。这里需要到网上请求数据,因此必须导入请求库 requests,同时导入 XPath 的解析库 lxml 的 etree 模块。为了伪装成正常的访问,需要构造一个请求头 headers,把正确的 User-Agent 值传进去。然后,用 requests.get()方法代入地址和请求头去请求数据,如果服务器正常响应,则将返回的结果保存到变量 wb_data 中。接着,用 etree.HTML()方法对 wb_data 进行解析,将解析结果保存到 selector 中。最后,用 xpath()方法代入 XPath 定位表达式到 selector 中查找信息。

```
import requests #导入请求库
from  lxml  import etree
#构造请求头
headers = {
    'User-Agent':'Mozilla/5.0 (Windows NT 6.1; WOW64) AppleWebKit/537.36 (KHTML, like Gecko) Chrome/53.0.2785.143 Safari/537.36'}
url = 'http://127.0.0.1:5001/'
wb_data = requests.get(url,headers=headers)
selector = etree.HTML(wb_data.text)
price=selector.xpath("/html/body/div[1]/div[2]/div[2]/div[4]/span/text()")
print(price)
```

运行结果如下,返回的是包含一个手机价格的列表,表示抓取成功:

```
['1199.0']
```

2)用 XPath 定位一组数据

上面用 XPath 绝对定位表达式成功抓取了一个手机价格,现在要求定位抓取一个页面上的所有手机价格。如图 2-3 所示,观察网页结构发现,所有手机价格都在 class 属性为"phone"的 div 元素的第 4 个 div 下的 span 元素中,故可采用相对定位方式构造相对定位表达式"//div[@class="phone"]/div[4]/span/text()",网页中所有匹配这个表达式的数据就是所有手机价格。

用 XPath 定位一组数据

图 2-3 在 Chrome 浏览器的开发者工具窗口中定位一组手机价格

把这个 XPath 表达式代入上面的程序,替换以前的绝对定位表达式。再次运行程序,结果如下,返回了一个包含多个手机价格的列表,说明抓取成功:

['1198.0', '1399.0', '2299.0', '3199.0', '599.0', '1199.0', '1799.0', '999.0', '3399.0', '99.0', '1868.0', '1798.0']

任务实施准备

通过预备知识的学习，同学们已经掌握了在 Python 中使用 XPath 定位方法编写单页面爬虫获取互联网数据的方法和过程，接下来需要运用这些技能进行实际操作。在任务实施前需要准备好下列软件工具和数据。

（1）操作系统：Windows 10 或 Windows 11。
（2）软件工具：PyCharm，已安装好 requests、lxml 等库。
（3）网址：例如 http://127.0.0.1:5000/，以老师实际提供网址的为准。

要求在 PyCharm 中新建一个 Python 文件，编写程序打开指定的网站，导入相关的库，编写 XPath 绝对定位的爬虫，抓取第一个网页中的一本图书的名称，然后建立一个 Python 文件，编写一个 XPath 相对定位的爬虫，抓取第一个网页中的所有图书的名称。

任务实施与分析

任务实施包括多个步骤，最终打印抓取的结果后要核对结果是否正确，如果结果不正确，则要分析原因并修改代码，直至得到正确的结果。

步骤 1：新建一个 Python 文件，导入相关的库。
步骤 2：构造爬虫请求头。
请求头必须包含需要的信息。
步骤 3：编写能抓取一本图书名称的 XPath 绝对定位表达式。
注意要使用绝对定位方式，抓取任意一本书的名字。绝对定位表达式从根连续向下写，中间不能间断，而且每个元素的索引一定要正确。
步骤 4：代入网址和请求头，发送访问请求。
网址一定要正确，可以先在浏览器中验证。
步骤 5：接收服务器返回信息并解析。
步骤 6：使用 XPath 绝对定位表达式定位并获取信息。
XPath 绝对定位表达式一定要确保正确，否则抓取不到需要的信息。
步骤 7：打印获取的信息并核对结果是否正确。
简单打印抓取结果即可。
步骤 8：保存 Python 文件。
步骤 9：新建另一个 Python 文件，导入相关的库和模块。
步骤 10：构造爬虫请求头。
步骤 11：编写能抓取一个网页中的所有书的名字的 XPath 相对定位表达式。
注意一些有唯一属性的上一级元素，而且要找出所有书名的网页结构规律，仔细分析，才能编写出 XPath 相对定位表达式。
步骤 12：代入地址和请求头，发送访问请求。
步骤 13：接收服务器返回信息并解析。
步骤 14：使用 XPath 相对定位表达式定位并获取信息。

注意这里的 XPath 相对定位表达式与步骤 6 中的 XPath 绝对定位表达式的区别与联系。
步骤 15：打印获取的信息并核对结果是否正确。
简单打印抓取结果即可。
步骤 16：保存 Python 文件。

思考与总结

通过以上的学习，同学们完成了基于 XPath 绝对定位和相对定位的爬虫的编写，请同学们思考还可以用哪些编程语言来编写爬虫，它们各有什么特点。

_____
_____

能力提升

请同学们打开课程中心页面，完成以下任务：打开指定的互联网网站，导入 lxml 库，编写 XPath 绝对定位表达式，抓取第一个网页中的任一个出租房的价格，再编写 XPath 相对定位表达式，抓取第一个网页的所有出租房的价格。

任务训练

请同学们根据本任务的内容，独立完成任务单 2-1 中的实训。

商务大数据的获取处理与可视化分析

任务单 2-1

任务单 2-1

班级		学号		姓名	
实训 2-1	编写 XPath 定位单页面爬虫获取互联网数据				
实训目的	(1) 掌握 XPath 绝对定位和相对定位查找信息的方法。 (2) 掌握使用 Python 编写爬虫的方法。 (3) 培养爱岗敬业、严保数据安全的数据工程师职业道德。				
实训过程	(1) 在 PyCharm 中一个新建 Python 文件（shixun2-1-1.py），打开指定的网站（例如 http://192.168.X.X:5000），导入 lxml 库，编写 XPath 绝对定位的爬虫，抓取第一个网页中的一本图书的名称。请在下面写出 XPath 绝对定位表达式。 (2) 编写完整的爬虫文件代码（shixun2-1-1.py），将代码文本粘贴在下面。 (3) 完成"shixun2-1-1.py"的代码运行，将运行结果截图粘贴在下面。 (4) 编写 XPath 相对定位的爬虫（shixun2-1-2.py），抓取第一个网页中的所有图书的名称。请在下面写出 XPath 相对定位表达式。 (5) 编写完整的爬虫文件代码（shixun2-1-2.py），将代码文本粘贴在下面。 (6) 完成"shixun2-1-2.py"的代码运行，将运行结果截图粘贴在下面。				
总结	(1) 在本实训中你学到了什么？ (2) 在本实训中你遇到了哪些问题？你是怎么解决的？				

任务 2　编写 XPath 多页面爬虫获取互联网数据

预备知识

1. 多页面地址列表推导式的构造

对于多页面网站，如图 2-4 所示的手机商城网站，爬虫应该能自动翻页，从而抓取网站上所有网页的数据。要实现这个功能，首先要分析网站地址，构造能循环执行的多页面地址列表推导式，让爬虫逐页访问所有网页。

用 XPath 抓取多页面数据

在该手机商城网站上手动跳转网页，获得各网页的地址如下：

```
http://127.0.0.1:5001/?pageIndex=1
http://127.0.0.1:5001/?pageIndex=2
http://127.0.0.1:5001/?pageIndex=3
……
http://127.0.0.1:5001/?pageIndex=9
```

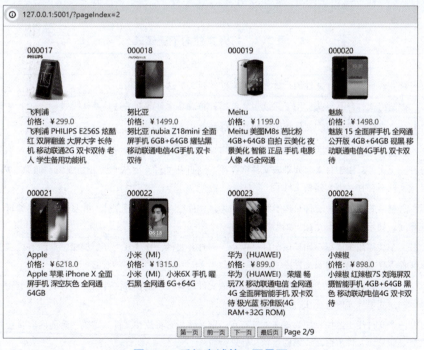

图 2-4　手机商城第 2 页界面

对上面的多个链接进行比较可以发现网页地址的规律，即最后一位数字有变化，其他部分都不变。可以利用 Python 列表推导式构造其表达式如下：

```
['http://127.0.0.1:5001/?pageIndex={}'.format(number) for number in range(1,10)]
```

2. 创建 CSV 文件并写入数据的方法

用爬虫抓取数据后需要保存数据，一般将数据保存到文件或数据库中，例如 CSV 文件。

打开文件的语法格式如下：

> open(file, mode, encoding, newline, ……)

参数说明如下。

（1）file，打开文件的路径。

（2）mode，打开文件的模式，有用于读或用于写等，具体如表2-1所示。

（3）encoding，文件编码方式，一般是UTF-8。

（4）newline，Python官方文档说明，如果没有指定newline=''（两个英文单引号中间无字符），则嵌入单引号中的换行符将无法正确解析，并且在写入时，使用\r\n换行的平台会有多余的\r写入，因此在打开文件时推荐指定newline=''。

保存CSV文件的完整代码如下：

```
import csv   #导入csv库
……
fp = open('d:\\123.csv', 'w+', newline='', encoding='utf-8')#打开文件用于写入
writer = csv.writer(fp)   #用csv创建一个writer
writer.writerow(('学号','姓名','性别'))#向文件写入一行
……
fp.close() #程序最后一定要关闭打开的文件
```

表2-1　打开文件的不同模式

模式	描述
r	以只读方式打开文件。文件的指针将放在文件的开头。这是默认模式
rb	以二进制格式打开一个文件用于只读。文件指针将放在文件的开头这是默认模式
r+	打开一个文件用于读写。文件指针将放在文件的开头
rb+	以二进制格式打开一个文件用于读写。文件指针将放在文件的开头
w	打开一个文件只用于写入。如果该文件已存在，则打开文件，并从开头开始编辑，即原有内容会被删除。如果该文件不存在，则创建新文件
wb	以二进制格式打开一个文件只用于写入。如果该文件已存在则打开文件，并从开头开始编辑，即原有内容会被删除。如果该文件不存在，则创建新文件
w+	打开一个文件用于读写。如果该文件已存在，则打开文件，并从开头开始编辑，即原有内容会被删除。如果该文件不存在，则创建新文件
wb+	以二进制格式打开一个文件用于读写。如果该文件已存在，则打开文件，并从开头开始编辑，即原有内容会被删除。如果该文件不存在，则创建新文件
a	打开一个文件用于追加。如果该文件已存在，则文件指针将放在文件的结尾，新的内容将会被写入已有内容之后。如果该文件不存在，则创建新文件进行写入
ab	以二进制格式打开一个文件用于追加。如果该文件已存在，则文件指针将放在文件的结尾，新的内容将被写入已有内容之后。如果该文件不存在，则创建新文件进行写入
a+	打开一个文件用于读写。如果该文件已存在，则文件指针将放在文件的结尾。文件打开时是追加模式。如果该文件不存在，则创建新文件用于读写
ab+	以二进制格式打开一个文件用于追加。如果该文件已存在，则文件指针将放在文件的结尾。如果该文件不存在，则创建新文件用于读写

3. 编写抓取手机商城数据的多页面爬虫案例

编写多页面爬虫的步骤一般如下。
(1) 进行导入相关库等准备工作。
(2) 构造多页面地址列表推导式。
(3) 编写定位数据的 XPath 表达式。
(4) 编写能够抓取一个网页中所有数据的自定义函数。
(5) 循环调用自定义函数抓取每个网页中的所有数据。

用 XPath 抓取互联网
数据并保存

下面分步骤具体说明。
(1) 进行导入相关库等准备工作。
需要导入 requests、lxml、csv 和 time 库，并且构造请求头。代码如下：

```
import requests
from  lxml  import etree
import csv
import time
headers = {
    'User-Agent':'Mozilla/5.0 (Windows NT 6.1; WOW64) AppleWebKit/537.36 (KHTML, like Gecko) Chrome/53.0.2785.143 Safari/537.36'}
```

(2) 构造多页面地址列表推导式。
前面已经构造了该多页面地址列表推导式，如下所示：

```
['http://127.0.0.1:5001/?pageIndex={}'.format(number) for number in range(1,10)]
```

(3) 编写定位数据的 XPath 表达式。
打开要抓取的网站，这次要抓取的是每个手机的品牌、价格，以及图片链接地址。因为一次要抓取一个网页中的所有手机信息，所以用相对定位方式，分别为它们编写 XPath 相对定位表达式如下（注意不是唯一正确的表达式，可有多种写法）。

手机品牌：//div[@class="phone"]/div[3]/text()
手机价格：//div[@class="phone"]/div[4]/span/text()
手机图片链接地址：//div[@class="phone"]/div[2]/img/@src

(4) 编写能够抓取一个网页中所有数据的自定义函数。
定义一个函数 get_links（url），每次能抓取一个网页中的所有数据并保存，url 即调用函数时传入的一个单页地址。代码如下：

```
def get_links(url):#该函数抓取一个网页中的所有数据
    wb_data = requests.get(url,headers=headers)
    selector = etree.HTML(wb_data.text)
    brands=selector.xpath('//div[@class="phone"]/div[3]/text()')           #抓取手机品牌
    prices=selector.xpath('//div[@class="phone"]/div[4]/span/text()')      #抓取手机价格
    pic_urls=selector.xpath('//div[@class="phone"]/div[2]/img/@src')       #抓取手机图片链接地址
    for brand,price,pic_url in zip(brands,prices,pic_urls):
        pic_url1="http://127.0.0.1:5001/"+pic_url                          #完整 URL
        writer.writerow((brand,price,pic_url1))
```

注意，用 XPath 表达式抓取的手机图片链接地址是不完整的，形如"images/000029.jpg"，必须添加协议和 IP 地址才能使用，而 pic_url1 即添加完整的地址，如 "http://127.0.0.1：5001/images/000029.jpg"。

（5）循环调用自定义函数抓取每个网页中的所有数据。

这里是程序入口，先打开一个文件用于写，并先写入一行标题名，然后构造多页面地址列表推导式并赋给变量 urls，最后循环调用 get_links( ) 函数，每次传入一个网页地址，循环结束即已抓取全部网页中的手机信息。代码如下：

```python
if __name__ == '__main__':
    fp = open('d://123s.csv', 'w+', newline='', encoding='utf-8')
    writer = csv.writer(fp)
    writer.writerow(('手机品牌','手机价格','手机图片地址')) #先写入字段标题名
    urls = ['http://127.0.0.1:5001/?pageIndex={}'.format(number) for number in range(1,10)]
    for single_url in urls:
        get_links(single_url)
        print("下一页……")
        time.sleep(2)
    fp.close()
```

将运行结果保存为 "123s.csv" 文件，用记事本打开后如图 2-5 所示，说明该爬虫抓取数据成功。

图 2-5　"123s.csv" 文件的内容

任务实施准备

通过预备知识的学习，同学们已经掌握了在 Python 中用 XPath 定位方法编写多页面爬虫获取互联网数据的方法及过程，接下来需要运用这些技能进行实际操作。在任务实施前需要准备好下列软件工具和数据。

（1）操作系统：Windows 10 或 Windows 11。

（2）软件工具：PyCharm，已安装好 requests、lxml 等库。

（3）网站地址：例如 http://127.0.0.1:5001/，以老师实际提供的地址为准。

要求在 PyCharm 中一个新建 Python 文件，编写 Python 程序，打开指定的网站，导入相关的库，编写 XPath 相对定位的爬虫，抓取该网站全部网页中指定的多个数据。

任务实施与分析

任务实施包括多个步骤，最终要核对输出到文件的结果是否正确，如果结果不正确，

则要分析原因并修改代码,直至得到正确的结果。

步骤1:新建一个 Python 文件,导入相关的库。

步骤2:构造爬虫请求头。

请求头中必须包含需要的信息。

步骤3:编写抓取指定数据的 XPath 相对定位表达式,需要抓取3个数据,需要对每个数据编写一个 XPath 相对定位表达式。

①抓取该网页中的所有书名。

②抓取该网页中的所有图书定价。

③抓取该网页中的所有图书图片链接地址。

步骤4:构造多页面地址列表推导式。

步骤5:编写抓取一个网页中所有书名、图书定价、图书图片链接地址的自定义函数,函数名为 getlink(url),url 为传入的一个单页面的地址。

步骤6:编写完整的爬虫文件代码,循环调用 getlink() 函数抓取该网站全部网页中的指定数据,要求每抓取一个网页中的数据后休息2 s。

步骤7:为爬虫文件添加代码,用写入模式打开 D 盘文件"books.csv",先为其写入字段标题,然后在循环中将每次抓取的书名、图书定价、图书图片链接地址作为一行保存在文件中。

步骤8:完成修改好的代码并运行,打开"books.csv"文件核对抓取的数据是否正确。

思考与总结

通过以上的学习,同学们完成了基于 XPath 相对定位的多页面爬虫程序的编写,请同学们思考对于多页面复杂地址的表达式,除了用列表推导式构造,还可以用哪些方法。

_____

_____

能力提升

请同学们打开课程中心页面,完成以下任务:打开指定的互联网网站,导入 lxml 库,编写 XPath 相对定位爬虫,抓取所有网页中的出租房价格并保存在 Excel 文件中。

任务训练

请同学们根据本任务的内容,独立完成任务单 2-2 中的实训。

商务大数据的获取处理与可视化分析

任务单2-2

任务单2-2

班级		学号		姓名	
实训2-2	编写XPath多页面爬虫获取互联网数据				
实训目的	（1）掌握编写复杂XPath相对定位表达式的方法。 （2）掌握用Python编写多页面爬虫的方法。 （3）培养爱岗敬业、严保数据安全的数据工程师职业道德。				
实训过程	（1）在PyCharm中一个新建Python文件（shixun2-2.py），打开指定的网站（例如http：//192.168.X.X：5000），导入相关的库，编写XPath相对定位的爬虫，抓取网页中的数据。请在下面写出XPath相对定位表达式。 ①抓取该网页中的所有书名： ②抓取该网页中的所有图书定价： ③抓取该网页中的所有图书图片链接地址： （2）构造多页面地址列表推导式。 （3）编写抓取一个网页中所有书名、图书定价、图书图片链接地址的自定义函数，函数名为getlink(url)，url为传入的一个单页面的地址，将代码文本粘贴到下面。 （4）编写完整的爬虫文件代码（shixun2-2.py），将代码文本粘贴在下面。 （5）完成"shixun2-2.py"的代码运行，将运行结果截图粘贴在下面。 （6）修改"shixun2-2.py"文件，将书名、图书定价、图书图片链接地址保存到D盘文件"books.csv"中，将增加的代码文本（加注释）粘贴在下面。 （7）完成修改好的"shixun2-2.py"的代码运行，将打开"books.csv"文件的截图粘贴在下面。				
总结	（1）在本实训中你学到了什么？ （2）在本实训中你遇到了哪些问题？你是怎么解决的？				

任务 3　编写正则表达式元字符爬虫获取互联网数据

预备知识

1. 正则表达式简介

正则表达式又称为规则表达式（Regular Expression，RE），是一种用于匹配和操作文本的强大工具，它是由一系列字符和特殊字符组成的，用于描述要匹配的文本模式。正则表达式可以在文本中查找、替换、提取和验证特定的模式[8]。很多编程语言都支持利用正则表达式进行字符串操作，Python 中的 re 模块拥有全部正则表达式功能。

正则表达式及普通字符介绍

2. 正则表达式字符匹配

正则表达式涉及的字符分为普通字符和元字符，下面分别进行说明。

1）普通字符

大多数字符和字母都可以看作普通字符，包括 a~z 和 A~Z 的字母、0~9 的数字、中文字符等。在正则表达式中普通字符起着非常重要的定位辅助作用，必须一一对应才能匹配成功。在如下代码中，导入 re 模块，编写正则表达式，用 re.findall( ) 方法在一个长字符串中查找短字符串 "jesson"。

```
import re # 导入 re 正则模块
print(re.findall('jesson','dsjessonjkdfjsWRFDd jessonFFEEGsddeed'))
```

运行结果如下：

```
['jesson', 'jesson']
```

可见打印输出的是一个有两个元素的列表，说明在长字符串中找到了两个一一对应的短字符串 "jesson"。

正则表达式元字符1

2）元字符

元字符是具有特殊功能的字符，一共有 11 个，分别是 ". ^ $ * + ? {} [ ] \ | ( )"，下面逐一说明。

（1）元字符 "."。

在正则表达式中，除了换行符号 "\n" 以外，元字符 "." 可以匹配其他任意字符，且一个点匹配一个字符。在加入参数的特殊情况下，也可以匹配 "\n"。

在下面的代码中，用 3 个 "." 匹配 3 个字符，属于默认的情况。

```
import re
ret1 = re.findall('w...d','hello world')
print(ret1)
ret2 = re.findall('w...d','hello wor\nd')
print(ret2)
```

运行结果如下：

```
['world']
[]
```

上述运行结果说明 ret1 中的 3 个"."与"orl"3 个字符正常匹配,但 ret2 中的"\n"不能用"."匹配(默认的情况)。

(2)元字符"*"。

正则表达式中的元字符"*"限定重复"*"前面的字符或分组从 0 到正无穷个。

在下面的代码中,先匹配以 a 开头,以 li 结尾的字符串,再匹配以 b 开头,后面是连续 a 的字符串。

```
#匹配以 a 开头,以 li 结尾的字符串
import re
ret1 = re.findall('a.......li','hello world alex88888li')
print(ret1)
ret2 = re.findall('a.*li','hello world alex88888li')
print(ret2)
#匹配以 b 开头,后面是连续 a 的字符串
ret3 = re.findall('ba*','sjfjslafjbaaaaaaaaaaaa')
print(ret3)
```

运行结果如下:

```
['alex88888li']
['alex88888li']
['baaaaaaaaaaaa']
```

可以看到 ret1 中的正则表达式只可以匹配 a 和 li 之间的 8 个字符,而 ret2 中的正则表达式比 ret1 中的正则表达式简洁,而且不论 a 和 li 之间的字符有多少个都可以匹配,因此用元字符组合".*"比单用元字符"."更简洁有效。ret3 中的 a 不论有多少个,元字符"*"都可以匹配,甚至 0 个也能匹配,同学们可以变化 a 的个数试试。

(3)元字符"+"。

元字符"+"限定匹配"+"前面的字符或分组从 1 到正无穷个。元字符"+"与元字符"*"的区别就是它必须至少匹配 1 个字符。例如(注意"+"能否匹配 0 个字符):

```
import re
ret = re.findall('ab+', 'dsaljfsfjslfaaa')
print(ret)
ret1 = re.findall('ab*', 'dsaljfsfjslfaaa')
print(ret1)
ret2 = re.findall('ab+', 'dsabljfasfjslfaaabbbbbbbbbbb')
print(ret2)
ret3 = re.findall('a+b','adadfwdbaaaaaablkls;flsabb')
print(ret3)
```

运行结果如下:

```
[]
['a', 'a', 'a', 'a']
['ab', 'abbbbbbbbbbb']
['aaaaaab', 'ab']
```

ret 中的结果为空,可见元字符"+"前面的字符至少有 1 个才能匹配,而 ret1 中却匹配了 4 个字符,说明元字符"*"可以匹配 0 个字符。ret2 与 ret3 还说明了一个规则:在能匹配多个字符的情况下,元字符"+"会尽可能多地匹配,即贪婪匹配。

(4) 元字符"?"。

元字符"?"限定匹配"?"前面的字符或分组的个数在闭区间 [0,1] 上,即 0 个或者 1 个。在下面的代码中,即使有多个连续的 a 也只能匹配 1 个,且没有 a 只有 b 也可以匹配,说明"a?"只能匹配 0 或 1 个 a。

```
import re
ret = re.findall('a? b','aaaabkshkgabsdbannndbab')
print(ret)
```

运行结果如下:

['ab', 'ab', 'b', 'b', 'ab']

正则表达式
元字符2

(5) 元字符"{m, n}"。

元字符"{m, n}"限定匹配"{}"前面的字符或分组的个数为"{}"中的数值。要求 m 和 n 均为非负整数,且 m≤n,最少匹配 m 次且最多匹配 n 次。若为"{m}"则限定匹配"{}"前面的字符或分组的个数 m 次。在下面的代码中,ret 准确匹配了 5 个 a,ret1 分别匹配了 1~3 个 a,ret2 匹配了 3 个 a。

```
import re
ret = re.findall('a{5}b','aaaaab')
print(ret)
ret1 = re.findall('a{1,3}b','jksjablskflskaabdlsfaaaaab')
print(ret1)
ret2 = re.findall('a{1,3}b','dlsfaaaaab')
print(ret2)
```

运行结果如下:

['aaaaab']
['ab', 'aab', 'aaab']
['aaab']

(6) 元字符"[]"。

元字符"[]"表示一个字符集,字符单个列出,也可以用"-"号分隔表示一个字符区间。例如 [abc] 将匹配"a""b"或者"c"中的任意一个字符,也可以用区间 [a-c] 表示。[a-z] 匹配全部小写字母中的一个,[A-Z] 匹配全部大写字母中的一个,[0-9] 匹配 0~9 数字中的一个,[a-zA-Z0-9] 则可以匹配任一个大小写字母或者 0~9 数字,[aeiou] 匹配一个小写的元音字母。

在下面的代码中,ret 中 a 和 x 之间可以匹配字母"c""d""e"和逗号中任一个,逗号在这里只代表字符本身,不起间隔作用,不必写两个;ret1 中表达式最后有元字符"+",因此可以匹配 1~9 数字与小写字母 1 个到无穷多个,但不能匹配大写字母。

```
import re
ret = re.findall('a[c,d,e]x','adx')
```

```
print(ret)
ret1 = re.findall('[1-9a-z]+','123jskdjJWKJKJKS')
print(ret1)
```

运行结果如下：

```
['adx']
['123jskdj']
```

（7）元字符"^"和"$"。

元字符"^"匹配字符串的开始位置。如果设置了正则表达式对象的多行属性，它也匹配"\n"或"\r"之后的位置。注意，在元字符"[ ]"中"^"表示非，例如［^aeiou］表示匹配非小写元音字母以外的其他字母，［^0-9］表示匹配非0~9数字的其他字符。

元字符"$"匹配字符串的结束位置。如果设置了正则表达式对象的多行属性，它也匹配"\n"或"\r"之前的位置。

例如，要求写出这样的正则表达式——匹配长度为10~15位的用户密码（以大写字母开头，后跟字母、数字和下划线），答案可以是：

```
^[A-Z][a-zA-Z0-9_]{9,14}$
```

（8）元字符"\"。

"\"后面跟元字符，去除该元字符的功能，例如"\."" *""\?"，将"."" *"
"?"变回字符本身，不再具有元字符功能。

"\"后面跟普通字符，则实现其字符转义功能，例如"\a""\b""\r""\n""\t"等，常用转义字符如表2-2所示。

表2-2 常用转义字符表

转义字符	意义	SCII码值（十进制）
\a	响铃（BEL）	007
\b	退格（BS），将当前位置移到前一列	008
\f	换页（FF），将当前位置移到下一页开头	012
\n	换行（LF），将当前位置移到下一行开头	010
\r	回车（CR），将当前位置移到本行开头	013
\t	水平制表（HT）（跳到下一个TAB位置）	009
\v	垂直制表（VT）	011
\\	代表一个反斜线字符'\'	092
\'	代表一个单引号（撇号）字符	039
\"	代表一个双引号字符	034
\?	代表一个问号	063
\0	空字符（NUL）	000
\ddd	1~3位八进制数所代表的任意字符	3位八进制
\xhh	十六进制所代表的任意字符	十六进制

正则表达式还有自己的特殊序列，如表2-3所示。

表 2-3　正则表达式特殊序列

特殊序列	说明
\A	只在字符串开头进行匹配，多行只在首行开头匹配
\b	匹配一个单词边界，即位于单词开头或者结尾的空字符串或标点符号，如逗号、句号等
\B	匹配不位于单词边界的字符串
\d	匹配任意十进制数，相当于 [0-9]
\D	匹配任意非数字字符，相当于 [^0-9]
\s	匹配任意空白字符，相当于 [\t\n\r\f\v]
\S	匹配任意非空白字符，相当于 [^ \t\n\r\f\v]
\w	匹配任意数字和字母下划线，相当于 [a-zA-Z0-9_]
\W	匹配任意非数字、字母和下划线的字符，相当于 [^a-zA-Z0-9_]
\Z	只在字符串结尾匹配，多行只在末行结尾匹配

要特别注意，字符转义优先于正则表达特殊序列。下面的代码混合使用了字符转义和正则表达式特殊序列，同学们要注意区分。

```
import re
print(re. findall('\w+','fada sess'))
print(re. findall('\W+','fada sess'))
#\b 的字符转义功能是退格
print(re. findall('a\b','fada sess'))
#\b 的正则表达式特殊序列功能是匹配单词边界
print(re. findall('a\\b','fada sess'))
# 加 r 表示读取原生字符串,即去除字符转义功能
print(re. findall(r'a\b','fada sess'))
```

运行结果如下：

```
['fada', 'sess']
['']
[]
['a']
['a']
```

"\w+"匹配字母、数字、下划线且重复一到多个，但不能匹配空格，结果以中间的空格为界，返回两个字符串"fada"和"sess"。"\W+"匹配非数字、字母和下划线的字符，这里只能匹配上空格。对"a\b"表达式要特别小心，因为"\b"既有字符转义功能，又有正则表达式特殊序列功能，其中字符转义优先，执行字符转义功能（退格）后没有匹配结果。"a\\b"中的"\\"也具有字符转义功能，转成"\"后变成"\b"，再执行其正则表达式特殊序列功能，即匹配单词边界，结果匹配上单词边界的"a"。字符串前面加 r/R 的作用是去除字符转义功能，"r'a\b'"表达式去除了"\b"的字符转义功能，但还有正则表达式特殊序列功能，即匹配单词边界，结果也是匹配上单词边界的"a"。

3. 正则表达式元字符爬虫案例

下面通过案例学习编写正则表达式元字符爬虫的流程。该案例要求在 PyCharm 中新建一个 Python 文件,打开手机商城网站(http://127.0.0.1:5001),编写正则表达式元字符爬虫,抓取首页中的所有手机图片并以原名保存到指定的文件夹(D:/picts)中。

正则表达式元字符爬虫案例

1)构造手机图片正则表达式元字符定位表达式

如图 2-6 所示,每张图片所在的源代码形如 "<img src="images/000001.jpg" width="100" height="100">",图片地址是中间的 "images/000001.jpg",需注意有少量手机图片的扩展名为 png 而不是 jpg。分两步完成任务,先获取手机图片地址,再通过该地址获取并保存手机图片。

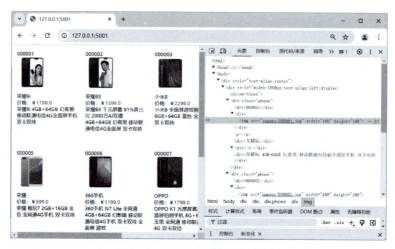

图 2-6 手机商城图片地址分析

用正则表达式元字符匹配这个地址的表达式是 "images/[0-9]+\...." 或者 "images/\d+\...."。后面的 "\." 匹配文件名与扩展名中间的点本身,最后面的 3 个点匹配 3 个任意字符的扩展名,既可以匹配 "jpg",也可以匹配 "png"。

2)将手机图片保存为文件

获取手机图片地址后,可以用这个地址发请求给服务器,返回的即手机图片的二进制内容。采用二进制的写模式(wb)打开一个文件,然后才能保存手机图片。这部分代码参考如下:

```
……
data = requests.get(手机图片地址,headers=headers)
filename="文件夹及手机图片名"
fp = open(filename,'wb')#以二进制写方式打开文件
fp.write(data.content) #写文件
fp.close()#关闭文件
……
```

3)编写抓取一个网页中的手机图片并保存的完整爬虫

先导入需要的库:请求库 requests、正则表达式库 re、时间库 time 等。构造请求头 headers,准备好保存手机图片的文件夹(D:/picts)以及网页地址;接着代入网页地址与请

求头向服务器发送请求，如果请求响应正常，则在返回结果中利用正则表达式获取所有手机图片地址保存在列表 picadds 中；再利用循环从 picadds 中取出每张手机图片的地址 picadd，注意这个地址是不全的，需要加上协议、服务器地址与端口号（即"http://127.0.0.1:5001/"），才能构成完整的手机图片地址；然后用这个完整地址向服务器发送请求，将返回的结果（即手机图片内容）以二进制模式写入指定的文件。代码如下：

```python
import requests
import re
import time
headers = {
    'User-Agent':'Mozilla/5.0 (Windows NT 10.0; Win64; x64) AppleWebKit/537.36 (KHTML, like Gecko) Chrome/69.0.3497.100 Safari/537.36'}
path='D://picts/'                                        #保存手机图片的文件夹
url='http://127.0.0.1:5001'
res=requests.get(url,headers=headers)
if res.status_code==200:                                 #如果响应正常
    picadds = re.findall('images/[0-9]+\....', res.content.decode('utf-8'))   #抓取手机图片地址链接
    for picadd in picadds:
        picadd2="http://127.0.0.1:5001/"+picadd           #构成完整手机图片地址
        data = requests.get(picadd2,headers=headers)      #用手机图片地址向服务器请求手机图片内容
        filename=path+picadd2.split('/')[-1]              #获取手机图片原名字,后面以原名保存到指定文件夹中
        fp = open(filename,'wb')
        fp.write(data.content)                            #将手机图片内容写入文件
        fp.close()
        time.sleep(1)
```

运行结果如图 2-7 所示。该网页上的所有手机图片都以原名保存在指定的文件夹中，包括 JPG 图片和 PNG 图片，说明正则表达式和爬虫都是正确的。

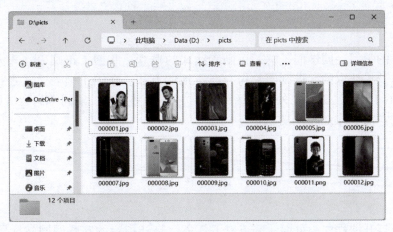

图 2-7　正则表达式元字符爬虫抓取手机图片结果

任务实施准备

通过预备知识的学习，同学们已经掌握了在 Python 中用正则表达式元字符定位方法编写爬虫获取互联网数据的方法及过程，接下来需要运用这些技能进行实际操作。在任务实

施前需要准备好下列软件工具和数据。
（1）操作系统：Windows 10 或 Windows 11。
（2）软件工具：PyCharm，已安装好 requests、re 等库。
（3）网站地址：例如 http://127.0.0.1:5001/，以老师实际提供地址的为准。

要求在 PyCharm 中一个新建 Python 文件，编写程序，打开指定的网站，导入相关的库，编写正则表达式元字符爬虫，抓取该网站全部网页中的指定数据并保存。

任务实施与分析

任务实施包括多个步骤，要核对最终抓取并保存的图片是否正确，如果图片不正确，则应分析原因修改代码直至得到正确结果。

步骤1：新建一个 Python 文件，导入相关的库。

必须导入请求库 requests 和正则表达式库 re。

步骤2：构造爬虫请求头。

步骤3：编写抓取一个网页中所有图书封面图片的正则表达式元字符定位表达式。

要求必须只使用元字符编写正则表达式，匹配一个网页中所有图书封面图片的地址。

步骤4：构造多页面地址列表推导式。

步骤5：编写抓取一个网页中的所有图书封面图片并以原名保存为单独文件的自定义函数，函数名为 getlink.(url)，url 为传入的一个单页面的地址。

注意步骤3中的正则表达式获取的是一个地址列表，必须用循环逐一取出单个地址。这个地址若不完整，还需要在程序中添加内容，然后用完整的地址向服务器请求，返回的才是图书封面图片的内容，用二进制的写模式才能保存为图片文件，保存完毕必须关闭这个文件。

步骤6：编写完整的爬虫代码，利用步骤4中的多页面地址列表推导式，循环调用 getlink() 函数去抓取该网站的全部网页，要求每抓取一个网页后休息1秒。

步骤7：运行代码，打开指定文件夹查看图片是否正确，如果抓取不正确，则修改代码再次运行，直到完成任务。

思考与总结

通过以上的学习，同学们了解了正则表达式的概念，掌握了正则表达式元字符爬虫的编写方法，以及将抓取的二进制图片保存在本地的方法。在用正则表达式查找数据时所用的是 re.findall() 方法，除它之外常用的还有 re.search() 方法，请同学们尝试用这个方法完成任务并比较它与 re.findall() 方法的不同。

能力提升

请同学们打开课程中心页面，完成以下任务：打开指定的互联网网站，导入 re 库，编写正则表达式元字符爬虫，抓取多个网页中的所有图片并保存到本地的文件夹中。

任务训练

请同学们根据本任务的内容，独立完成任务单 2-3 中的实训。

任务单 2-3

任务单 2-3

班级		学号		姓名	
实训 2-3	编写正则表达式元字符爬虫获取互联网数据				
实训目的	(1) 掌握正则表达式元字符定位表达式的编写方法。 (2) 掌握用爬虫获取互联网图片并保存在本地的方法。 (3) 培养爱岗敬业、严保数据安全的数据工程师职业道德。				
实训过程	在 PyCharm 中新建一个 Python 文件（shixun2-3.py），打开指定的网站（例如 http://192.168.X.X:5000），导入 re 库，编写正则表达式元字符爬虫，抓取多个网页面中的所有图书封面图片并保存。 (1) 编写抓取一个网页中的所有图书封面图片地址的正则表达式元字符定位表达式。 (2) 构造多页面地址列表推导式。 (3) 编写一个自定义函数实现：①定位抓取一个网页中的所有图书封面图片地址；②根据地址请求获取对应的图片并保存在 D 盘的 photos 文件夹中，文件名为原名。自定义函数名为 get_info(url)，url 为传入的一个单页面的地址，将代码文本粘贴在下面。 (4) 编写完整的 Python 爬虫代码（shixun2-3.py），将代码文件粘贴在下面。 (5) 完成"shixun2-3.py"的代码运行，将打开保存图片的文件夹的截图粘贴在下面。				
总结	(1) 在本实训中你学到了什么？ (2) 在本实训中你遇到了哪些问题？你是怎么解决的？				

任务4　编写正则表达式非贪婪爬虫获取互联网数据

预备知识

1. 正则表达式分组

分组是用元字符"()"括起来的正则表达式，分组将括号中的内容当作整体对待，匹配的内容就是一个分组。带有分组的findall()方法只输出分组中的内容。

正则表达式分组

1) 单个分组

正则表达式分组"(as)+"能匹配分组的重复（如"asas…"）而非字符s的重复（如"asss…"）。在下面的代码中一共匹配了2次，第1次匹配的是"as"，而非"assss"，输出分组中的内容"as"；第2次匹配的是"asas"，也只输出分组中的内容"as"。

```
import re
print(re. findall('(as)+', 'kassssjdksjasas'))
```

运行结果如下：

```
['as', 'as']
```

在下面的代码中，分组"(as)+"一共匹配了3次，第1次匹配的是"as"，第2次和第3次匹配的都是"asas"，都只输出分组中的内容，因此输出3次分组中的内容"as"。

```
print(re. findall('(as)+', 'kassjdksjasaskasas'))
```

运行结果如下：

```
['as', 'as', 'as']
```

普通字符对分组的匹配也有重要作用。在下面的代码中，分组"(ab)+"一共只匹配了2次，第1次匹配的是"ababab123"前面的"ababab"，第2次匹配的是"ab123"中的"ab"，其他的由于普通字符不对应，故不能匹配，因此，输出2个分组中的内容"ab"。

```
print(re. findall('(ab)+123','ababab123 abc123 abb123 aa1234 ab1234'))
```

运行结果如下：

```
['ab', 'ab']
```

2) 多个分组

如果正则表达式中有多个分组，则匹配的结果就用列表中元组的方式输出，每匹配成功一次生成一个元组，元组中按顺序存放所匹配的分组内容。

下面的代码中的正则表达式中有两个分组，分别是"([fc])"和"([vh])"。正则表达式最终匹配成功2次，第1次匹配的是"acvc"，第2次匹配的是"afhc"。第1次匹配成功时分组对应的值分别是"c"和"v"，第2次匹配成功时分组对应的值分别是"f"和"h"，因此输出的是有2个元组的列表，即"[('c', 'v'), ('f', 'h')]"。

```
import re
a = "abtc acvc acfc aekc afhc arhc"
r = re. findall('a([fc])([vh])c', a)
print(r)
print(r[0][0])
print(r[1][1])
```

运行结果如下：

```
[('c', 'v'), ('f', 'h')]
c
h
```

2. 正则表达式的贪婪匹配与非贪婪匹配

1）贪婪匹配

在正则表达式中，表示次数的量词默认是贪婪的，会尽可能以最大长度匹配，称为贪婪匹配。例如，修饰匹配次数的元字符"＊""＋""？""{ }"等与元字符"."的组合都是贪婪匹配，即".＊"".＋"".？"".{m,n}"等，它们都是尽可能多地匹配字符。

正则表达式的贪婪匹配与非贪婪匹配

在下面的代码中有一个较复杂的正则表达式，其中有3个贪婪匹配的分组"(.＊)"。中间字符串" are "（注意其前后有空格）的间隔使第1个分组"(.＊)"匹配"Cats"是明确的，但第2个和第3个分组"(.＊)"的匹配是个问题。因为第2个分组"(.＊)"在前面优先匹配，且属于贪婪匹配，所以会尽可能多地匹配。但是，受这两个"(.＊)"之间空格的影响，所匹配值中间必须保留一个空格，因此给最后的分组"(.＊)"留下了"dogs"匹配。

```
import re
line = "Cats are smarter than dogs";
findObj = re. findall(r'(. ＊) are (. ＊) (. ＊)', line)      #后面两个(.＊)之间有空格
if findObj:
    print("findObj : ", findObj)
    print("findObj[0] : ", findObj[0])
else:
    print("Nothing found!!")
```

运行结果如下：

```
findObj :    [('Cats', 'smarter than', 'dogs')]
findObj[0] :    ('Cats', 'smarter than', 'dogs')
```

普通字符在定位中的作用非常重要，下面修改上述代码，将正则表达式中后面两个分组"(.＊)"之间的空格删除，重新运行程序。

```
import re
line = "Cats are smarter than dogs";
findObj = re. findall(r'(. ＊) are (. ＊)(. ＊)', line, re. M | re. I)#删除了后两个(.＊)之间的空格
if findObj:
    print("findObj : ", findObj)
```

```
    print("findObj[0] : ", findObj[0])
else:
    print("Nothing found!!")
```

运行结果如下：

```
findObj :  [('Cats', 'smarter than dogs', '')]
findObj[0] :  ('Cats', 'smarter than dogs', '')
```

可见去掉普通字符空格后，贪婪的第2个分组"(.*)"会一直匹配到最后，一个字符都没有给第3个分组"(.*)"留下。

2）非贪婪匹配

在修饰匹配次数的元字符后面加一个"？"号，则可以使匹配次数不定的表达式尽可能少地匹配，称为非贪婪匹配，例如".*?"".+?"".??"".{m, n}?"等。如果少匹配会导致整个表达式匹配失败，则非贪婪模式会最小限度地再匹配一些，以使整个表达式匹配成功。

在下面的代码中，re1中"(\d+)"会贪婪匹配最多的数字，遇到非数字才停止；re2中"(\d+?)"属于非贪婪匹配，只匹配最少的一个数字即停止。

```
import re
re1 = re.findall(r"a(\d+)",'a23456789b') #贪婪匹配
print(re1)
re2 = re.findall(r"a(\d+?)",'a23456789b') #非贪婪匹配
print(re2)
```

运行结果如下：

```
['23456789']
['2']
```

用上述贪婪匹配内容中的代码与非贪婪匹配比较，将其代码中的第2个分组"(.*)"改成非贪婪的"(.*?)"，如以下代码所示。

```
import re
line = "Cats are smarter than dogs";
findObj = re.findall(r'(.*) are (.*?) (.*)', line, re.M | re.I)#第2个(.*)改成了非贪婪匹配(.*?)
if findObj:
    print("findObj : ", findObj)
    print("findObj[0] : ", findObj[0])
else:
    print("Nothing found!!")
```

运行结果如下：

```
findObj :  [('Cats', 'smarter', 'than dogs')]
findObj[0] :  ('Cats', 'smarter', 'than dogs')
```

非贪婪匹配的第2个分组"(.*?)"尽可能少地匹配，但受后面空格字符的限制，至少要匹配到第1个空格处，因此匹配了"smarter"，后面全部留给第3个分组"(.*)"匹配。

如果删除正则表达式中后面两个分组之间的空格，结果会怎么样呢？例如：

```
import re
line = "Cats are smarter than dogs";
findObj = re.findall(r'(.*) are (.*?)(.*)', line, re.M | re.I)    #后面两个括号之间没有空格
if findObj:
    print("findObj : ", findObj)
    print("findObj[0] : ", findObj[0])
else:
    print("Nothing found!!")
```

运行结果如下：

```
findObj :     [('Cats', '', 'smarter than dogs')]
findObj[0] :    ('Cats', '', 'smarter than dogs')
```

第2个分组中的".*?"竟然没有任何匹配，可见没有普通字符空格的限制，".*?"最少的匹配就是不匹配，这也符合元字符"*"能匹配0到无穷个字符的功能。

下面观察同为非贪婪匹配的".*?"与".+?"的区别。将上面的代码中第2个分组中的".*?"改成".+?"，如下所示：

```
import re
line = "Cats are smarter than dogs";
findObj = re.findall(r'(.*) are (.+?)(.*)', line, re.M | re.I)    #后面两个括号之间没有空格
if findObj:
    print("findObj : ", findObj)
    print("findObj[0] : ", findObj[0])
else:
    print("Nothing found!!")
```

运行结果如下：

```
findObj :     [('Cats', 's', 'marter than dogs')]
findObj[0] :    ('Cats', 's', 'marter than dogs')
```

第2个分组中的".+?"只匹配了一个字符"s"，其他全部留给第3个括号匹配。这说明".+?"的最少匹配为1个字符，这也是由元字符"+"的功能决定的。

下面给出一个实例。下面的代码用正则表达式匹配一段HTML代码，re1中正则表达式使用".*"的贪婪匹配，其中的普通字符">"会从HTML代码开始处一直匹配到最后的">"，从而返回整个HTML代码，这种结果在实际工作中用处不大。re2将正则表达式中的".*"改为非贪婪匹配的".*?"，这次">"匹配到后面的第一个">"即停止匹配，返回一对相距最近"<>"中的内容。共匹配了2次，返回2对"<>"中的内容（"H1"），这种匹配的实用价值更高。

```
import re
re1 = re.findall('<(.*)>','<H1>title<H1>')
print(re1)
re2 = re.findall('<(.*?)>','<H1>title<H1>')
print(re2)
```

运行结果如下：

['H1>title<H1']
['H1', 'H1']

3. 正则表达式的主要匹配方式

re. findall( )方法的语法格式如下：

re. findall(pattern, string, flags)

其中 flags 是可选参数，表示匹配方式，主要为以下 3 种。

（1） re. I：匹配时忽略大小写。
（2） re. M：多行匹配。
（3） re. S：将元字符 "." 的匹配范围扩展到整个字符集，包括 "\n"。

元字符 "." 默认可以匹配除 "\n" 以外的所有字符，在 re. findall( )方法中带上 re. S 参数后，"." 也可以匹配 "\n"，那么 ". * " 和 ". + " 可以在 HTML 文档中任意匹配，实用性很强，在后面的案例和任务中会经常用到。

re. M 表示多行匹配，在多行文本中才有作用，在 Python 中一般使用三引号定义多行文本。在这种多行模式下，正则表达式特殊序列 "\A" 只在多行的首行开头匹配，而元字符 "^" 在多行的每一行开头都可以匹配。同理，"\Z" 只在多行的末行结尾匹配，而元字符 "$" 在多行的每一行结尾都可以匹配。在非多行模式下，元字符 "^" 只在所有文本的开头匹配，元字符 "$" 只在所有文本的结尾匹配，不管这些文本是单行的还是多行的。

如下面的代码所示，对于多行字符串 s，re1 中的正则表达式 "^\w+" 只能匹配第一行开头的字母、数字和下划线，即 "first"。re2 中的 re. findall( )方法带有 re. M 参数，表示多行匹配，输出多行中每一行开头的字母、数字、下划线，即 "['first', 'second', 'third']"。re3 与 re4 都是匹配行末尾的字母、数字、下划线，但 re3 只能匹配末行后面的 "line3"。re4 带有 re. M 多行匹配参数，可以匹配多行中每一行的末尾字符串，即 "['line1', 'line2', 'line3']"。re5 中的 "\A" 表示从多行的首行开头进行匹配，re6 中的 "\Z" 表示从多行的末行结尾进行匹配，有无 re. M 参数效果都一样。

正则表达式的匹配方式

```
import re
s = '''first line1
second line2
third line3'''
re1 = re. findall('^\w+',s)
print(re1)
re2 = re. findall('^\w+',s,re. M)
print(re2)
re3 = re. findall('\w+ $ ',s)
print(re3)
re4 = re. findall('\w+ $ ',s,re. M)
print(re4)
re5 = re. findall('\A\w+',s,re. M)
print(re5)
re6 = re. findall('\w+\Z',s)
print(re6)
```

运行结果如下：

```
['first']
['first', 'second', 'third']
['line3']
['line1', 'line2', 'line3']
['first']
['line3']
```

4. 正则表达式的相关方法

1）re.sub( )

re.sub( )方法的语法格式如下：

re.sub(pattern, repl, string, count, flags)

正则表达式的相关方法

作用：按照 pattern 中的正则表达式，使用 repl 替换 string 中每个匹配的子串后返回替换后的字符串。

参数 count 指替换个数，默认为 0，表示每个匹配项都替换。

下面的代码用正则表达式"\s+"匹配所有空白并替换成"-"。

```
import re
text = "JGood is a    handsome boy, he is cool, clever, and so on..."
print(re.sub(r'\s+', '-', text,0,re.I))
```

运行结果如下：

JGood-is-a-handsome-boy,-he-is-cool,-clever,-and-so-on...

可见有了正则表达式以后，sub( )的替换功能变得更强、更灵活。下面的代码中 phone 用替换完成了删除功能，删除了"#"及后面的所有字符；而 num 巧妙地利用"\D"删除字符串中的所有非数字。

```
import re
phone = "2018-959-559 # This is Phone Number"
num = re.sub(r'#.*$', '', phone)
print ("Phone Num : ", num)
num = re.sub(r'\D', '', phone)
print ("Phone Num : ", num)
```

运行结果如下：

Phone Num : 2018-959-559
Phone Num : 2018959559

2）re.split( )

re.split( )方法按照匹配的子串将字符串分割后返回列表，其语法格式如下：

re.split(pattern, string[, maxsplit])

参数 maxsplit 用于指定最大分割次数，不能指定将全部分割。

在下面的代码中，re1 利用正则表达式"\s+"（匹配 1 到多个连续空白）对字符串 text 进行分割，返回子串列表；re2 利用正则表达式"\d+"（匹配 1 到多个连续数字）将 text

分割成子串列表并返回。

```
import re
text = "JGood is a    handsome boy, he is cool, clever, and so on. . . "
re1 = re. split(r'\s+', text)
print(re1)
re2 = re. split('\d+','one1two22three333four4444five5')
print(re2)
```

运行结果如下：

['JGood', 'is', 'a', 'handsome', 'boy,', 'he', 'is', 'cool,', 'clever,', 'and', 'so', 'on. . . ']
['one', 'two', 'three', 'four', 'five', '']

5. 正则表达式非贪婪爬虫案例

本案例要求在 PyCharm 中新建一个 Python 文件，打开某图书商城网站[7]，如图 2-8 所示，编写正则表达式非贪婪爬虫，抓取所有图书的名称、作者、简介并保存。

正则表达式非贪婪
爬虫案例

（1）构造一个能同时抓取图书的名称、作者和简介的非贪婪匹配正则表达式。

进入 Chrome 浏览器的开发者工具窗口，可见图书的名称、作者与简介所在的 HTML 源代码在 "<div class="info">......</div>" 这一对 div 标签中，如图 2-9 所示，可以复制这段代码，然后将需要获取的图书的名称、作者和简介这三项内容用非贪婪匹配的分组 "(.+?)" 代替（也可以用 "(.*?)" 代替，注意一定要加圆括号），对定位没有帮助的字符和回车换行等用 ".*?"（注意不加圆括号）代替，就能用一行代码完成三个信息的抓取，具体的正则表达式构造如下：

<div class="info">. * ? <div class="title"><h3 style="display:inline-block">(. +?)</h3>. * ? <span class ="pl">作者</span>:<span class="attrs">(. +?)</span>. * ? <div class="detail">(. +?)</div>. * ? </div>

图 2-8　图书商城网站第 1 页部分界面

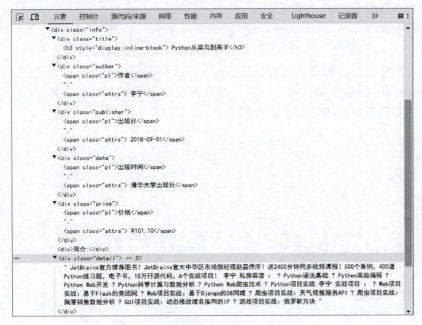

图 2-9 检查的图书信息 HTML 源代码

（2）构造多页面地址列表推导式。

该网站的多页面 URL 比较简单，只有最后面的页数是变化的，一共有 120 页，用 range()实现页数变化。多页面地址列表推导式如下：

urls = ['http://127.0.0.1:5000/?pageIndex={}'.format(number) for number in range(1,121)]

（3）编写一个自定义函数抓取一个网页中的所有信息。

编写一个自定义函数，实现定位抓取一个网页中的所有图书的名称、作者和简介，然后将抓取的内容保存到指定的文件中。函数名为 get_info(url)，url 为传入的一个单页面地址，接着代入网页地址与请求头向服务器发送请求，如果请求响应正常，则在返回结果中利用正则表达式获取信息并保存在列表 infos 中，这个 infos 是该网页中所有图书的信息。下一步利用循环从 infos 中取出每本图书的名称、作者和简介，用 strip()方法去除其两边的无用字符后分别赋给变量 title、author 和 intro。最后，将每本图书的这三个变量内容作为一行写入文件。代码如下：

```
def get_links(url):                    #url 是一个单页面地址,该函数抓取一个网页中的数据
    wb_data = requests.get(url,headers=headers)
    pattern='<div class="info">.*?<div class="title"><h3 style="display:inline-block">(.+?)</h3>.*?<span class="pl">作者</span>:<span class="attrs">(.+?)</span>.*?<div class="detail">(.+?)</div>.*?</div>'
    infos = re.findall(pattern, wb_data.content.decode('utf-8'),re.M|re.S)
    for info in infos:
        title=info[0].strip("\n")          #去除两边的 \n
        author=info[1].lstrip("\n￥ ")     #去除两边的 \n 和 ￥
        intro=info[2].strip("\n ")         #去除两边的 \n 和空格
        writer.writerow((title,author,intro))
```

(4) 编写程序的入口和其他代码。

先导入需要的库：请求库 requests、正则表达式库 re、时间库 time 等。构造请求头 headers，用 __name__ 等于 "__main__" 作为程序的入口，创建保存信息的文件 fp，接着将字段标题写入文件首行，构造多页面地址 urls，然后利用循环从 urls 中取出每个单页面地址 url，代入 getlinks() 函数去访问每个网页，抓取网页中图书的名称、作者及简介。循环结束后就抓取了所有网页中的指定信息。代码如下：

```
import csv
import re
import requests
import time
headers = {
    'User-Agent':'Mozilla/5.0 (Windows NT 6.1; WOW64) AppleWebKit/537.36 (KHTML, like Gecko) Chrome/53.0.2785.143 Safari/537.36'}
if __name__ == '__main__':
    fp = open('d:\\bookintros.csv', 'w+', newline='', encoding='utf-8')
    writer = csv.writer(fp)
    writer.writerow(('图书名', '作者', '简介')) #首行写入字段标题
    urls = ['http://127.0.0.1:5000/?pageIndex={}'.format(number) for number in range(1,3)]
    for single_url in urls:
        get_links(single_url)
        print("下一页的图书……")
        time.sleep(1)
    fp.close()
```

运行结果如图 2-10 所示，该网页中所有图书的名称、作者和简介都保存在指定的文件 "bookintros.csv" 中，说明正则表达式和爬虫都是正确的。

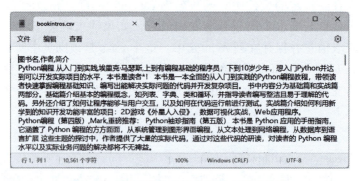

图 2-10　正则表达式非贪婪爬虫抓取结果

任务实施准备

通过预备知识的学习，同学们已经掌握了在 Python 中用正则表达式非贪婪匹配方式编写爬虫获取互联网数据的方法及过程，接下来需要运用这些技能进行实际操作。在任务实施前需要准备好下列软件工具和数据。

(1) 操作系统：Windows 10 或 Windows 11。

(2) 软件工具：PyCharm，已安装好 requests、re 等库。

(3)网站地址:例如 http://127.0.0.1:5001/,以老师实际提供地址的为准。

要求在 PyCharm 中新建一个 Python 文件,编写程序,打开指定的电影网站[7],如图 2-11 所示。导入相关的库,编写一个正则表达式非贪婪爬虫,抓取该电影网站全部网页中每部电影的名称、评分、导演、主要演员、上映年份、国家、类型并保存在文件"movie-infos.csv"中。

图 2-11 电影网站首页

任务实施与分析

任务实施包括多个步骤,要核对最终抓取并保存的数据是否正确,如果数据不正确,则应分析原因,修改代码,直至得到正确结果。

步骤 1:新建一个 Python 文件,导入相关的库。

步骤 2:构造爬虫请求头。

步骤 3:构造抓取一个网页中所有电影的名称、评分、导演、主要演员、上映年份、国家、类型的一个非贪婪匹配正则表达式。

必须只用一个正则表达式完成。进入 Chrome 浏览器的开发者工具窗口,找到包括所有需抓取信息的 HTML 代码并复制,然后将电影的名称、评分、导演、主要演员、上映年份、国家、类型这 7 项内容用非贪婪匹配的分组"(.+?)"代替(也可以用"(.*?)",注意一定要加圆括号),对定位没有帮助的字符和回车、换行等用".*?"代替(注意不加圆括号),就能用一行正则表达式完成对多个信息的抓取。

步骤 4:构造多页面地址列表推导式。

步骤 5:利用步骤 3 中的正则表达式,编写抓取一个网页中所有电影的指定信息并保存到文件中的自定义函数,函数名为 getlink(url),url 为传入的一个单页面地址。

对于抓取的信息,要查看其前后是否有不需要的字符(如换行、空格等),如有需要,则处理这些信息后再保存。

步骤 6:编写完整的爬虫文件代码,循环调用 getlink() 函数抓取该网站全部网页中电影的指定信息并保存到文件"movieinfos.csv"中,要求每抓取一个网页后休息 1 s。

建议在程序调试时少抓取几个网页以提高速度,待程序完全修改正确后再抓取全部网页。

步骤 7:运行代码,打开保存的文件"movieinfos.csv",查看内容是否正确(参考图 2-12)。

如果抓取结果不正确，则修改代码再次运行，直到完成任务。

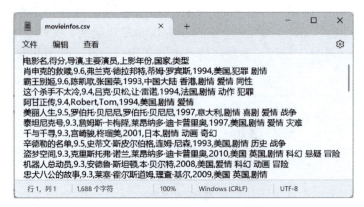

图 2-12　"movieinfos.csv"文件的内容

思考与总结

通过以上的学习，同学们掌握了正则表达式非贪婪爬虫的编写方法，以及正则表达式的相关方法的应用。同学们在编写正则表达式爬虫时，可以尝试使用非贪婪匹配和元字符匹配两种方式，比较它们的优劣。

能力提升

请同学们打开课程中心页面，完成以下任务：打开指定的互联网网站，导入 re 库，编写正则表达式非贪婪爬虫，抓取多个网页中的所有图片并保存到本地的文件夹中。

任务训练

请同学们根据本任务的内容，独立完成任务单 2-4 中的实训。

任务单 2-4

任务单 2-4

班级		学号		姓名	
实训 2-4	编写正则表达式非贪婪爬虫获取互联网数据				
实训目的	(1) 掌握正则表达式非贪婪匹配表达式的编写方法。 (2) 掌握使用爬虫获取多个互联网数据并保存的方法。 (3) 培养爱岗敬业、严保数据安全的数据工程师职业道德。 (4) 体现严谨、细致、耐心、有担当的职业素养。				
实训过程	在 PyCharm 中新建一个 Python 文件（shixun2-4.py），打开指定的电影网站（例如 http://192.168.X.X:5000），导入 re 库，编写正则表达式非贪婪爬虫，抓取多页面的信息并保存。 (1) 要求用一个非贪婪匹配正则表达式同时抓取一个网页中所有电影的名称、评分、导演、主要演员、上映年份、国家、类型，请写出正则表达式。 (2) 构造多页面地址列表推导式。 (3) 编写一个自定义函数，用第（1）步中的正则表达式抓取一个网页中所有电影的名称、评分、导演、主要演员、上映年份、国家、类型，并将抓取的内容保存在 D 盘的"movieinfos.csv"文件中。函数名为 get_info(url)，url 为传入的一个单页面地址，将代码文本粘贴在下面。 (4) 编写完整的爬虫文件代码（shixun2-4.py），使用第（2）步构造的多页面地址，循环抓取电影网站所有网页的指定信息并保存到"movieinfos.csv"文件中。 (5) 完成"shixun2-4.py"的代码运行，将用记事本打开保存好的"movieinfos.csv"文件的截图粘贴在下面。				
总结	(1) 在本实训中你学到了什么？ (2) 在本实训中你遇到了哪些问题？你是怎么解决的？				

商务大数据的获取处理与可视化分析

任务 5　编写 Selenium 爬虫获取互联网数据

预备知识

1. Selenium 简介

Selenium 由 ThoughtWorks 公司研发，提供了丰富的测试函数，是用于实施 Web 自动化的一款流行的测试工具，也可用于爬虫的开发。Selenium 直接运行于浏览器中，真实模拟用户的业务行为，验证被测对象的功能表现以及在不同浏览器中的兼容性。Selenium 没有独立的操作 UI，支持 Java、Python 等编程语言，且更为简洁与快捷，易于被工程师掌握和使用。Selenium 自 2004 年诞生以来，经历了多个版本的变化——从 Selenium 1、Selenium 2、Selenium 3 到现在的 Selenium 4。

2. Selenium 基础

1）Selenium 的安装

目前市面上主流的浏览器有 Chrome、Edge、Firefox 及 Internet Explorer 等，Selenium 支持在这些浏览器中运行，但需要提供对应版本的驱动文件（如"chromedriver.exe""msedgedriver.exe""geckodriver.exe"和"IEDriverServer.exe"等），并且存放在 Python 安装文件夹中，或者在程序中指定路径下。例如下面的代码指定 Chrome 浏览器的驱动程序"chromedriver.exe"存放在 C 盘根目录下。

```
driver = webdriver.Chrome(r"c:\chromedriver.exe")
```

除了驱动程序，Python 环境还需要安装 Selenium 才可支持其运行，其安装方法如下：

```
pip install selenium
```

2）浏览器操作——打开网页

要用 Selenium 打开网页，需要先导入 Selenium 的 webdriver 模块，在程序中调用 webdriver 模块的对应方法创建不同浏览器的实例。例如，调用 Chrome() 方法可以创建一个 Chrome 浏览器的实例，调用 Edge() 方法可以创建一个 Edge 浏览器的实例，调用 Firefox() 方法可创建一个 Firefox 浏览器的实例，调用 Ie() 方法可以创建一个 Internet Explorer 浏览器的实例。

在创建好浏览器的实例后，将网站地址作为参数调用该实例的 get() 方法就能打开指定的网站。例如在下面的代码中，用 Chrome 浏览器打开了百度首页[9]。为了防止程序运行太快看不清楚，打开网站后用 time.sleep() 方法休息 2 s，最后用 quit() 方法退出程序并释放资源。

```
from selenium import webdriver  #先导入 Selenium 包
import time
driver = webdriver.Chrome()
driver.get('http://www.baidu.com')
time.sleep(2)
driver.quit()
```

3)常用封装方法

Selenium 的 webdriver 模块封装了多种实用方法,在编程时可以根据需要选择使用。

(1) maximize_window():设置页面全屏。
(2) set_window_size():设置页面大小。
(3) refresh():刷新当前页面。
(4) back():控制浏览器后退。
(5) forward():控制浏览器前进。
(6) clear():清除文本。
(7) send_keys(value):模拟按键输入。
(8) click():单击元素。
(9) submit():提交表单。
(10) get_attribute(name):获取元素属性值。
(11) is_displayed():设置该元素是否用户可见。
(12) size:返回元素的尺寸。
(13) text:获取元素的文本。
(14) get_screenshot_as_file():截屏并保存为文件。
(15) close():关闭当前窗口。
(16) quit():关闭所有与当前操作有关联的窗口,并退出驱动,释放资源。

下面的代码演示打开百度首页,设置页面大小为 800 像素×600 像素,然后刷新页面,并将页面截屏保存在 D 盘中,最后设置页面全屏,退出并关闭窗口。

Selenium 例程 1

```
from selenium import webdriver
import time
driver = webdriver.Chrome()
driver.get('http://www.baidu.com')
time.sleep(2)
driver.set_window_size(800,600)              #设置页面大小为 800 像素×600 像素
driver.refresh()    #刷新一下页面
time.sleep(2)
driver.get_screenshot_as_file("d:\\test.png")   #保存页面截图文件
driver.maximize_window()                     #设置页面全屏
time.sleep(1)
driver.quit()
```

4)Selenium 的 Web 元素定位方式

Selenium 的 By 模块提供了 8 种定位方式,都可以用 find_element()方法和 find_elements()方法使用。注意,find_element()方法只返回一个选中的元素,即使有多个满足条件的元素值也只返回一个值;find_elements()方法在有多个满足条件的元素值时返回一个有多个值的列表。这两个方法的语法格式如下:

```
find_element(by=定位方式,value='属性值')
find_elements(by=定位方式,value='属性值')
```

Selenium 的 8 种定位方式的具体说明如下。

(1) By. ID。

通过元素的 id 属性来定位，前提是元素有 id 属性，一般具有唯一性，重复概率低。其使用方法如下，其中 "by =" 和 "value =" 可以省略：

find_element(by=By. ID, value='...')或 find_element('id', '...')

(2) By. NAME。

通过元素的 name 属性值来定位，前提是元素有唯一的 name 属性，较容易重复。其使用方法如下，其中 "by =" 和 "value =" 可以省略：

find_element(by=By. NAME, value='...')或 find_element('name', '...')

(3) By. CLASS_NAME。

通过元素的类名，即 class 属性来定位，前提是元素有唯一的 class 属性，重复概率较高。注意，如果 class 属性内容中有空格分隔，则只能选用其中的一个。其使用方法如下，其中 "by =" 和 "value =" 可以省略：

find_element(by=By. CLASS_NAME, value='...')

下面的代码演示打开百度搜索页面，通过 id 和 name 属性定位到搜索框，然后输入关键字，再通过类名定位到"确定"按钮并单击搜索，最后退出。

Selenium 例程 2

```
from selenium import webdriver
from selenium.webdriver.common.by import By
import time
driver = webdriver.Chrome()
driver.get('http://www.baidu.com')
id1=driver.find_element(By. ID,value='kw')         #用 id 属性定位
id2=driver.find_element('id','kw')                 #用简化的 id 属性定位
id3=driver.find_element(By. NAME,'wd')             #用 name 属性定位
id1.send_keys('123')
id2.send_keys('456')
id3.send_keys('789')
driver.find_element(By. CLASS_NAME,'s_btn').click()  #用类名定位
time.sleep(2)
driver.quit()
```

(4) By. TAG_NAME。

通过元素的标签名进行定位，重复概率高，可用于查找多个重复的内容。其使用方法如下，其中 "by =" 和 "value =" 可以省略：

find_element(by=By. TAG_NAME, value='...')

下面的代码演示打开百度首页，使用 find_elements( ) 方法抓取所有 a 元素，并打印其链接文本。

Selenium 例程 3

```
from selenium import webdriver
from selenium.webdriver.common.by import By
```

```
import time
driver = webdriver.Chrome()
driver.get('http://www.baidu.com')

time.sleep(2)
aa=driver.find_elements(By.TAG_NAME,'a')
for a1 in aa:
    print(a1.text,end=',')
driver.quit()
```

打印所抓取的全部 a 元素的链接文本的部分结果如图 2-13 所示。

```
D:\anaconda3\python.exe C:/Users/Hzliu/PycharmProjects/pythonProject1/sy/103.py
,,,,新闻,hao123,地图,贴吧,视频,图片,网盘,文库,AI助手,更多,,,,,,,,,,,登录,,,,,,,    ,换一换,
Process finished with exit code 0
```

图 2-13　抓取百度首页全部 a 元素并打印其链接文本的部分结果

（5）By.LINK_TEXT。

通过元素中的文本值，即链接文本来定位，属于精确定位。其使用方法如下：

find_element(By.LINK_TEXT, value='...')

（6）By.PARTIAL_LINK_TEXT。

通过元素中的文本值或部分文本值来定位，属于模糊定位。其使用方法如下：

find_element(by=By.PARTIAL_LINK_TEXT, value='...')

在下面的代码中，百度首页的完整链接文本"贴吧"，文字短且明确，故建议使用 By.LINK_TEXT 来定位。对于一条"点亮网络文明之光"的链接消息，既可以使用 By.LINK_TEXT 来定位（定位全部文本"点亮网络文明之光"），也可以用 By.PARTIAL_LINK_TEXT 来定位（只定位"文明"两个字），其效果一样，但后者更加简洁，同学们可以根据需要选择使用。

driver.find_element(By.LINK_TEXT,'贴吧')
driver.find_element(By.PARTIAL_LINK_TEXT,'文明')

（7）By.XPATH。

通过元素的 XPath 路径进行定位，有自己的独特语法，功能强大，推荐使用。其使用方法如下：

find_element(by=By.XPATH, value='...')

例如用 id、name 或 class 属性相对定位百度搜索页面，代码如下：

find_element(by=By.XPATH, value='//*[@id="kw"]')
find_element(by=By.XPATH, value='//*[@name="wd"]')
find_element(by=By.XPATH, value='//*[@class="s_ipt"]')

（8）By.CSS_SELECTOR。

通过元素的 CSS 选择器进行定位，有自己的语法，本任务暂不涉及。

5）用 execute_script( )方法执行网页滚动操作

Selenium 的 webdriver 模块的 execute_script( )方法可以用来在浏览器中执行任意 JavaScript 代码，功能灵活且强大。下面介绍用 execute_script( )执行网页滚动操作的方法。

滚动到页面顶部的代码如下：

driver. execute_script("window. scrollTo(0, 0);")

滚动到页面底部的代码如下（对于有滚动条的下拉式网页，执行一次相当于下拉一次网页）：

driver. execute_script("window. scrollTo(0, document. body. scrollHeight);")

获取当前页面的高度并保存在变量中的代码如下：

new_height = driver. execute_script("return document. body. scrollHeight")

在实际项目中，滚动到顶部和底部的操作十分常见，需要注意页面元素在滚动前后可能还没有加载完毕，因此需要考虑是否加上等待时间。另外，对于下拉显示的页面，要想抓取全部信息，需要判断下拉后是否到达页面的真正底部。

3. 编写 Selenium 爬虫抓取网站热点新闻案例

某网站的首页有热点新闻信息，当一个网页的信息显示完毕后，需要下拉才能显示更多信息。要抓取网页中的所有信息，用常规库编写爬虫很难实现。现在可以用 Selenium 编写爬虫，每抓取一个网页后调用 JavaScript 代码下拉一页再抓取，这样不断重复，直到抓取到页面的真正底部，就实现了抓取全部信息的功能。具体过程如下。

Selenium 爬虫抓取网站热点新闻源代码

（1）在 PyCharm 中新建一个 Python 文件，打开网站，导入 Selenium 库和相关模块，用写模式创建一个 CSV 文件，然后创建一个 Chrome 浏览器实例保存为 driver，用这个实例代入地址打开网站，最大化网页，等待网页加载完毕后单击"热点"菜单进入热点页面。代码如下：

```
import time
from selenium import webdriver
from selenium.webdriver.common.by import By
import csv
fp = open('d:\\redian. csv', 'w+', newline='', encoding='utf-8')
writer = csv. writer(fp,delimiter='|')
driver = webdriver. Chrome()
driver. maximize_window()
driver. get('http://www. . .')
time. sleep(1)
#找到"热点"菜单并单击进入
driver. find_element(By. XPATH,'//*[@id="root"]/div/div[5]/div[1]/div/div/div[1]/div/ul/li[7]/div/div')
. click()
time. sleep(1)
```

（2）编写一个能抓取当前网页信息的自定义函数。

编写一个自定义函数，实现定位抓取当前网页中的所有热点新闻标题及其链接地址，然后保存到指定的文件中。函数名为 get_info()，用 XPath 表达式定位抓取所有存放热点新闻的 a 元素，然后利用循环取出每个 a 元素，其文本值即热点新闻标题，其 href 属性值即热点新闻链接地址。获取这两个值后作为两行写入指定文件。注意，这个函数只能抓取当前网页中的信息，需要下拉出现的内容必须配合后面的下拉函数才能抓取。代码如下：

```python
def get_info():
    #获取所有 class="title"的 a 元素
    urls = driver.find_elements(By.XPATH,'//*[@id="root"]/div/div[5]/div[1]/div/div/div/div[2]/div/div/div/a')
    for url in urls:
        title=url.text
        href = url.get_attribute('href')
        writer.writerow(('title',title))
        writer.writerow(('href',href))
```

（3）编写自定义函数实现不断下拉滚动条持续加载页面。

自定义函数名为 get_manyinfo()，先调用 JavaScript 代码获取当前页面的高度并保存在 last_height 变量中，然后开始循环。在循环体中先调用 JavaScript 代码下拉一页，休息 2 s，等待网页加载完毕后再调用 get_info()函数抓取该网页中的所有热点新闻信息，抓取完成后接着调用 JavaScript 代码获取当前页面高度并保存在变量 new_height 中。下一步比较 last_height 与 new_height 是否相等，若不相等则说明还没有下拉到页面的真正底部，把 new_height 值赋给 last_height，返回继续循环；若 last_height 与 new_height 相等，则说明下拉到页面的真正底部，全部信息已被抓取，退出循环。代码如下：

```python
#下拉滚动条继续加载页面
def get_manyinfo():
    # 获取当前页面的高度
    last_height = driver.execute_script("return document.body.scrollHeight")
    while True:
        driver.execute_script("window.scrollTo(0,document.body.scrollHeight)")    #执行下拉操作
        time.sleep(2)
        get_info()                    #调用函数抓取本网页中的信息
        # 获取当前页面的高度
        new_height = driver.execute_script("return document.body.scrollHeight")
        # 判断是否已经到达页面底部,若已到达页面底部,则退出循环
        if new_height == last_height:
            break
        # 继续下拉操作
        last_height = new_height
```

（4）程序入口。

程序入口很简单，就是调用 get_manyinfo()函数抓取信息并下拉页面，抓取到所有信息后关闭写入信息的文件，最后关闭所有网页并释放资源。代码如下：

```python
if __name__=='__main__':
    get_manyinfo()
```

```
    fp. close()
    driver. quit()
```

程序运行结束后,打开"redian. csv"文件,其内容如图2-14所示,该网页中的所有热点新闻标题与链接地址都被抓取到,说明该Selenium爬虫的功能是正确的。

图2-14 "redian. csv"文件的内容

任务实施准备

通过预备知识的学习,同学们已经掌握了在Python中用Selenium编写爬虫获取互联网数据的方法及过程,接下来需要运用这些技能进行实际操作。在任务实施前需要准备好下列软件工具和数据。

(1) 操作系统:Windows 10或Windows 11。
(2) 软件工具:PyCharm,已安装好selenium等库。
(3) 网站地址:例如http://127.0.0.1:5001/,以老师实际提供地址的为准。

要求在PyCharm中新建一个Python文件,编写程序,打开指定的网站,导入相关的库,编写一个Selenium爬虫,抓取该网站中全部乡村信息网页中的所有信息标题与链接地址并保存到指定文件中。

任务实施与分析

任务实施包括多个步骤,要核对最终抓取并保存的数据是否正确,如果数据不正确,则应分析原因,修改代码,直至得到正确的结果。

步骤1:在PyCharm中新建一个Python文件,导入相关的库,打开指定网站,用写模式创建一个文件用于保存抓取的数据。

需要导入的有selenium库的webdriver模块、selenium. webdriver. common. by模块的By类,以及csv库和time库等。

步骤2:编写一个抓取当前网页中所有乡村信息标题及链接地址的自定义函数get_info(),用XPath定位方式,将抓取的信息按行写入指定文件。

用XPath定位表达式定位到所需信息的a元素上,抓取的结果应是一个列表。用循环取出列表中的每个元素,获取其text值即标题,再用get_attribute()方法获取其链接属性值,最后按行写入指定的文件。

步骤3:编写函数get_manyinfo()实现不断下拉滚动条持续加载页面并同时调用get_info()函数抓取指定信息,写入指定的文件,直到抓取到页面的真正底部。

为了判断是否到达页面的真正底部，需要创建一个循环，在循环中先使用 Selenium 调用 JavaScript 代码，获取旧的页面高度并保存在 last_height 变量（变量也可自行取名）中，然后下拉一页，调用 get_info( ) 函数抓取该网页中的信息后再调用 JavaScript 代码获取当前页面高度并保存在变量 new_height 中。接着比较 last_height 与 new_height 是否相等。若不相等，则说明还没有下拉到页面的真正底部，把 new_height 值赋给 last_height 变量，返回继续循环；若相等，则说明下拉到页面的真正底部，退出循环。

步骤 4：编写完整的爬虫文件代码，在程序入口调用 get_manyinfo( ) 函数执行功能。

步骤 5：运行代码，结束后打开保存的文件查看内容是否正确，如果内容不正确，则修改代码再次运行，直到内容完全正确。

思考与总结

通过以上的学习，同学们掌握了 Selenium 的常用方法和多种定位方式，以及 Selenim 爬虫的编写方法。请同学们思考 Selenium 爬虫与 XPath 定位爬虫、正则表达式定位爬虫相比有哪些优、缺点，适用于哪些场景。

能力提升

请同学们打开课程中心页面，完成以下任务：打开指定的互联网网站，导入 Selenium 库及相关模块，编写爬虫程序，抓取多个网页中的指定信息并保存到 CSV 文件中。

任务训练

请同学们根据本任务的内容，独立完成任务单 2-5 中的实训。

任务单2-5

任务单2-5

班级		学号		姓名	
实训2-5	编写 Selenium 爬虫获取互联网数据				
实训目的	（1）掌握 Selenium 的定位方式和常用方法。 （2）掌握编写 Selenium 爬虫获取互联网数据的方法。 （3）体现严谨、细致、耐心、有担当的职业素养。				
实训过程	（1）在 PyCharm 中新建一个 Python 文件（shixun2-5.py），打开指定的网站（例如 http：//192.168.X.X），导入 Selenium 库及相关模块，用写模式创建新文件"xiangchun.csv"用于保存抓取的信息，用 Chrome 浏览器打开指定网站并进入乡村栏目。 （2）编写一个抓取当前网页中所有乡村信息标题及链接地址的自定义函数 get_info()，用 XPath 定位，将抓取的信息按行写入指定文件。 （3）编写函数 get_manyinfo()实现不断下拉滚动条持续加载页面并同时调用 get_info()函数抓取指定信息，直到页面的真正底部。 （4）编写程序的入口，调用 get_manyinfo()函数执行抓取功能，然后关闭创建的文件，关闭窗口等。 （5）完成"shixun2-5.py"的代码运行，将用记事本打开保存好的"xiangchun.csv"文件的截图粘贴在下面。				
总结	（1）在本实训中你学到了什么？ （2）在本次实训中你遇到了哪些问题？你是怎么解决的？				

素养提升

1. 爬虫编写禁区

在当今信息时代,爬虫技术是一种常见的数据抓取技术,该技术的使用有利于数据共享,但互联网从业人员必须在法律的框架之内合理使用该技术,违反法律规定利用该技术获取数据可能构成犯罪。

爬虫编写禁区与数据/爬虫工程师的职业道德

中国法院网的一个案例如下。上海某网络公司经营技术开发、技术服务等业务。该公司负责人张某等人于2016—2017年利用爬虫技术非法抓取北京某网络公司服务器中存储的视频数据。法院以非法获取计算机信息系统数据罪分别判处被告单位罚金20万元,判处被告人张某等4人1年~9个月的有期徒刑,并处罚金。这是全国首例利用爬虫技术非法入侵盗取数据的案件[10]。

1)爬虫编写禁区(初学者切记)

爬虫编写禁区1:不得为违法违规组织提供爬虫相关服务。

爬虫编写禁区2:不得抓取与贩卖、个人隐私数据。包括简历、社保信息、行踪信息等。

爬虫编写禁区3:不得利用无版权的商业数据获利。

2)三类不能抓取的数据

司法解释中提到以下几种类型的数据,无论是"非法提供"还是"非法获取"都可以入刑。

第一类:高度敏感信息,包括行踪轨迹信息、通信内容、征信信息、财产信息。

第二类:敏感信息,包括住宿信息、通信记录、健康生理信息、交易信息等可能影响人身、财产安全的公民个人信息。

第三类:其他个人信息,即上述第一、二类以外的个人信息。

2. 数据/爬虫工程师的职业道德

作为一名数据/爬虫工程师,应该遵守以下职业道德。

1)遵守Robots协议

Robots协议是一种存放于网站根目录下的ASCII编码的文本文件,名为"robots.txt",它通常告诉爬虫编写者此网站中的哪些内容是不应被抓取的,哪些内容是可以被抓取的,应该按照这个要求合法地访问该网站数据。

2)不能妨碍网站正常运行甚至造成对方服务器瘫痪

爬虫不要运行得太快,建议在运行中插入一些停顿休息时间,不能影响对方服务器的正常工作。

3)不能利用抓取的数据进行非法获利

抓取了数据不代表获得了版权。因为没有版权,所以不能将已抓取的数据用于获利,否则构成侵权。

3. 新时代工匠精神

新时代工匠精神的基本内涵主要包括爱岗敬业的职业精神、精益求精的品质精神、协作共进的团队精神、追求卓越的创新精神这四个方面的内容。作为数据/爬虫工程师,一定要爱岗敬业,遵守法律法规和职业规范,不能非法获取数据,不能泄露重要数据等。

项目评价

知识巩固与技能提高（50分）	得分：

| 计分标准：
得分=1×判断题正确个数+2×填空题正确个数+编程题得分 ||

学生自评（20分）	得分：

| 计分标准：得分=2×A的个数+1×B的个数+0×C的个数 ||

专业能力	评价指标	自测结果	要求 （A，掌握；B，基本掌握；C，未掌握）
XPath 爬虫的编写	1. 爬虫的概念 2. XPath定位表达式的编写 3. XPath多页面爬虫的编写	A□ B□ C□ A□ B□ C□ A□ B□ C□	能够理解爬虫的概念，掌握XPath定位表达式的编写方法，掌握XPath单/多页面爬虫的编写方法
正则表达式 爬虫的编写	1. 正则表达式元字符 2. 正则表达式非贪婪匹配 3. 正则表达式爬虫的编写	A□ B□ C□ A□ B□ C□ A□ B□ C□	掌握正则表达式元字符和非贪婪匹配的用法，掌握用正则表达式编写爬虫获取互联网数据的方法
Selenium 爬虫的编写	1. Selenium的定位方式 2. Selenium爬虫的编写	A□ B□ C□ A□ B□ C□	了解Selenium，掌握Selenium的定位方式和常用方法，掌握编写Selenium爬虫的方法
职业道德 思想意识	1. 数据/爬虫工程师的职业道德 2. 新时代工匠精神	A□ B□ C□ A□ B□ C□	专业素质、思想意识得到提升，德才兼备

小组评价（10分）	得分：

| 计分标准：得分=5×A的个数+3×B的个数+1×C的个数 ||

团队合作	A□ B□ C□	沟通能力	A□ B□ C□

教师评价（20分）	得分：

教师评语	
总成绩	教师签字

项目三

处理分析商务大数据初步

 项目背景

党的二十大指出：高质量发展是全面建设社会主义现代化国家的首要任务。要健全因地制宜发展新质生产力体制机制，健全促进实体经济和数字经济深度融合制度。

企业的众多运营活动每天都会产生大量的数据，这些看似毫无联系的数据通常具有深层次的逻辑关系，对企业的运营和发展都有十分重要的作用和意义。在大数据的浪潮下，许多行业都开始运用数据分析来指导各项商业决策的实施。

数据分析是大数据的重要组成部分，在越来越多的工作中扮演着重要的角色。Python 可以利用各种库，如 Matplotlib、Pandas、NumPy 等，高效解决各种各样的数据分析问题，而且这些软件工具都是开源免费的。

Python 处理数据表，是通过调用模块来处理这些数据并生成报表。相比 Excel，Python 能够处理更大的数据集，能够更容易地实现自动化分析，也能够比较容易地建立复杂的机器学习模型。相比其他统计软件，Python 能够处理复杂的数据逻辑，在实际应用场景中更有优势。

本项目的任务情境如下。杭州恒深科技信息有限公司是一家小型数据公司，共有员工 15 人、计算机 20 台。该公司有为其他企业提供数据分析服务的业务：由其他企业提供数据文件，该公司根据业务需要，对这些数据进行导入、导出、处理（整理、分类、清洗等），绘制折线图、饼图、柱形图、散点图等并进行可视化分析，从而得出结论，为企业的商业决策提供参考。

 研究内容

本项目主要研究在 Python 编程环境中使用 Pandas 库和 NumPy 库进行数据导入、导出、处理、清洗和统计，以及对统计结果用 Matplotlib 库进行数据可视化分析的方法和过程。具体研究内容如下。

（1）从数据文件中导入、导出数据。

（2）数据处理、清洗。

（3）数据计算处理与基本统计。

（4）数据分组分析与可视化。
（5）数据分段分析与可视化。
（6）数据交叉分析与可视化。
（7）数据合并分析与可视化。

学习目标

知识目标
（1）说明商务数据的可视化分析过程。
（2）说明在 Python 中用 Matplotlib 库绘图的原理。
（3）理解商务数据处理、清洗原理。
（4）理解商务数据分组分析原理。
（5）理解商务数据分段分析原理。
（6）理解商务数据交叉分析原理。
（7）理解商务数据合并分析原理。

技能目标
（1）能够使用 Matplotlib 库绘制折线图、饼图、柱形图、散点图等。
（2）能够使用 Pandas 库导入、导出数据。
（3）能够使用 Pandas 库和 NumPy 库进行数据的处理。
（4）能够使用 Pandas 库进行数据的清洗与基本统计。
（5）能够使用 Pandas 库和 Matplotlib 库进行商务数据分组分析。
（6）能够使用 Pandas 库和 Matplotlib 库进行商务数据分段分析。
（7）能够使用 Pandas 库和 Matplotlib 库进行商务数据交叉分析。
（8）能够使用 Pandas 库和 Matplotlib 库进行商务数据合并分析。

素养目标
（1）领悟中国共产党的英明领导，领悟中华传统文化的伟大。
（2）培养尊重知识产权、严保数据安全和国家安全的责任意识。
（3）培养严谨、细致、耐心、有担当的职业素养。

任务 1　简单分析中印法国家发展情况数据

预备知识

1. 数据可视化常用库

顾名思义,数据可视化就是将数据转换成图或表等,以一种更直观的方式展现和呈现数据。通过可视化的方式,可以将复杂的数据通过图形化的手段进行有效的表达,准确高效、简洁全面地传递某种信息,甚至帮助人们发现某种规律和特征,挖掘数据背后的价值。

Matplotlib 库介绍及其绘图方法

Matplotlib 库是 Python 中最常用的可视化工具之一,可以非常方便地创建海量类型的 2D 图表和一些基本的 3D 图表。Seaborn 是斯坦福大学出品的一个非常好用的可视化包,它在 Matplotlib 库的基础上进行了更高级的 API 封装,使绘图更加方便快捷,可视为 Matplotlib 库的补充。

NumPy 库是 Python 的一种开源的数值计算扩展,用于存储和处理大型矩阵,比 Python 自身的列表结构高效很多,支持维度数组与矩阵运算,此外也针对数组运算提供大量的数学函数库。为了提高数据处理速度,在必要时也需要使用 NumPy 库。

下面介绍使用 Matplotlib 库进行数据可视化的方法。

2. Matplotlib 库的数据可视化

图 3-1 所示为使用 Matplotlib 库绘图的基本流程。首先创建画布,如果要在一个画布中画多个图,需要一个一个地画,要先选择其中的一个子图;如果只需要在画布中画一个图,则直接进行下一步,不需要选择子图。绘图过程一般是添加标题、添加 X 轴名称、修改 X 轴刻度与范围、添加 Y 轴名称、修改 Y 轴刻度与范围这几个步骤,然后绘制图形,添加图例……重复这几个步骤,直到所有子图绘制完毕,最后保存图形或显示图形。具体操作都是通过代码实现的。

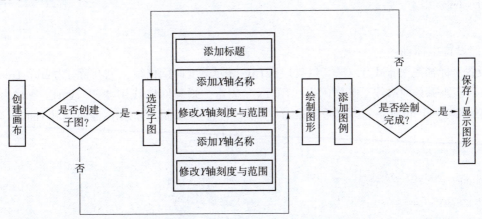

图 3-1　使用 Matplotlib 库绘图的基本流程

1)创建画布

创建画布使用 matplotlib.pyplot.figure( ) 方法,参数 figsize 指定画布的宽度和高度为多少英寸。

首先导入 Matplotlib 库的 pyplot 模块并取别名（例如 plt），后面直接使用该别名代替 pyplot 模块更方便。例如：

```
import matplotlib.pyplot as plt
```

其次指定用中文黑体字库 SimHei，解决中文显示乱码问题。代码如下：

```
plt.rcParams["font.sans-serif"]='SimHei'
```

然后创建一个宽 8 英寸、高 6 英寸的画布。代码如下：

```
plt.figure(figsize=(8,6))
```

pyplot 是一个命令风格函数的集合，是 Matplotlib 库中的模块。pyplot 使用 rc（即 run configuration）运行配置文件来自定义图形的各种默认属性，称为 rc 配置或 rc 参数，后面还会多次提到。

2）使用 subplot( ) 方法建立坐标系

subplot( ) 方法共有 3 个参数，前两个参数指定将整个画布分成几行、几列的多个坐标系，第三个参数指定在第几个坐标系中画图。坐标系的编号用自然数，顺序是先从左往右，然后从上向下。

例如，将整个区域分成 2 行、1 列且在第 1 个坐标系中画图，代码如下：

```
plt.subplot(2,1,1)
```

又如，将整个区域分成 2 行、1 列且在第 2 个坐标系中画图，代码如下：

```
plt.subplot(2,1,2)
```

下面的代码的图形效果如图 3-2 所示。

```
……
#将整个区域分成 2 行、2 列且在第 1 个坐标系中画图
plt.subplot(2,2,1)
……
#将整个区域分成 2 行、2 列且在第 4 个坐标系中画图
plt.subplot(2,2,4)
……
```

3）设置坐标轴

设置坐标轴使用 grid( ) 方法。参数 b 为 True 表示需要画网格线，也可简写为 grid(True)。参数 axis 指定画哪条网络线，画横网格线用 "x" 表示，画竖网格线用 "y" 表示，省略表示横、竖网格线都要画。设置图的标题使用 title( ) 方法。设置坐标轴标题使用 xlabel( ) 和 ylabel( ) 方法。例如：

```
……
plt.title("1-9月公司注册用户数")        #设置图的标题
plt.grid(b='True',axis='x')            #只画横网格线
plt.grid(b='true',axis='y')            #只画竖网格线
plt.grid(b='true')                     #同时画横、竖网格线，可简写为 plt.grid(True)
plt.xlabel("月份")                     #x 轴标题
plt.ylabel("注册人数")                 #y 轴标题
……
```

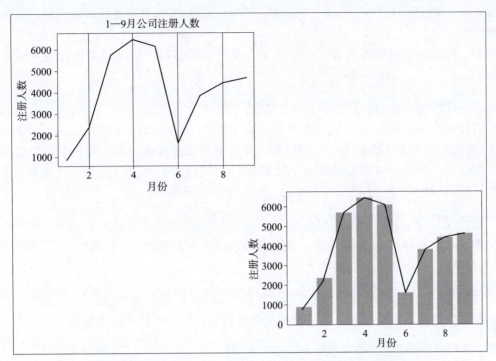

图 3-2　建立 2 行、2 列坐标系并在第 1、4 个坐标系中画图

通过上面的代码设置好坐标轴后再画折线图的效果如图 3-3 所示。

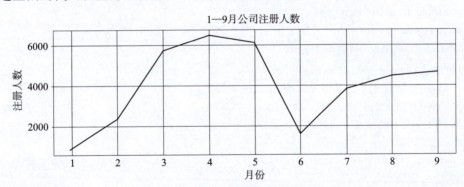

图 3-3　设置坐标轴后的折线图效果

4）设置坐标轴刻度

设置好坐标轴后，坐标轴刻度也需要单独设置，需要使用 matplotlib.pyplot.tick_params()方法，其基本语法格式如下：

matplotlib.pyplot.tick_params(axis='both', **kwargs)

axis 参数的值可以是"x""y"或"both"，这些值分别代表设置 x 轴、y 轴以及同时设置 x 轴和 y 轴刻度。默认值为"both"，即同时设置 x 轴和 y 轴刻度。

关键字参数 kwargs 可接收 which、direction 参数等。which 参数一共有 3 个值"major""minor"或"both"，默认是"major"，表示显示主刻度，"minor"表示显示次刻度，"both"表示主、次刻度都显示。有时主刻度显示大的单位（如 1，2，3…），副刻度显示小的单位（如 0.1，0.2，0.3…）。如果没有单独设置，则主、次刻度是重叠的。

direction 参数值为"in""out""inout",分别代表刻度线显示在绘图区内侧、外侧以及同时显示。

例如,将坐标轴刻度线设置成双向且主、次刻度都显示,但下轴刻度标签不显示,代码如下:

```
plt.tick_params(axis='both',which='both',direction='inout',bottom='false')
```

设置好 tick_params()方法后,再具体指定 x 轴和 y 轴刻度,分别使用 xticks()方法和 yticks()方法。这两个方法的第一个参数都为要显示刻度的具体位置,第二个参数是具体显示内容的列表。例如,对应 x 轴的 6 个气温值[5,10,15,20,25,30],分别指定刻度为["5 度","10 度","15 度","20 度","25 度","30 度"],代码如下:

```
plt.xticks(x,["5 度","10 度","15 度","20 度","25 度","30 度"])
```

同理,对应 y 轴的 6 个销量值,指定刻度为["3 万箱","4 万箱","5 万箱","6 万箱","7 万箱","8 万箱"],代码如下:

```
plt.yticks(y,["3 万箱","4 万箱","5 万箱","6 万箱","7 万箱","8 万箱"])
```

下面的代码显示 y 轴刻度,主、次刻度都要显示,内、外侧刻度也都要显示。

```
plt.tick_params(axis='y',which='both',direction='inout')
```

【练一练】按上面的数据,绘制 1—8 月平均气温与啤酒销量关系折线图。
参考代码如下:

```
import matplotlib.pyplot as plt
import numpy as np
plt.rcParams["font.sans-serif"]='SimHei'        #解决中文乱码问题
plt.subplot(1,1,1)
x=np.array([5.5,6.6,8.1,15.8,19.5,22.4,28.3,28.9])        #平均气温
y=np.array([2.38,3.85,4.41,5.67,5.44,6.03,8.15,6.87])     #对应啤酒销量
plt.title("1—8月平均气温与啤酒销量关系折线图",loc="center")
plt.plot(x,y)
plt.grid(True)                                  #画网格线
plt.xlabel("平均气温")                           #x轴标题
plt.ylabel("啤酒销量")                           #y轴标题
plt.tick_params(axis='y',which='both',direction='inout')
plt.xticks(np.arange(5,35,5),["5 度","10 度","15 度","20 度","25 度","30 度"])  #设置坐标轴刻度
plt.yticks(np.arange(3,9),["3 万箱","4 万箱","5 万箱","6 万箱","7 万箱","8 万箱"])
plt.show()                                      #显示图形
```

运行结果如图 3-4 所示。很明显,在 1—8 月,随着平均气温升高,啤酒销量也升高。

5) 设置图例

通过 Matplotlib 库设置图例使用 legend()方法,其参数 loc 可以控制显示的位置,如左上角("upper left")、右下角("lower right")、左中部("center left") 等。

【练一练】对于给定的 x 从列表[1,2,3,4,5,6,7,8,9]中顺序取值,y 从列表[866,2335,5710,6482,6120,1605,3813,4428,4631]中顺序取值,请用这些数据绘制折线图和柱形图,都显示图例。折线图图例为"网格折线图",柱形图图例为"柱形图"。图例的位置先设置

项目三 处理分析商务大数据初步

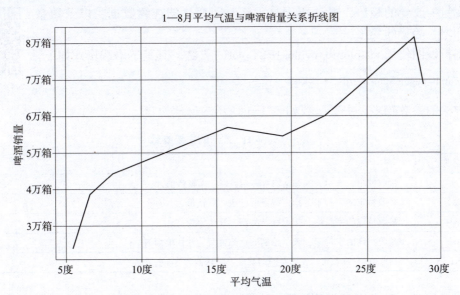

图 3-4　1—8 月平均气温与啤酒销量关系折线图

为左上角,再设置右下角及左中部。

```
import matplotlib.pyplot as plt
import numpy    as np
plt.subplot(2,1,2)                      #创建坐标系
x=np.array([1,2,3,4,5,6,7,8,9])
y=np.array([866,2335,5710,6482,6120,1605,3813,4428,4631])
plt.plot(x,y,label='网格折线图')          #使用 label 创建图例
plt.bar(x,y,label='柱形图')
plt.legend(loc='upper left')             #图例显示在左上角
plt.legend(loc='lower right')            #图例显示在右下角
plt.legend(loc='center left')            #图例显示在左中部
plt.show()
```

运行结果如图 3-5 所示。最后设置的图例位置才起作用。

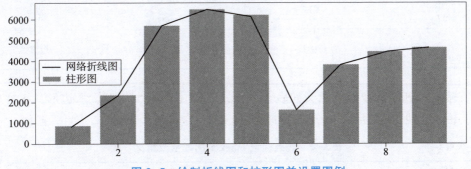

图 3-5　绘制折线图和柱形图并设置图例

3. 绘制折线图

折线图是一种将数据点按照顺序连接起来的图形。折线图的主要功能是查看因变量 y

随着自变量 x 改变的趋势,最适用于显示随时间变化的连续数据,以及数量的差异和增长趋势的变化。

绘制折线图使用 matplotlib.pyplot 中的 plot() 方法,其基本语法格式如下:

> matplotlib.pyplot.plot(*args, **kwargs)

折线图的画法

该方法的参数较多,主要参数如表 3-1 所示。

表 3-1　plot() 方法的主要参数

参数名称	说明
x, y	接收数组,表示 x 轴和 y 轴对应的数据,无默认值
color	接收特定的字符串,指定线条的颜色,默认值为 None
linestyle	接收特定的字符串,指定线条类型,默认值为 "-"
marker	接收特定的字符串,表示绘制的点的类型,默认值为 None
alpha	接收 0~1 的小数,表示点的透明度,默认值为 None

color 参数的 8 种常用颜色及缩写如表 3-2 所示。

表 3-2　color 参数的 8 种常用颜色及缩写

颜色缩写	代表的颜色	颜色缩写	代表的颜色
b	蓝色	m	品红
g	绿色	y	黄色
r	红色	k	黑色
c	青色	w	白色

常用线条类型 linestyle 的取值及意义如表 3-3 所示,其分成实线、点线、长虚线、短虚线 4 种类型,每种类型都有 2 种表示方式。例如,实线可用一个减号 "-" 表示,或用英文 "solid" 表示。

表 3-3　常用线条类型 linestyle 的取值及意义

linestyle 的取值	意义	linestyle 的取值	意义
- solid	实线	-. dash-dot	点线
-- dashed	长虚线	: dotted	短虚线

线条标记 marker 的取值及意义如表 3-4 所示,除了圆圈、菱形、六边形、正方形 4 种类型外,还有其他 16 种类型,一共 20 种类型。

表 3-4　线条标记 marker 的取值及意义

marker 的取值	意义	marker 的取值	意义
'o'	圆圈	'.'	点
'D'	菱形	's'	正方形
'h'	六边形 1	'*'	星号

续表

marker 的取值	意 义	marker 的取值	意 义
'H'	六边形2	'd'	小菱形
'_'	水平线	'v'	一角朝下的三角形
'8'	八边形	'<'	一角朝左的三角形
'p'	五边形	'>'	一角朝右的三角形
','	像素	'^'	一角朝上的三角形
'+'	加号	'|'	竖线
'None'	无	'x'	X形

【练一练】绘制带数据标记的折线图。

对于给定的 x 从列表[1,2,3,4,5,6,7,8,9]中顺序取值，y 从列表[866, 2335,5710,6482,6120,1605,3813,4428,4631]中顺序取值，请绘制折线图。要求使用点线（dashdot）、实心圆圈标记，圆圈大小为5。x 轴标题是"月份"，y 轴标题是"注册人数"，x 轴刻度为"1月份"～"9月份"，y 轴刻度为"1000人"～"6000人"。程序参考代码与注释如下：

绘制带数据标记的折线图

```
import matplotlib.pyplot as plt
import numpy as np
plt.rcParams["font.sans-serif"]='SimHei'
plt.subplot(1,1,1)                                    #创建坐标系
x=np.array([1,2,3,4,5,6,7,8,9])
y=np.array([866,2335,5710,6482,6120,1605,3813,4428,4631])
plt.title("1—9月公司注册人数")                          #图标题
plt.grid(True)        #画网格线
plt.plot(x,y,color='k',linestyle='dashdot',linewidth=1,marker='o',markersize=5,label='注册人数')
plt.legend()                                          #输出图例项
plt.xlabel("月份")                                    #x轴标题
plt.ylabel("注册人数")                                 #y轴标题
#设置坐标轴的刻度
plt.xticks(np.arange(1,10),["1月份","2月份","3月份","4月份","5月份","6月份","7月份","8月份","9月份"])
plt.yticks(np.arange(1000,7000,1000),["1000人","2000人","3000人","4000人","5000人","6000人"])
for a,b in zip(x,y):
    plt.text(a,b,b,ha='center',va='bottom',fontsize=10)
plt.savefig("d:/plot.jpg")                            #将运行结果保存为指定图像文件
```

其中 plt.text( )方法中的 ha='center',va='bottom'表示文字在底部居中对齐，"dashdot"即点虚线"-."。运行结果如图 3-6 所示。

4. 绘制柱形图

柱形图又称为柱状图，在数据分析中常用，是一种以长方形的长度为变量的统计图表，主要用于对比、展示趋势、描述等。柱形图只有一个变量，通常用于较小的数据集分析。柱形图又可以延伸为簇状柱形图、堆积

柱形图的画法

105

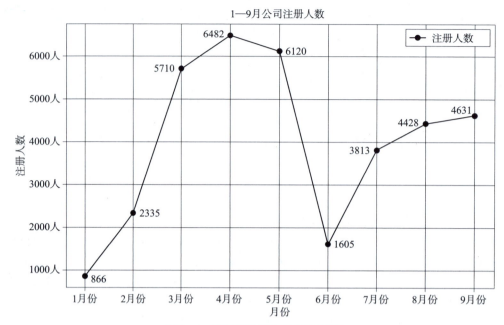

图 3-6 绘制带数据标记的折线图

柱形图、百分比堆积柱形图等,从而应用于多种数据场景。

绘制柱形图使用 matplotlib.pyplot 中的 bar( )方法,其语法格式如下:

matplotlib.pyplot.bar(left,height,width = 0.8,bottom = None,hold = None,data = None, ** kwargs)

bar( )方法的主要参数如表 3-5 所示。

表 3-5 bar( )方法的主要参数

参数名称	说明
left	接收数组,表示 x 轴数据,无默认值
height	接收数组,表示 x 轴所代表数据的数量,无默认值
width	接收 0~1 的 float 型数据,指定柱形图宽度,默认为 0.8
color	接收特定的字符串或者包含颜色字符串的数组,表示柱形图颜色,默认值为 None

【练一练】公司注册人数折线图和柱形图。

已知某公司 1—9 月的注册人数为列表[866,2335,5710,6482,6120,1605,3813,4428,4631],请以月份为 x 轴,以注册人数为 y 轴,先在一个坐标系中绘制折线图,再在另一个坐标系中同时绘制折线图和柱形图。要求输出图例、x 轴标题、y 轴标题、x 与 y 轴刻度等。参考代码及注释如下:

绘制公司注册人数折线图和柱形图

```
import matplotlib.pyplot as plt
import numpy as np
plt.rcParams["font.sans-serif"]='SimHei'
plt.figure(figsize=(8,6))          #创建一个宽8、高6的画布
x=np.array([1,2,3,4,5,6,7,8,9])
```

```
y=np. array([866,2335,5710,6482,6120,1605,3813,4428,4631])
plt. subplot(2,1,1)  #将整个区域分成2行、1列且在第1个坐标系中画图
plt. title("1—9月公司注册人数")       #图标题
plt. grid(b='true',axis='x')        #画网格线
plt. plot(x,y,color='g',linestyle='-.',linewidth=2,marker='D',markersize=5,label='折线图')
plt. legend()           #输出图例项
plt. xlabel("月份")         #x轴标题
plt. ylabel("注册人数")        #y轴标题
plt. subplot(2,1,2)
plt. plot(x,y,label='网格折线图')
plt. bar(x,y,label='柱形图')
plt. xlabel("月份")
plt. ylabel("注册人数")
plt. legend(loc='upper left')       #图例显示在左上角
#将坐标轴刻度线设置成双向且下轴刻度线不显示
plt. tick_params(axis='both',which='both',direction='inout',bottom='false')
plt. show()
```

运行结果如图3-7所示。

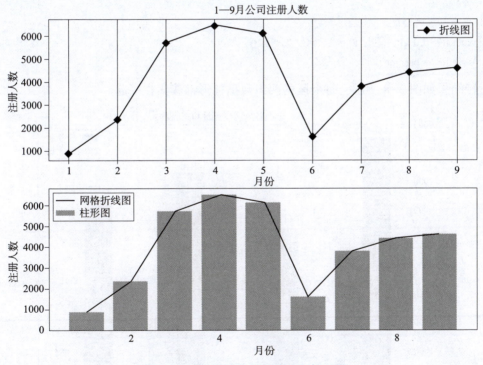

图3-7 公司注册人数折线图和柱形图

【练一练】 簇状柱形图是有多组数据，且每组数据单独成柱形簇集在一起的柱形图。将给定的列表[1,2,3,4]作为x值，将列表[8566,5335,7310,6482]和[4283,2667,3655,3241]作为y值，画出簇状柱形图。参考代码及注释如下：

绘制簇状柱形图

```
import matplotlib.pyplot as plt
import numpy as np
plt.rcParams["font.sans-serif"]='SimHei'
plt.subplot(1,1,1)                                      #创建坐标系
x=np.array([1,2,3,4])
y1=np.array([8566,5335,7310,6482])
y2=np.array([4283,2667,3655,3241])
plt.title("全国各分区任务量和完成量",loc="center")      #图标题
plt.bar(x,y1,width=0.3,label="任务量")                  #第一组柱形,宽度为0.3
plt.bar(x+0.3,y2,width=0.3,label="完成量")              #第二级柱形,右移0.3
#添加数据标签
for a,b in zip(x,y1):
    plt.text(a,b,b,ha='center',va='bottom',fontsize=12)
for a,b in zip(x+0.3,y2):
    plt.text(a,b,b,ha='center',va='bottom',fontsize=12)
plt.grid(False)                                         #不画网格线
plt.legend()                                            #输出图例项
plt.xlabel("区域")                                      #x轴标题
plt.ylabel("任务情况")                                  #y轴标题
#设置坐标轴的刻度
plt.xticks(x+0.15,["东区","南区","西区","北区"])
plt.savefig("d:/bar.jpg")
```

运行结果如图3-8所示,每个区的两组数据柱形都簇集在一起。

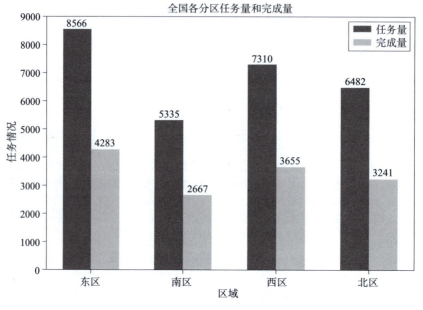

图3-8　簇状柱形图

任务实施准备

通过本预备知识的学习，同学们已经了解了在 Python 中使用 Matplotlib 库绘图的原理及过程，基本掌握了使用 Matplotlib 库绘制折线图和柱形图的方法，接下来需要运用这些技能进行简单的可视化数据分析。在任务实施前需要准备好软件工具和数据，然后才可以开始进行数据处理和分析。

软件环境要求是安装有 PyCharm、Word 软件并配置好的计算机，操作系统可以是 Windows 10 或 Windows 11。

根据给出的数据，用柱形图绘制中国、印度、法国 1980—2020 年 GDP 情况对比图，具体数据和要求见任务单 3-1。要求每位同学使用不同的颜色组合或柱形宽度完成任务。

绘制中印法 GDP 情况对比图

任务实施与分析

任务实施包括多个步骤，首先是编码绘图，在绘图完成，显示效果图后，需要给出文字的分析结果。

步骤 1：导入必要的库。
例如绘图库 Matplotlib、数学计算库 NumPy 等，并取好别名以便于调用。

步骤 2：指定中文字库，解决中文乱码问题。

步骤 3：创建坐标系。
根据绘图的需要创建坐标系并指定在哪个坐标系中绘图。

步骤 4：为 x、y 赋值。
一般为多个数据值，可以用列表或数组来赋值。

步骤 5：设置图标题。

步骤 6：开始绘图。
如有多个图，可以逐个画出。既可以画在同一个坐标系中，也可以画在不同的坐标系中。画在不同的坐标系中时要重新指定坐标系。要求绘图的颜色组合要互相区别，需要为每个柱形指定独特的颜色，柱形宽度也可以自行设置。

步骤 7：设置图中数据文本。
使用 plt.text( ) 方法设置数据文本，一般要与数据点对应，一个数据点对应一个文本，可以用循环完成。

步骤 8：设置网格线。

步骤 9：设置图例。

步骤 10：设置 x 轴和 y 轴标题。

步骤 11：设置坐标轴刻度。

步骤 12：显示图形。
使用 plt.show( ) 方法显示图形，否则看不到图形效果。

步骤 13：给出文字的分析结果。

根据给出的数据，绘制中国、印度、法国 1980—2020 年 GDP 情况对比图（参考图 3-9），要求每个同学用不同的颜色组合或宽度完成任务。从柱形图的结果来看，在 1980 年，我国的 GDP 远小于法国和印度，处于落后的地位。但是随着改革开放，我国经济迅速起飞，到了 2020 年，我国 GDP 达到了惊人的 15.9 万亿美元，远远超过法国和印度的 2.6 万亿美元，充分反映了中国共产党的英明领导和社会主义制度的无比优越。到了 2022 年 10 月党的二十大召开之际，我国经济实力实现历史性跃升，GDP 增长到 114 万亿元，经济总量占世界经济的比重达到 18.5%，稳居世界第二位。

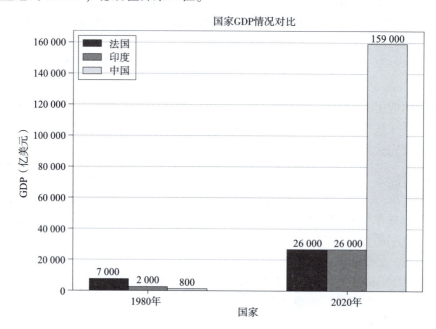

图 3-9　中印法 GDP 情况对比图

拓展知识

1. 用 Python 绘制横放条形图

前面已经讲到，在 Python 中绘制竖放条形图使用 matplotlib.pyplot 模块中的 bar( ) 方法，但绘制横放条形图使用的是另一个方法 barh( )，该方法和 bar( ) 方法类似，其语法格式如下：

matplotlib.pyplot.barh(y,width,[height], * * kwargs)

其主要参数说明如下。

（1）y：一个数或数组，条形图对应的纵坐标。

（2）width：一个数或数组，条形的宽度。

（3）[height]：一个数或数组，条形的高度，默认值为 0.8，为可选参数。

（4） * * kwargs：不定长关键字参数，用字典形式设置条形图的其他参数。

【练一练】已知 1—4 月的销量为 [8566，5335，7310，6482]，请以月份作为 y 轴，以销量为 x 轴绘制横放条形图，条形高度为 0.5。参考代码及注释如下：

绘制横放条形图

```
import matplotlib.pyplot as plt
import numpy as np
plt.rcParams["font.sans-serif"]='SimHei'
plt.subplot(1,1,1)                              #创建坐标系
y=np.array([1,2,3,4])
```

```
w=np.array([8566,5335,7310,6482])
plt.title("横放条形图",loc="center")           #图标题
plt.barh(y,w,0.5)                              #绘制条形图，条形高度为0.5
plt.grid(False)                                #不画网格线
plt.legend()                                   #输出图例项
plt.xlabel("销量")                             #x轴标题
plt.ylabel("月份")                             #y轴标题
plt.yticks(y,["1月","2月","3月","4月"])
plt.show()
```

运行结果如图3-10所示。

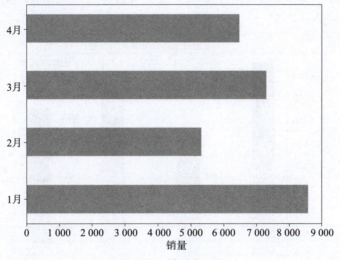

图3-10　横放条形图

2. 绘制多样式的柱形图

1）绘制叠加柱形图

有时一个柱形高度恒小于另一个柱形高度，这时可以把两个柱形绘制在同一个位置，用不同的颜色显示这两个柱形，得到叠加的效果。叠加柱形图在对比任务量与完成量时效果非常明显。

【练一练】某商品在东、南、西、北四个分区的商品预定任务量是[4283,2667,3655,3241]，实际销售量是[8566,5335,7310,6482]。那么对于每个分区，销售量都恒大于任务量，可以把这两个数据绘制在同一个柱形中，成为叠加柱形图。参考代码及注释如下：

```
import matplotlib.pyplot as plt
import numpy as np
plt.rcParams["font.sans-serif"]='SimHei'
plt.subplot(1,1,1)                             #创建坐标系
x=np.array([1,2,3,4])
y1=np.array([4283,2667,3655,3241])             #任务量
y2=np.array([8566,5335,7310,6482])             #完成量
plt.title("全国各分区任务量和完成量",loc="center")  #图标题
```

```
plt.bar(x,y2,width=0.3,color="b",label="完成量")    #先画数据大的柱形,否则会覆盖数据小的柱形
plt.bar(x,y1,width=0.3,color="r",label="任务量")    #再画数据小的柱形
plt.grid(False)                                     #不画网格线
plt.legend()                                        #输出图例项
plt.xlabel("区域")                                   #x轴标题
plt.ylabel("任务完成情况")                            #y轴标题
#设置坐标轴刻度
plt.xticks(x,["东区","南区","西区","北区"])
plt.show()
```

运行结果如图3-11所示。从图中可以清晰地看到东区的任务量和完成量都是最好的,而南区的任务量最小,完成量也最小。如果需要设置透明的效果,可以在bar()方法中添加透明度参数,如"alpha=0.5"。

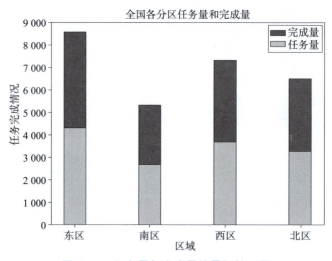

图3-11　任务量与完成量的叠加柱形图

2) 绘制堆积柱形图

堆积图就是将若干统计图形堆叠起来的统计图,也是一种组合式图形。如果将方法bar()中的参数bottom的取值设置为前一个柱形高度数据,第二个柱形图就从前一个柱形高度为起点进行绘制,最终形成堆积柱形图。

【例】已知张三、李四、王五三人的成绩,语文成绩分别是[80,80,70],数学成绩分别是[70,80,90],外语成绩分别是[80,50,60],要求绘制每个人成绩的堆积柱形图,以便于观察他们的成绩分布与对比,以及与总分(300分)的差距。参考代码及注释如下:

绘制堆积柱形图

```
import numpy as np
import matplotlib.pyplot as plt
plt.rcParams["font.sans-serif"]='SimHei'
x=np.array([1,2,3])
n = ['张三','李四','王五']
d1=[80,80,70]                    #三人的语文成绩
d2=[70,80,90]                    #三人的数学成绩
```

```
        d3 = [80, 50, 60]                              #三人的外语成绩
        d12 = [150, 160, 160]                          #每人的语文成绩与数学成绩之和
        plt.bar(x, d1, width=0.2)                      #要求宽度都相同
        plt.bar(x, d2, bottom=d1, width=0.2)           #bottom 参数以 d1 为基础绘图
        plt.bar(x, d3, bottom=d12, width=0.2)          #bottom 参数以 d1 加 d2 的值为基础绘图
        plt.legend()                                   #输出图例项
        plt.xlabel("姓名")                             #x 轴标题
        plt.ylabel("总分")                             #y 轴标题
        # ncol 表示 1 行显示 3 个图例,loc 设置图例的位置
        plt.legend(['语文成绩','数学成绩','英语成绩'], ncol=3, loc=(0,1))
        plt.xticks(x, n)
        plt.yticks([0, 50, 100, 150, 200, 250, 300], ["0 分","50 分","100 分","150 分","200 分","250 分","300 分"])
        plt.show()
```

运行结果如图 3-12 所示。从图中可以清晰地看到三人的成绩分布与对比。

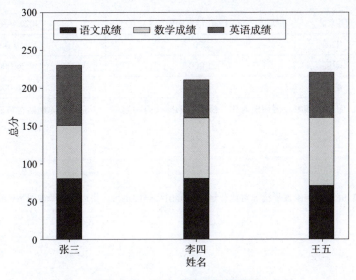

图 3-12　三人成绩堆积柱形图

思考与总结

通过以上的学习,同学们完成了基于折线图和柱形图的数据分析,请同学们思考还可以用哪些图进行这些分析,它们各有什么特点。

能力提升

请同学们打开课程中心页面,完成以下任务。
(1)使用图 3-8 所示的全国各分区任务量与完成量数据,绘制横放条形图。
(2)使用图 3-8 所示的全国各分区任务量与完成量数据,绘制堆积柱形图。

任务训练

请同学们根据本任务的内容,独立完成任务单 3-1 中的实训。

任务单 3-1

任务单 3-1

班级		学号		姓名	
实训 3-1	简单分析中印法 GDP 情况数据				
实训目的	(1) 掌握 Python 数据可视化分析的基本方法，能够使用 Matplotlib 库绘制折线图、柱形图。 (2) 领悟中国共产党的英明领导，领悟中华传统文化的伟大。 (3) 培养尊重知识产权、严保数据安全和国家安全的责任意识。				
实训过程	(1) 创建 Python 文件"python3-1.py"，提供的数据如下表所示，运用 Matplotlib 库和 NumPy 库，编程对其进行操作，绘制"国家发展情况对比"簇状柱形图，x 轴为年份，y 轴为 GDP（亿美元），要求使用不同的颜色组合和柱形宽度完成任务，并且有图标题、图例、刻度及 x 轴和 y 轴标题等。 亿美元 | 国家名 | 1980 年 GDP | 2020 年 GDP | |---|---|---| | 中国 | 800 | 159 000 | | 印度 | 2 000 | 26 000 | | 法国 | 7 000 | 26 000 | (2) 完成"国家发展情况对比"簇状柱形图代码的编写，将完整代码粘贴在下面。 (3) 完成"国家发展情况对比"簇状柱形图代码的运行，将运行结果截图粘贴在下面。 (4) 用文字简要说明分析结果。				
总结	(1) 在本实训中你学到了什么？ (2) 在本实训中你遇到了哪些问题？你是怎么解决的？				

项目三 处理分析商务大数据初步

任务2　导入分析中国国民经济核算数据

预备知识

中国式现代化是物质文明和精神文明互相协调的现代化，物质富足、精神富有是社会主义现代化的根本要求。中国经济正在由原来的工业主导型经济向服务主导型经济转变，从产业结构的变化可以看出经济的发展状况。

在实际的工作中，除了使用任务1所介绍的折线图与柱形图外，还可以绘制其他多种图形进行可视化分析，其中用得比较多的有散点图和饼图。

在数据分析中，相关性分析是研究两个或两个以上处于同等地位的变量之间相关关系的统计分析方法，散点图和气泡图都是在一个图中显示大量相关数据的常用图形。饼图可以显示一个数据序列中各项大小与各项总和的比例，可以清楚地反映部分与部分、部分与整体之间的数量关系，易于显示每组数据相对总数的比例，而且比较直观。

Pandas库是一个专门用于数据分析的开源Python扩展程序库，是目前使用Python进行统计分析和决策的专业人士不可或缺的工具。Pandas的名称衍生自术语"面板数据"（Panel Data）和"数据分析"（Data Analysis）。Pandas库是以NumPy库为基础进行设计的，NumPy库是Python的一个扩展程序库，提供了大量的数学函数，在维度数组与矩阵运算方面速度很高，具有强大的计算能力。Pandas库与NumPy库经常搭配使用进行数据分析，同时具有高效率和多功能的优势，广泛应用在学术、金融、统计学等各数据分析领域。

获取好的数据一般存储在文件中，如Excel文件、CSV文件等，在使用时要先导入计算机，使用完毕后要导出保存到文件中，这里要使用Pandas库的导入/导出方法。

本任务介绍数据的导入、导出和散点图（气泡图）、饼图的绘制方法与可视化分析过程。

1. 数据的导入、导出

（1）导入CSV文件，使用Pandas库的read_csv()方法，其语法格式如下：

read_csv(file,names=[列名1,列名2,..],sep=8819'533)

Pandas库的数据导入与导出

参数file指定要导入的CSV文件的路径和文件名；names参数为导入的数据指定新的列名；sep参数指定CSV文件的数据间隔符号。

例如，要导入E盘下名为"rz20.csv"的文件到数据帧df中，文件中数据间隔符号为逗号，导入时指定新列名为['YHM','DLSJ','TCSJ','YWXT','IP','REMARK']，最后打印数据帧df。代码如下：

```
from pandas import read_csv
df = read_csv('E://rz20.csv',
names=['YHM','DLSJ','TCSJ','YWXT','IP','REMARK'],sep=",")
print(df)
```

运行结果如图3-13所示。

结果中显示的"NaN"为"Not a Number"的缩写，不是数字的意思，是计算机科学中数值数据类型的一类值，表示未定义或不可表示的值。"NA"则是"Not Available"的缩写，表示不可用。

```
    YHM   DLSJ TCSJ  YWXT  IP  REMARK
0   id    band num   price NaN NaN
1   1     130联通 123       159 NaN NaN
2   2     131  124        753 NaN NaN
3   3     132  125        456 NaN NaN
4   4     133电信 126       852 NaN NaN
```

图 3-13　导入 CSV 文件并打印

（2）导入 Excel 文件，使用 Pandas 库中的 read_excel()，其语法格式如下：

read_excel(file,sheetname,header=0)

参数 file 指定要导入的 Excel 文件的路径和文件名；参数 sheetname 指定要导入的 Excel 文件中的具体工作表的名称；参数 header 说明导入文件的首行是否作为列名，默认 0 即文件的第一行作为列名，若数据不含列名，则设置 header=None。

例如，要导入 D 盘中 "rz1.xlsx" 文件中的 Sheet2（如图 3-14 所示，该表没有列名）并保存到数据帧 df，默认第 1 行为列名，运行并打印 df，然后导入一次数据到数据帧 dd 中，这次指定列名为 ['sno', 'date', 'ss', 'IP', 'memo']，打印数据帧 dd。

	A	B	C	D	E
1	S1402048	2014-11-04 08:44:46	0122579031373493731	221.205.98.55	单点登录研究生系统成功！
2	S1411023	2014-11-04 08:45:06	0122579031373493731	183.184.226.205	单点登录研究生系统成功！
3	S1402048	2014-11-04 08:46:39		221.205.98.55	用户名或密码错误。
4	20031509	2014-11-04 08:47:41		222.31.51.200	统一身份用户登录成功！
5	S1405010	2014-11-04 08:49:03	0122579031373493731	120.207.64.3	单点登录研究生系统成功！
6	20031509	2014-11-04 08:47:41		222.31.51.200	统一身份用户登录成功！
7	S1405010	2014-11-04 08:49:03	0122579031373493731	120.207.64.3	单点登录研究生系统成功！

图 3-14　"rz1.xlsx" 文件中 Sheet2 的数据

代码如下：

```
from pandas import read_excel
df = read_excel('d://rz1.xlsx',sheet_name='Sheet2')
print(df)
dd=read_excel('d://rz1.xlsx',names=['sno','date','ss','IP','memo'],sheet_name='Sheet2')
print(dd)
```

运行结果如图 3-15 和图 3-16 所示。图 3-15 所示是数据帧 df 的打印结果，这时没有指定列名，系统默认把第 1 行数据作为列名，索引从第 2 行开始计算。图 3-16 所示是数据帧 dd 的打印结果，这时指定了新列名，系统使用新列名，第 1 行的数据显示正常，索引从第 1 行开始计算。

```
      S1402048  2014-11-04 08:44:46  ...  221.205.98.55   单点登录研究生系统成功！
0     S1411023  2014-11-04 08:45:06  ...  183.184.226.205 单点登录研究生系统成功！
1     S1402048  2014-11-04 08:46:39  ...  221.205.98.55   用户名或密码错误。
2     20031509  2014-11-04 08:47:41  ...  222.31.51.200   统一身份用户登录成功！
3     S1405010  2014-11-04 08:49:03  ...  120.207.64.3    单点登录研究生系统成功！
4     20031509  2014-11-04 08:47:41  ...  222.31.51.200   统一身份用户登录成功！
5     S1405010  2014-11-04 08:49:03  ...  120.207.64.3    单点登录研究生系统成功！
```

图 3-15　导入 Excel 文件不指定新列名的打印结果

```
         sno             date    ...             IP        memo
0   S1411023   2014-11-04 08:45:06   ...   183.184.226.205    单点登录研究生系统成功！
1   S1402048   2014-11-04 08:46:39   ...    221.205.98.55        用户名或密码错误。
2   20031509   2014-11-04 08:47:41   ...    222.31.51.200     统一身份用户登录成功！
3   S1405010   2014-11-04 08:49:03   ...     120.207.64.3     单点登录研究生系统成功！
4   20031509   2014-11-04 08:47:41   ...    222.31.51.200     统一身份用户登录成功！
5   S1405010   2014-11-04 08:49:03   ...     120.207.64.3     单点登录研究生系统成功！
```

图 3-16　导入 Excel 文件并指定新列名的打印结果

（3）导出 CSV 文件，使用 Pandas 库中的 to_csv( ) 方法，其语法格式如下：

```
to_csv(file_path,sep=",",index=True,header=True)
```

具体参数说明如下。
① file_path：保存文件的路径和文件名。
② sep：保存文件所使用的数据间隔符号，默认是逗号。
③ index：是否导出行序号（即索引），默认是 True，即导出行序号。
④ header：是否导出列名，默认是 True，即导出列名。

例如，从程序中创建一个数据帧 df 并赋以数据，先用带索引方式保存到 D 盘中的"01.csv"文件中，然后用不带索引方式保存到 D 盘中的"02.csv"文件中。代码如下：

```
from pandas import DataFrame
from pandas import Series
df = DataFrame(
{'age':Series([26,85,64]),'name':Series(['Ben','John','Jerry'])})
print(df)
df.to_csv('d:\\01.csv')                    #默认带索引
df.to_csv('d:\\02.csv',index=False)        #无索引
```

（4）导出 Excel 文件，使用 Pandas 库中的 to_excel( )，其语法格式如下：

```
to_excel(file_path,index=True,header=True)
```

参数 file_path 指定文件路径；参数 index 指定是否导出行序号，默认是 True，即导出行序号；参数 header 指定是否导出列名，默认为 True，即导出列名。

例如，创建一个数据帧 df 并赋以数据，先用带索引方式保存到 D 盘中的"01.xlsx"文件中，然后用不带索引方式保存到 D 盘中的"02.xlsx"文件中。代码如下：

```
from pandas import DataFrame
from pandas import Series
df = DataFrame(
{'age':Series([26,85,64]),
'name':Series(['Ben','John','Jerry'])})
df.to_excel('d:\\01.xlsx')                   #默认带索引
df.to_excel('d:\\02.xlsx',index=False)       #无索引
```

2. 绘制散点图

散点图又称为散点分布图，是以一个特征为横坐标，以另一个特征为纵坐标，利用坐标点（散点）的分布形态反映特征间统计关系的一种图形。值是由点在图中的位置表示的，

类别是由图中的不同标记表示的。散点图通常用于比较跨类别的数据。

绘制散点图使用 matplotlib.pyplot 中的 scatter() 方法，其语法格式如下：

matplotlib.pyplot.scatter(x, y, s=None, c=None, marker=None, alpha=None, **kwargs)

scatter()方法的常用参数如表 3-6 所示。

表 3-6　scatter()方法的常用参数

参数名称	说明
x, y	接收数组，表示 x 轴和 y 轴对应的数据，无默认值
s	接收数值或者一维数组，指定点的大小，若传入一维数组，则表示每个点的大小，默认值为 None
c	接收颜色或者一维数组，指定点的颜色，若传入一维数组，则表示每个点的颜色，默认值为 None
marker	接收特定的字符串，表示绘制的点的类型，默认值为 None
alpha	接收 0~1 的小数，表示点的透明度，默认值为 None

散点图若不指定点的大小和类型，则以默认的大小与圆点方式显示。如图 3-17 所示，该散点图显示的是 2000—2022 年各产业第一季度生产总值。

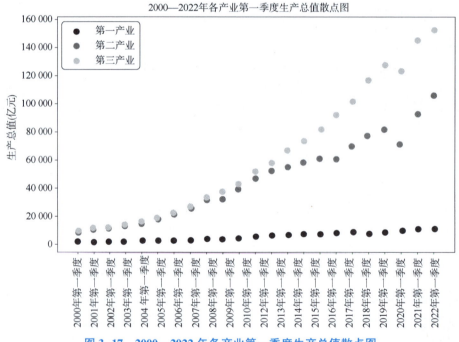

图 3-17　2000—2022 年各产业第一季度生产总值散点图

散点图中点的大小和颜色都可以自行赋值，用这个方法很容易实现气泡图的绘制。

【练一练】绘制气泡图。

已知 x 为平均气温，值为列表 [5.5, 6.6, 8.1, 15.8, 19.5, 22.4, 28.3, 28.9]，y 为啤酒销量，值为列表 [2.38, 3.85, 4.41, 5.67, 5.44, 6.03, 8.15, 6.87]。要求绘制气泡图显示平均气温与啤酒销量的关系，气泡大小也使用啤酒销量值表示，颜色随机变化。

绘制气泡图

这里使用 NumPy 库的数组类型组织数据,因此在程序头部需要导入 NumPy 库,再使用 Numpy.array()方法把列表值转换成 NumPy 库的数组。下面的代码把两个列表转成 NumPy 库的数组并保存在变量 x 与 y 中。

```
x=np.array([5.5,6.6,8.1,15.8,19.5,22.4,28.3,28.9])
y=np.array([2.38,3.85,4.41,5.67,5.44,6.03,8.15,6.87])
```

输出气泡图的代码及注释如下:

```
import matplotlib.pyplot as plt
import numpy as np
plt.rcParams["font.sans-serif"]='SimHei'
plt.subplot(1,1,1)
x=np.array([5.5,6.6,8.1,15.8,19.5,22.4,28.3,28.9])         #平均气温
y=np.array([2.38,3.85,4.41,5.67,5.44,6.03,8.15,6.87])      #对应啤酒销量
colors=y*10       #根据y值的大小生成不同的颜色
area=y*100        #根据y值的大小生成不同的形状
plt.title("1—8月平均气温与啤酒销量关系图",loc="center")      #图标题
plt.scatter(x,y,c=colors,marker="o",s=area)
for a,b in zip(x,y):                                        #添加数据标签
    plt.text(a,b,b,ha='center',va='bottom',fontsize=10, color="white")
plt.grid(False)                                             #不画网格线
plt.xlabel("平均气温")                                       #x轴标题
plt.ylabel("啤酒销量")                                       #y轴标题
plt.xticks(np.arange(5,35,5),["5度","10度","15度","20度","25度","30度"])   #设置坐标轴刻度
plt.yticks(np.arange(3,9),["3万箱","4万箱","5万箱","6万箱","7万箱","8万箱"])
plt.show()
```

运行结果如图 3-18 所示。

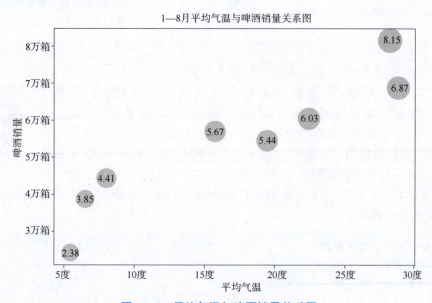

图 3-18　平均气温与啤酒销量关系图

气泡的颜色是用 y 值生成的，如果要求随机显示气泡颜色，则可以导入 random 库，然后用 colors=random.sample（range（1000000），8）指定颜色，即用不重复的 8 个数值表示颜色；或者用 colors=np.random.rand（8）产生 0～1 的随机颜色；还可以直接指定颜色数组，例如：

> colors=np.array(["#FF0000","#FFF5EE","#000080","#f08080","#0000ff","#00ff00","#ffff00","#000000"])

3. 绘制饼图

饼图是将各项的大小与各项总和的比例显示在一张"饼"中，以"饼"的大小确定每一项的占比。饼图可以比较清楚地反映部分与部分、部分与整体之间的比例关系，易于显示每组数据相对于总数的大小，而且显现方式直观。

绘制饼图

绘制饼图使用 matplotlib.pyplot 中的 pie() 方法，其语法格式如下：

> matplotlib.pyplot.pie(x, explode=None, labels=None, colors=None, autopct=None, pctdistance=0.6, shadow=False, labeldistance=1.1, startangle=None, radius=None, …)

pie() 方法的常用参数如表 3-7 所示，其中"pct"即百分比值（percentage）的缩写。

表 3-7 pie() 方法的常用参数

参数名称	说明	参数名称	说明
x	接收数组，表示用于绘制饼图的数据，无默认值	autopct	接收特定的字符串，指定数值的显示格式，例如%.2f，默认值为None
explode	接收数组，表示指定项离饼图圆心为若干个半径，默认值为None	pctdistance	接收 float 型数据，指定每一项的比例值距离饼图圆心若干个半径，默认值为0.6
labels	接收数组，指定每一项的名称，默认值为None	labeldistance	接收 float 型数据，指定每一项的名称距离饼图圆心若干个半径，默认值为1.1
color	接收特定的字符串或者包含颜色字符串的数据，表示饼图的颜色，默认值为None	radius	接收 float 型数据，表示饼图的半径，默认值为1

【练一练】绘制 2022 年第一季度国民生产总值饼图。

已有"2017—2022GNP 数据 new.xls"文件存放在 D 盘中，在名为"new2000—2022"的工作表中有"时间""国民生产总值_当季值（亿元）""第一产业增加值_当季值（亿元）""第二产业增加值_当季值（亿元）""第三产业增加值_当季值（亿元）" 5 列数据，按时间顺序从上到下排列，第一行是 2000 年第一季度数据，最下一行是 2022 年第二季度数据。请从 Excel 文件中导入数据，绘制 2022 年第一季度国民生产总值饼图。

绘制国民生产总值饼图

参考代码及注释如下：

```
import matplotlib.pyplot as plt
from pandas import read_excel
plt.rcParams["font.sans-serif"]='SimHei'
```

```
df=read_excel('d://2017—2022GNP 数据 new.xls',sheet_name="new2000—2022",names=['A0','A1','A2','A3','A4','A5'],header=0)
cf1=df['A3']
cf2=df['A4']
cf3=df['A5']
colors=["red","orange","green"]                          #指定各部分颜色
values = [cf1[cf1.size-1],cf2[cf2.size-1],cf3[cf3.size-1]]   #提取 df 中的数据
plt.figure(figsize=(6,6))                                #将画布设置为正方形,则绘制的饼图是正圆
label = ['第一产业','第二产业','第三产业']                   #定义饼图的标签,标签是列表
explode = [0.1,0.01,0.01]                                #设定各项离心 n 个半径
plt.pie(values,explode=explode,labels=label,
        autopct='%1.1f%%',colors=colors)                 #绘制饼图
plt.title('2022 年第一季度国民生产总值饼图')
plt.show()
```

程序运行结果如图 3-19 所示。

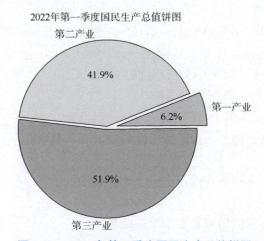

图 3-19　2022 年第一季度国民生产总值饼图

代码中 read_excel( )方法的参数 names=['A0','A1','A2','A3','A4','A5'],用于防止导入数据的中文列名识别错误而专门指定英文数字列名；header=0 表示第 1 行为标题行,即不读取第 1 行的数据。

实施准备

通过预备知识的学习,同学们已了解了 Pandas 库和 Pandas 库的数据导入、导出方法,以及用 Matplotlib 库绘制散点图、饼图的具体方法,接下来需要运用这些技术实现具体的数据导入,绘制复杂的图形并进行可视化分析。在任务实施前需要准备好下列数据文件和软件工具。

（1）操作系统：Windows 10 或 Windows 11。
（2）软件工具：PyCharm。
（3）数据文件："2000—2022 国民经济核算季度数据.csv"。
从数据文件中导入第 1 行（2000 年）与最后一行（2022 年）的数据,包括"序号"

"时间""国民生产总值_当季值（亿元）""第一产业增加值_当季值（亿元）""第二产业增加值_当季值（亿元）""第三产业增加值_当季值（亿元）""农林牧渔业增加值_当季值（亿元）""工业增加值_当季值（亿元）""建筑业增加值_当季值（亿元）""批发和零售业增加值_当季值（亿元）""交通运输、仓储和邮政业增加值_当季值（亿元）""住宿和餐饮业增加值_当季值（亿元）""金融业增加值_当季值（亿元）""房地产业增加值_当季值（亿元）""其他行业增加值_当季值（亿元）"，要求绘制4个子图，分别是"2000年第一季度国民生产总值产业构成分布饼图""2000年第一季度国民生产总值行业构成分布饼图""2022年第一季度国民生产总值产业构成分布饼图"和"2022年第一季度国民生产总值行业构成分布饼图"，显示不同的产业和行业在国民生产总值中的占比。

任务实施与分析

  任务实施包括多个步骤，首先正确地从数据文件导入数据，根据所提供的数据文件类型采用不同的方法，然后是编码绘图，在绘图完成显示效果图后，给出文字的分析结果。
  步骤1：导入必要的库。
  导入绘图库Matplotlib，并取好别名。本任务需要用到Pandas库的导入数据方法，程序头部要用import语句从Pandas库导入read_csv()方法。
  步骤2：指定中文字库，解决中文乱码问题。
  步骤3：从数据文件导入数据到数据帧。
  步骤4：从数据帧中获取需要的数据。
  一定要提前熟悉数据文件的结构，以正确定位并获得数据。
  步骤5：创建坐标系。
  根据绘图的需要创建坐标系并指定在哪个坐标系中绘图。
  步骤6：为变量赋值。
  一般有多个数据值，可以用列表或数组来赋值。
  步骤7：设置图标题。
  步骤8：开始绘图。
  如果有多个图，可以逐个画出。既可以画在同一个坐标系中，也可以画在不同的坐标系中。画在不同的坐标系中时要重新指定坐标系。为了与其他同学的图有所区别，建议绘图时选用一些独特的颜色。
  步骤9：显示图形。
  使用show()方法显示图形，否则看不到图形效果。
  步骤10：给出文字的分析结果。
  如图3-20所示，图中最明显的增长是第三产业（即各类服务业或商业），从2000年的46.3%增长到2022年的56.6%。发展第三产业的重要意义主要是：有利于建立和完善社会主义市场经济体制；有利于加快经济发展，提高国民经济素质和综合国力；有利于扩大就业，缓解就业压力；有利于提高人民的生活水平，实现小康。从图中可以明显看出：我国经济正在由原来的工业主导型经济向服务主导型经济转变，这些饼图充分说明了我国经济结构良性，前景美好。

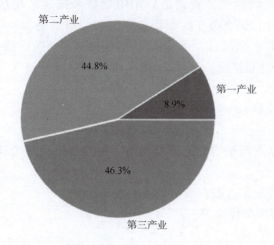
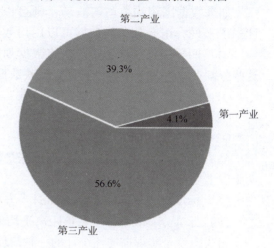
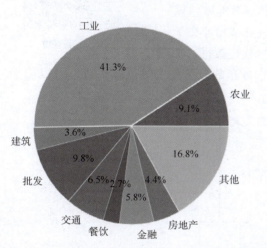
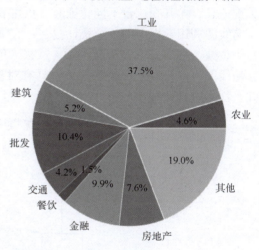

图 3-20　2000 年与 2022 年第一季度国民生产总值分布饼图

拓展知识

1. 描述性统计

将数据以表格、图形或数值形式汇总的统计方法称为描述性统计（Descriptive Statistics）。

描述性统计的常见指标如下。

（1）算数平均数（Mean）：将所有数据加总，再除以数据的个数。

算数平均数是最容易理解，也是最常用的统计指标，但容易受异常大或异常小的数值影响，例如被平均的工资。

（2）加权平均数（Weighted Mean）：计算算术平均数时对每个数据赋予显示其重要性的权重。

（3）中位数（Median）：在所有数据按照升序排列后，处于数据中间位置的数据值。

当数据是偶数位数时，中位数就是中间两个数的平均值。

如果数据围绕均数均匀波动，则可以用均数描述，否则最好用中位数来描述。用统计术语来说，正态分布的数据可以用均数描述，偏态分布的数据最好用中位数描述。

（4）四分位数（Quartiles）：将数据划分为4个部分，每一部分大约包含25%的数值。这些分割点称为四分位数，它可以反映数据的分布情况。

Q1＝第一四分位数，第25百分位数

Q2＝第二四分位数，第50百分位数（中位数）

Q3＝第三四分位数，第75百分位数

（5）方差（Variance）：其计算依据是数据值与平均数的平方离差。方差在比较两个或两个以上变量的变异程度时很有用。

（6）标准差（Standard Deviation）：方差的正平方根，衡量数据的波动程度。

（7）标准分：表示某个数值距离平均值多少个标准差。

箱线图就是实现描述性统计的一种简便形式。

2. 绘制箱线图

箱线图（Boxplot）也称为箱须图，它能提供有关数据位置和分散情况的关键信息，尤其在比较不同特征时，更可表现其分散程度差异。

箱线图

箱线图利用数据中的5个统计量——它最小值（或极小值）、下四分位数、中位数、上四分位数和最大值（或极大值）来描述数据，如图3-21所示，箱线图可以粗略地反映数据是否具有对称性、分布的分散程度等信息，特别可以用于对几个样本进行比较。

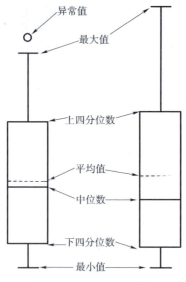

图3-21 箱线图示意

绘制箱线图的语法格式如下：

matplotlib.pyplot.boxplot(x, notch=None, sym=None, vert=None, whis=None, positions=None, widths=None, patch_artist=None,meanline=None, labels=None, …)

绘制箱线图的boxplot()方法参数较多，其主要参数如表3-8所示。

表 3-8 boxplot( )方法的主要参数

参数名称	说明	参数名称	说明
x	接收数组，表示用于绘制箱线图的数据，无默认值	positions	接收数组，表示图形位置，默认值为 None
notch	接收布尔值，表示中间箱体是否有缺口，默认值为 None	widths	接收 scalar 或者数组，表示每个箱体的宽度，默认值为 None
sym	接收特定的字符串，指定异常点形状，默认值为 None	labels	接收数组，指定每个箱线图的标签，默认值为 None
vert	接收布尔值，表示图形是纵向或者横向，默认值为 None	showmeans	指定是否显示均值，默认不显示。
		meanline	指定是否用线的形式表示均值，默认用点表示

【练一练】绘制 2000—2022 年各产业国民生产总值箱线图。

从 D 盘中的数据文件"国民经济核算季度数据.csv"中导入数据，绘制 2000—2022 年第一产业、第二产业和第三产业国民生产总值箱线图。参考代码及注释如下：

各产业生产总值箱线图

```
import  matplotlib.pyplot as plt
from pandas import read_csv
plt.rcParams["font.sans-serif"]='SimHei'
df = read_csv('d://国民经济核算季度数据.csv',names=['0','1','2','3','4','5','6','7','8','9','10','11','12','13','14'],sep=",",engine="python",header=0)
cf1=df['3']
cf2=df['4']
cf3=df['5']
label=['第一产业','第二产业','第三产业']         #定义标签
gdp = [cf1,cf2,cf3]
plt.figure(figsize=(6,4))
plt.boxplot(gdp,notch=False,sym="s",labels = label, meanline=True,vert=True,showmeans=True)
plt.title('2000—2022 年各产业国民生产总值箱线图')
plt.show()
```

read_csv( )方法的参数 header=0，表示文件第 0 行（即实际的第 1 行，Python 索引从 0 开始）为标题行，但是指定 names 会替换原来的标题，使用更简洁的数字标题。

运行结果如图 3-22 所示，图中除了第一产业之外，第二产业和第三产业的分散程度都较高，说明近 20 年来我国的第二产业和第三产业增速很高。

【练一练】绘制国民生产总值分散情况箱线图。

从 D 盘中的数据文件"国民经济核算季度数据.csv"中导入数据，绘制上、下两个子图，第一个子图绘制 2000—2022 年各产业（即第一产业、第二产业和第三产业）国民生产总值箱线图，第二个子图绘制 2000—2022 年各行业（即农业、工业等 9 个行业）国民生产总值箱线图。

国民生产总值分散情况箱线图

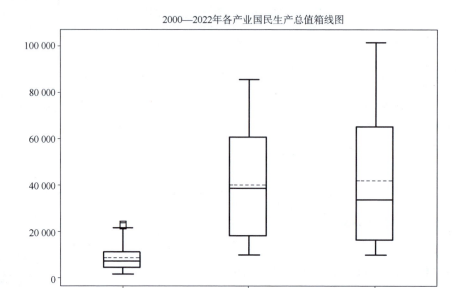

图3-22　2000—2022年各产业国民生产总值箱线图

参考代码及注释如下：

```
import matplotlib.pyplot as plt
from pandas import read_csv
plt.rcParams["font.sans-serif"]='SimHei'
df = read_csv('d://国民经济核算季度数据.csv',names=['0','1','2','3','4','5','6','7','8','9','10','11','12','13','14'],sep=",",engine="python",header=0)
label1 = ['第一产业','第二产业','第三产业']                          #标签1
label2 = ['农业','工业','建筑','批发','交通','餐饮','金融','房地产','其他']    #标签2
gdp1 = (df['3'],df['4'],df['5'])
gdp2 = (df['6'],df['7'],df['8'],df['9'],df['10'],df['11'],df['12'],df['13'],df['14'])
p = plt.figure(figsize=(8,8))
ax1 = p.add_subplot(2,1,1)                                      #子图1
plt.boxplot(gdp1,notch=True,labels = label1,meanline=False,showmeans=True)
plt.title('2000-2022年各产业国民生产总值箱线图')
plt.ylabel('生产总值(亿元)')                                     #添加y轴名称
ax2 = p.add_subplot(2,1,2)                                      #子图2
plt.boxplot(gdp2,notch=True,labels = label2,meanline=True,showmeans=True)
plt.title('2000-2022年各行业国民生产总值箱线图')
plt.xlabel('行业')                                              #添加x轴标签
plt.ylabel('生产总值(亿元)')                                     #添加y轴名称
plt.show()
```

通过分析2000—2022年不同的产业和行业国民生产总值箱线图，可以看出整体分散情况，从而判断整体增速是否提高。运行结果如图3-23所示，很明显各行业中工业的分散程度最高，说明它的增速最高。

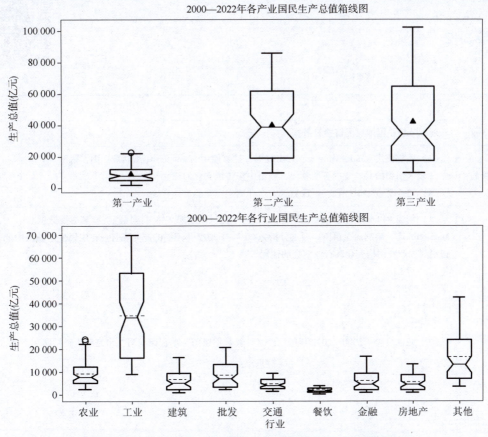

图 3-23　2000—2022 年各产业、各行业国民生产总值箱线图

思考与总结

通过以上的学习，同学们完成了数据导入和基于散点图和饼图的简单数据分析，请同学们思考如果要提高可视化分析效果，还可以从哪些方面进行改进。

能力提升

请同学们打开课程中心页面，完成以下任务：导入提供的数据文件"2017—2022GDP数据.xlsx"，对"国内生产总值_当季值（亿元）""第一产业增加值_当季值（亿元）""第二产业增加值_当季值（亿元）""第三产业增加值_当季值（亿元）"共4列在一张子图中绘制箱线图，要求箱体带缺口，异常点用方形表示。

任务训练

请同学们根据本任务的内容，独立完成任务单 3-2 中的实训。

商务大数据的获取处理与可视化分析

任务单 3-2

任务单 3-2

班级		学号		姓名	
实训 3-2	处理分析中国国民经济核算数据				
实训目的	(1) 能够使用 Pandas 库导入、导出数据，能够使用 Matplotlib 库绘制散点图、饼图。 (2) 领悟中国共产党的英明领导，领悟中华传统文化的伟大。 (3) 培养尊重知识产权、严保数据安全和国家安全的责任意识。				
实训过程	(1) 创建 Python 文件"python3-2.py"，对于提供的数据文件"国民经济核算季度数据.csv"，使用 Matplotlib 库，绘制 4 个饼图，通过分析 2000 年与 2022 年不同的产业和行业在国民生产总值中的占比，得出我国产业结构变化和行业变迁的依据。 (2) 完成绘制"2000—2022 年国民经济核算数据饼图"的代码编写，将完整代码粘贴在下面。 (3) 完成"2000—2022 年国民经济核算数据饼图"的代码运行，将运行结果截图粘贴在下面。 (4) 用文字简要说明分析结果。				
总结	(1) 在本实训中你学到了什么？ (2) 在本实训中你遇到了哪些问题？你是怎么解决的？				

128

任务3　分组分析世界电子游戏销量数据

预备知识

游戏产业是最受年轻人喜爱、最具效益的文化产业之一，不仅承载着满足人民群众精神文化需求的重要使命，还为中华优秀传统文化"走出去"打开了新的思路。"以游戏为翼，扬中华文化之魂"，将中国文化的精髓融入游戏设计，秉承对文化传承的尊重和对技术创新的执着，开启新的文化游戏生态，推动中国游戏走向更加辉煌的未来。

党的二十大指出，加快发展数字经济，促进数字经济和实体经济深度融合，打造具有国际竞争力的数字产业集群。我国的数字经济正在蓬勃发展，特别是在移动游戏产业方面，涌现出腾讯、网易、米哈游等在国际上有较大影响力的企业。本任务通过分析世界电子游戏市场的销量数据使同学们了解我国游戏产业的发展情况。

1. 数据分析的流程

数据分析是指用恰当的方法对收集的数据进行分析，提取有用信息，并对数据加以研究和总结的过程。随着计算机技术的发展，企业的生产与运营产生的数据量与日俱增，因此需要利用有效的工具帮助企业通过统计分析对数据进行提炼，研究数据的内在规律，提高效率。数据分析作为大数据技术的重要组成部分，已经越来越受到重视。明确数据分析的流程和工具是进行数据分析的第一步。

数据分析的流程一般分为数据获取、数据处理、数据分析、数据可视化、总结报告 5 个步骤。

1）数据获取

在获取数据之前，要先明确用户的需求与数据分析的目的，确定数据分析的方法。数据获取是数据分析的基础，指根据数据分析目的收集或获取相关数据。数据获取的对象主要有两种，一种是本地数据，另一种是外部数据。本地数据是指在本地数据库产生的数据，外部数据现在一般指存储在互联网中的数据。本地数据可以通过数据库直接导出使用，比较方便；存储在互联网中的数据分为电商数据和网络调查数据，必须使用一些工具软件帮助获取。例如，电商数据可以通过八爪鱼等网络抓取工具获取，网络调查数据可以通过问卷星等网络调查网站直接导出。

2）数据处理

数据处理（也叫作数据预处理）是数据分析过程中的一个重要步骤，尤其是在数据对象包含噪声数据、不完整数据，甚至是不一致数据时，更需要进行数据处理，以提高数据对象的质量，并最终达到提高数据分析质量的目的。噪声数据是指数据中存在错误或无效（超出正常范围）的数据，例如百分制的成绩中出现了 200 分；不完整数据是指想要分析的属性没有值，例如成绩表缺失某些成绩会影响平均成绩的计算；不一致数据是指数据内涵出现了不一致情况，例如出现了两个相同的学号。数据处理是指对数据进行清洗、转换、提取、计算等一系列操作的过程。

3）数据分析

数据分析是指通过描述性统计分析、交叉对比、连续数据分组化、图表分析、回归分析、方差分析、因子分析、关联规则分析等多种方法对收集的数据进行处理与分析。如果需要分析企业运行指标的情况，可以使用描述性统计分析；如果需要预测未来一段时间的某个数据，可以使用回归分析；如果需要分析不同影响因素对某个结果的影响，可以使用相关性分析、假设检验、方差分析和因子分析；如果需要分析二元对象（例如销售成功或失败）的影响因素，可以使用决策树；如果需要分析不同商品的组合销售情况，可以使用关联规则分析。

4）数据可视化

数据可视化是指将数据以图形的方式表示，并利用数据分析工具发现其中的未知信息的处理过程。数据可视化的基本思想是将大量的数据构成数据图形，同时将数据的各属性用多维数据的形式表示，以从多个维度观察数据，从而对数据进行更为深入的观察和分析。如果需要分析二维数据关系，可以使用柱形图和折线图，其中折线图更能反映变化趋势；如果需要分析总体中各部分的占比，可以使用饼图；如果需要分析多维数据，可以使用雷达图。

5）总结报告

总结报告实质上是一种沟通与交流的形式，主要目的在于将分析结果、可行性建议及其他有价值的信息传递给相关人员。它需要对数据进行适当的包装，让阅读者能对结果进行正确的理解和判断，并可以根据其做出有针对性、操作性、战略性的决策。

2. Pandas 库数据结构

Pandas 库具有一些独特的数据结构，如系列（Series）、数据帧（DataFrame）、Panel 等。

Pandas 库数据结构

1）系列

Pandas 库中的系列（也称为序列）用于存储一行或一列数据，以及与之相关的索引的集合。系列也与 NumPy 库中的一维数组类似，二者与 Python 的基本数据结构列表很相似。系列能存储不同数据类型的数据，字符串、布尔值、数字等都能存储在系列中。

系列的语法格式如下：

Series([数据 1,数据 2,…],index=[索引 1,索引 2,…])

定义一个系列并赋给变量 X 的代码如下：

X = Series(['a',2,'螃蟹'],index=[1,2,3])

可以通过位置或者索引访问数据，如调用 X[3]，返回"螃蟹"。

系列的索引可以是默认的（可以省略，从 0 开始），也可以指定索引。例如：

```
from pandas import Series
A=Series([1,2,3])  #定义系列时,数据类型不限
print(A)
```

运行结果如下：

```
0    1
1    2
2    3
dtype: int64
```

如果没有指定索引,则使用默认索引值(最左一列),即从 0 开始的自然数。最下一行的 dtype 值说明结果类型为 int64,即 64 位整数。

自定义索引的代码如下:

```
from pandas import Series
A=Series([1,2,3],index=[1,2,3])    #可自定义索引,如 ABCD 等
print(A)
```

运行结果如下:

```
1    1
2    2
3    3
dtype: int64
```

输出的最左边一列是指定的索引值 1,2,3,不是默认值。还可以指定非数字索引,如单词"first""second""third"等。例如:

```
from pandas import Series
A=Series([14,26,31],index=['first','second','third'])
print(A)
print(A['second'])
```

运行结果如下,左边的索引变成了非数字的英文单词:

```
first     14
second    26
third     31
dtype: int64
26
```

2) 数据帧

Pandas 库中的数据帧用于存储多行和多列的数据集合,是系列的容器。其语法格式如下:

```
Dataframe(columnsMap)
```

例如,定义一个数据帧并赋给变量 df,数据帧中有两个系列 age 和 name,索引指定为[0,1,2],代码如下:

```
df=DataFrame({'age':Series([26,29,24]),'name':Series(['Ken','Jerry','Ben'])},index=[0,1,2])
```

从数据帧中可以很方便地获取系列,例如从 df 中获取系列 age 并输出,代码如下:

```
A=df['age']     #获取系列 age 的值
print(A)
```

运行结果就是系列 age 的值:

```
0    26
1    29
2    24
Name: age, dtype: int64
```

数据帧（后面简写为 df）的访问方式有多种，具体如表 3-9 所示。

表 3-9 数据帧的访问方式

访问位置	方法	备注
访问列	df［列名］	访问对应的列
访问行	df［n:m］	访问 n 行到 m-1 行的数据
访问行和列	df.iloc［n1:n2,m1:m2］	访问 n1～（n2-1）行，m1～（m2-1）列的数据，只支持整型行号
	df.loc［行标签，列标签］	使用 index 标签选取数据
访问位置	df.at［行名,列名］	访问（行名，列名）位置的数据
	df［column］［row］	访问数据帧中的单个元素

注意 iloc 方法只支持整型数据行号，前面的"i"是 integer 的意思，即只能使用整型数据行号。loc 方法可以支持字符型。

例如，获取数据帧 df 中序号是第一行的值赋给变量 B 并打印，代码如下：

```
B=df[1:2]          #其实是第2行,序号从0开始
print(B)
```

运行结果如下：

```
   age   name
1   29   Jerry
```

获取第 0～1 行（不含）与第 0～2 列（不含）的交叉值赋给变量 C 并打印，代码如下：

```
C=df.iloc[0:1,0:2]
print(C)
```

运行结果如下：

```
   age name
0   26  Ken
```

获取第 0 行与 name 列的交叉值赋给变量 D 并打印，代码如下：

```
D=df.at[0,'name']
print(D)
```

运行结果如下：

```
Ken
```

获取"age"列第 1 行的数据并打印，代码如下：

```
print(df['age'][1])
```

运行结果如下：

```
29
```

3. 数据清洗

数据清洗是指处理缺失数据以及清除无意义的信息。

1）重复值的处理

把数据中完全相同的行数据去除，只保留其中的一行，使用 Pandas 库的 drop_duplicates( )方法。

例如，导入 E 盘中"rz2.xlsx"文件中的数据，将其中的重复行数据去除，代码如下：

数据清洗

```
from pandas import DataFrame
from pandas import read_excel
df = read_excel('e://rz2.xlsx')
print(df)                              #打印原始数据
newDF=df.drop_duplicates()             #数据去重
print(newDF)                           #打印去重后的数据
```

这个数据文件的第 7 行和第 9 行数据相同，第 8 行和第 10 行数据相同，去重后第 7、9 行和 8、10 行数据各保留一行，总行数减少了 2 行，如图 3-24 和图 3-25 所示。

图 3-24　未去重前的数据帧

图 3-25　去重后的数据帧

2）缺失值的处理

（1）去除数据帧中有值为空的数据行，使用 Pandas 库的 dropna( )方法。

例如，导入 E 盘中"rz2.xlsx"文件中的数据并保存在数据帧 df 中，去除有值为空的行，然后打印输出结果，代码如下：

```
from pandas import DataFrame
from pandas import read_excel
import pandas as pd
pd.set_option('display.max_columns',10)        #设置最大列为 10 列
pd.set_option('display.width', 1000)           #设置显示宽度为 1000 字符
df = read_excel('d://rz2.xlsx')
print(df)
newDF=df.dropna()                              #直接去除有值为空的行
print(newDF)
```

运行结果如图 3-26 和图 3-27 所示。图 3-26 所示为未去除缺失值前的数据帧,一共有 11 行数据。图 3-27 所示为去除缺失值后的数据帧,只剩下 8 行数据,原第 2、3、5 行因为有空值已经被删除。

	YHM	TCSJ	YWXT	IP	DLSJ
0	S1402048	1.892225e+10	1.225790e+17	221.205.98.55	2014-11-04 08:44:46
1	S1411023	1.352226e+10	1.225790e+17	183.184.226.205	2014-11-04 08:45:06
2	S1402048	1.342226e+10	NaN	221.205.98.55	2014-11-04 08:46:39
3	20031509	1.882226e+10	NaN	222.31.51.200	2014-11-04 08:47:41
4	S1405010	1.892226e+10	1.225790e+17	120.207.64.3	2014-11-04 08:49:03
5	20140007	NaN	1.225790e+17	222.31.51.200	2014-11-04 08:50:06
6	S1404095	1.382226e+10	1.225790e+17	222.31.59.220	2014-11-04 08:50:02
7	S1402048	1.332225e+10	1.225790e+17	221.205.98.55	2014-11-04 08:49:18
8	S1405011	1.892226e+10	1.225790e+17	183.184.230.38	2014-11-04 08:14:55
9	S1402048	1.332225e+10	1.225790e+17	221.205.98.55	2014-11-04 08:49:18
10	S1405011	1.892226e+10	1.225790e+17	183.184.230.38	2014-11-04 08:14:55

图 3-26 未去除缺失值前的数据帧

	YHM	TCSJ	YWXT	IP	DLSJ
0	S1402048	1.892225e+10	1.225790e+17	221.205.98.55	2014-11-04 08:44:46
1	S1411023	1.352226e+10	1.225790e+17	183.184.226.205	2014-11-04 08:45:06
4	S1405010	1.892226e+10	1.225790e+17	120.207.64.3	2014-11-04 08:49:03
6	S1404095	1.382226e+10	1.225790e+17	222.31.59.220	2014-11-04 08:50:02
7	S1402048	1.332225e+10	1.225790e+17	221.205.98.55	2014-11-04 08:49:18
8	S1405011	1.892226e+10	1.225790e+17	183.184.230.38	2014-11-04 08:14:55
9	S1402048	1.332225e+10	1.225790e+17	221.205.98.55	2014-11-04 08:49:18
10	S1405011	1.892226e+10	1.225790e+17	183.184.230.38	2014-11-04 08:14:55

图 3-27 去除缺失值后的数据帧

(2) 使用其他数值代替缺失值,使用 fillna() 方法。

使用数值或者任意字符代替缺失值,将 fillna() 方法的参数赋代替字符。下列代码中使用 "?" 代替数据帧中的缺失值:

```
from pandas import DataFrame
from pandas import read_excel
import pandas as pd
df = read_excel('d://rz2.xlsx')
newdf=df.fillna('? ')                          #使用"?"代替数据帧中的缺失值
print(newdf)
pd.set_option('display.max_columns',10)        #设置最大列为 10 列
pd.set_option('display.width', 1000)           #设置显示宽度为 1000 字符
pd.set_option('display.max_rows',100)          #设置最大可见行为 100 行
print(df)
print(newdf)
```

运行结果如图 3-28 所示，所有原来为 NaN 的地方都被 "?" 代替。

	YHM	TCSJ	YWXT	IP	DLSJ
0	S1402048	1.89223e+10	1.22579e+17	221.205.98.55	2014-11-04 08:44:46
1	S1411023	1.35223e+10	1.22579e+17	183.184.226.205	2014-11-04 08:45:06
2	S1402048	1.34223e+10	?	221.205.98.55	2014-11-04 08:46:39
3	20031509	1.88223e+10	?	222.31.51.200	2014-11-04 08:47:41
4	S1405010	1.89223e+10	1.22579e+17	120.207.64.3	2014-11-04 08:49:03
5	20140007	?	1.22579e+17	222.31.51.200	2014-11-04 08:50:06
6	S1404095	1.38223e+10	1.22579e+17	222.31.59.220	2014-11-04 08:50:02
7	S1402048	1.33223e+10	1.22579e+17	221.205.98.55	2014-11-04 08:49:18
8	S1405011	1.89223e+10	1.22579e+17	183.184.230.38	2014-11-04 08:14:55
9	S1402048	1.33223e+10	1.22579e+17	221.205.98.55	2014-11-04 08:49:18
10	S1405011	1.89223e+10	1.22579e+17	183.184.230.38	2014-11-04 08:14:55

图 3-28   使用 "?" 代替缺失值

（3）使用同一列中的前一个数据值代替缺失值，fillna( ) 方法的参数 method 等于 "pad"，即

```
df.fillna(method='pad')
```

下列代码中使用同一列中的前一个数据值代替数据帧中的缺失值：

```
from pandas import DataFrame
from pandas import read_excel
import pandas as pd
pd.set_option('display.max_columns',10)        #设置最大列为 10 列
pd.set_option('display.width', 1000)           #设置显示宽度为 1000 字符
df = read_excel('d://rz2.xlsx')
print(df.fillna(method='pad'))
```

运行结果如图 3-29 所示，所有原来为 NaN 的地方都被同一个列的前一个值代替。
（4）使用后一个数据值代替缺失值，fillna( ) 方法的参数 method 被赋值 "bfill"，即

```
df.fillna(method='bfill')
```

（5）使用算术平均数或者其他描述性统计量代替缺失值，用求平均值的 mean( ) 方法

作为 fillna( )方法的参数，即

df.fillna(df.mean())

```
      YHM         TCSJ         YWXT              IP              DLSJ
0    S1402048   1.892225e+10   1.225790e+17     221.205.98.55    2014-11-04 08:44:46
1    S1411023   1.352226e+10   1.225790e+17    183.184.226.205   2014-11-04 08:45:06
2    S1402048   1.342226e+10   1.225790e+17     221.205.98.55    2014-11-04 08:46:39
3    20031509   1.882226e+10   1.225790e+17     222.31.51.200    2014-11-04 08:47:41
4    S1405010   1.892225e+10   1.225790e+17     120.207.64.3     2014-11-04 08:49:03
5    20140007   1.892226e+10   1.225790e+17     222.31.51.200    2014-11-04 08:50:06
6    S1404095   1.382225e+10   1.225790e+17     222.31.59.220    2014-11-04 08:50:02
7    S1402048   1.332225e+10   1.225790e+17     221.205.98.55    2014-11-04 08:49:18
8    S1405011   1.892226e+10   1.225790e+17    183.184.230.38    2014-11-04 08:14:55
9    S1402048   1.332225e+10   1.225790e+17     221.205.98.55    2014-11-04 08:49:18
10   S1405011   1.892226e+10   1.225790e+17    183.184.230.38    2014-11-04 08:14:55
```

图3-29 用同一列的前一个数据值代替缺失值

3）记录抽取。

记录抽取是指根据一定的条件，对数据按行（记录）进行抽取，其语法格式如下：

dataframe[condition]

返回的为数据帧，方括号中的 continue 可以是复杂的表达式，例如比较运算、范围运算、空置运算、字符匹配、逻辑运算等。

（1）比较运算。例如，抽取数据帧 df 中 comments 列的值大于 10 000 的所有记录，代码如下：

df[df.comments>10000)]

（2）范围运算。使用 between( )方法，即 between(left，right)，其第一个参数 left 为范围的下限，第二个参数 right 为范围的上限。例如，抽取数据帧 df 的 comments 列的值在 1 000~10 000 范围内的所有记录，代码如下：

df[df.comments.between(1000,10000)]

（3）空置运算。使用 pandas.isnull( )方法，抽取数据帧某列值为空的所有记录。例如，抽取数据帧 df 的 title 列为空值的所有记录，代码如下：

df[df.title.isnull()]

（4）字符匹配。使用字符串的 contains( )方法，其语法格式为 str.contains（pattern，na = False），即按照模板 pattern 来匹配字符。例如，抽取数据帧 df 的 title 列中包含字符串"电台"的所有记录，如果遇空值则当作 False（这里表示不抽取）处理，代码如下：

df[df.title.str.contains('电台',na=False)]

（5）逻辑运算。使用逻辑运算符"~"（非）、"&"（与）、"｜"（或）组成各种逻辑表达式。例如，抽取数据帧 df 的 comments 列的值大于等于 1 000 并且小于等于 10 000 的记录，代码如下：

df[(df.comments>=1000)&(df.comments<=10000)]

抽取的结果与前面的 df［df.comments.between（1000，10000）］等价。

【练一练】导入 C 盘中"rz2.xlsx"文件中的数据，抽取其 TCSJ 列等于"13322252452"的所有记录并打印，代码如下：

```
import pandas
from pandas import read_excel
df = read_excel('c://rz2.xlsx')
print(df[df.TCSJ==13322252452])
```

运行结果如图 3-30 所示，只返回了两条满足条件的记录。

```
     YHM        TCSJ         YWXT          IP    \
7  S1402048  1.332225e+10  1.225790e+17  221.205.98.55
9  S1402048  1.332225e+10  1.225790e+17  221.205.98.55

          DLSJ
7  2014-11-04 08:49:18
9  2014-11-04 08:49:18
```

图 3-30　记录抽取结果

4. 基本统计分析

基本统计分析

常用的 Pandas 库描述性统计分析方法是 describe( )，它用于统计某个变量的数量、平均值、标准差、最小值、第一个四分位数、中位数、第三个四分位数以及最大值。

例如，导入 E 盘中"rz3.csv"文件中的数据，对它的 num 列进行描述性统计分析并打印，代码如下：

```
from pandas import read_csv
df = read_csv('e://rz3.csv',sep=',',encoding='utf8')
print(df.num.describe())
```

运行结果如下：

```
count    10.00000
mean    133.90000
std      27.39201
min     102.00000
25%     123.25000
50%     125.50000
75%     138.25000
max     201.00000
Name: num, dtype: float64
```

其他常用的 Pandas 库描述性统计方法还有：size，计数（此方法不需要括号）；sum( )，求和；mean( )，求平均值；var( )，求方差；std( )，求标准差。其用法都比较简单，这里不再一一赘述。

5. 分组分析

分组分析是指根据分组字段将分析对象划分为不同的部分，以对比分析各组的差异性的一种分析方法。Python 中的 groupby( ) 方法的主要作用就是进行数据的分组以及分组后的组内运算，其语法格式如下：

分组分析

df.groupby(by=['分类1','分类2',...])['被统计的列'].agg({列别名1:统计函数1,列别名2:统计函数2,...})

参数 by 的列表列出用于分组的列，后面的方括号列出用于统计的列；agg 是 aggregate 的缩写，即总数或合计，该参数用别名显示统计值的名称；统计函数具体用于统计数据。

例如，对于一个班级军训成绩库（"rz4.xlsx"），有"学号""姓名""班级""性别""军训"等列，要求先按班级，再按性别对军训成绩进行分组分析，统计总分、人数、平均值、方差、标准差、最高分、最低分等。代码如下：

```
import Numpy
import pandas
from pandas import read_excel
df = read_excel('c:\\rz4.xlsx')
print(df.groupby(by=['班级','性别'])['军训'].agg({'总分':Numpy.sum,'人数': Numpy.size,'平均值': Numpy.mean,'方差':Numpy.var,'标准差':Numpy.std,'最高分':Numpy.max,'最低分':Numpy.min}))
```

上述代码使用了 NumPy 库的多个统计方法，因此在程序头部要导入 NumPy 库。运行结果如图 3-31 所示，从左边的列可以看到，先按班级分组，再在同班内按性别分组，然后进行多个统计分析。

班级	性别	总分	人数	平均值	方差	标准差	最高分	最低分
23080242	女	167	2	83.500000	144.500000	12.020815	92	75
	男	321	4	80.250000	38.250000	6.184658	89	75
23080243	女	258	3	86.000000	12.000000	3.464102	90	84
	男	255	3	85.000000	1.000000	1.000000	86	84
23080244	女	170	2	85.000000	128.000000	11.313708	93	77
	男	509	6	84.833333	25.766667	5.076088	91	77

图 3-31 班级军训成绩分组分析结果

任务实施准备

通过本预备知识的学习，同学们已了解了 Pandas 库数据结构以及基于 Pandas 库的数据处理方法、基本统计分析方法和分组分析方法等，接下来需要运用这些技术实现电子游戏全球销量数据的处理、分组分析以及柱状图呈现。在任务实施前需要准备好如下数据文件和软件工具。

（1）操作系统：Windows 10 或 Windows 11。
（2）软件工具：PyCharm。
（3）数据文件："video_games_sales.csv"。

数据文件"video_games_sales.csv"中是世界电子游戏多年来的销量数据，如图 3-32 所示，分别有"Name"（游戏名）、"Platform"（游戏平台）、"Year"（游戏发行年份）、"Genre"（游戏类型）、"Publisher"（游戏发行商）、"EU_Sales"（欧洲销量）、"JP_Sales"（日本销量）、"Other_Sales"（其他国家销量）列，销量单位为百万台。

项目三　处理分析商务大数据初步

	A	B	C	D	E	F	G	H	I
1	Name	Platform	Year	Genre	Publisher	NA_Sales	EU_Sales	JP_Sales	Other_Sales
2	Wii Sports	Wii	2006	Sports	Nintendo	41.49	29.02	3.77	8.46
3	Super Mario Bros.	NES	1985	Platform	Nintendo	29.08	3.58	6.81	0.77
4	Mario Kart Wii	Wii	2008	Racing	Nintendo	15.85	12.88	3.79	3.31
5	Wii Sports Resort	Wii	2009	Sports	Nintendo	15.75	11.01	3.28	2.96
6	Pokemon Red/Pokemon E	GB	1996	Role-Playing	Nintendo	11.27	8.89	10.22	1
7	Tetris	GB	1989	Puzzle	Nintendo	23.2	2.26	4.22	0.58
8	New Super Mario Bros.	DS	2006	Platform	Nintendo	11.38	9.23	6.5	2.9
9	Wii Play	Wii	2006	Misc	Nintendo	14.03	9.2	2.93	2.85
10	New Super Mario Bros. W	Wii	2009	Platform	Nintendo	14.59	7.06	4.7	2.26
11	Duck Hunt	NES	1984	Shooter	Nintendo	26.93	0.63	0.28	0.47
12	Nintendogs	DS	2005	Simulation	Nintendo	9.07	11	1.93	2.75
13	Mario Kart DS	DS	2005	Racing	Nintendo	9.81	7.57	4.13	1.92
14	Pokemon Gold/Pokemon	GB	1999	Role-Playing	Nintendo	9	6.18	7.2	0.71
15	Wii Fit	Wii	2007	Sports	Nintendo	8.94	8.03	3.6	2.15
16	Wii Fit Plus	Wii	2009	Sports	Nintendo	9.09	8.59	2.53	1.79
17	Kinect Adventures!	X360	2010	Misc	Microsoft Gam	14.97	4.94	0.24	1.67
18	Grand Theft Auto V	PS3	2013	Action	Take-Two Inte	7.01	9.27	0.97	4.14
19	Grand Theft Auto: San An	PS2	2004	Action	Take-Two Inte	9.43	0.4	0.41	10.57
20	Super Mario World	SNES	1990	Platform	Nintendo	12.78	3.75	3.54	0.55

图 3-32　"video_games_sales.csv" 文件的部分内容

任务实施与分析

分组分析世界游戏销量数据

要求分四步完成任务，分别是数据获取、数据处理、分析、结果展示。

（1）数据获取。从存放在硬盘中的数据文件中导入所有数据到数据帧中。

（2）数据处理。进行数据的清洗、过滤等，抽取 2005—2022 年的所有记录，并增加一列 "Global_Sales"，用各游戏全球销量和填充这一列，即 "NA_Sales"（北美销量）、"EU_Sales"（欧洲销量）、"JP_Sales"（日本销量）、"Other_Sales"（其他国家销量）这四列的和来填充。

（3）分析。先按 "Global_Sales" 列的数据对数据帧从大到小进行排序，然后抽取销量排名全球前 20 的游戏并保存，再抽取全球销量（即 "Global_Sales" 列）大于 5 百万台的游戏，对其按照 "Publisher"（游戏发行商）进行分组，统计不同地区的和（即对每个发行商的游戏销量按地区进行求和汇总）并保存。

（4）结果展示。用柱形图显示全球前 20 销量的电子游戏（参考图 3-33）；再用堆积柱形图按游戏发行商显示电子游戏全球销量（5 百万台以上部分，参考图 3-34）。

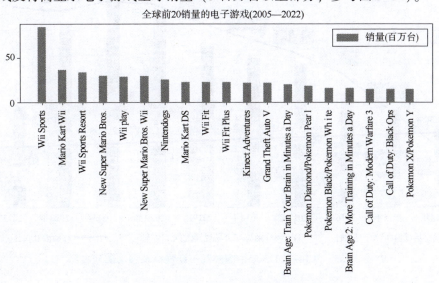

图 3-33　全球前 20 销量的电子游戏柱形图

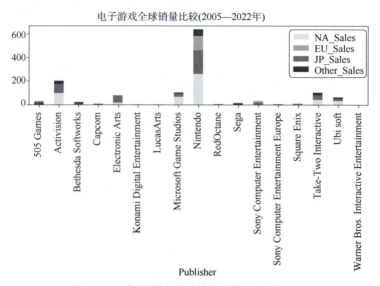

图 3-34　电子游戏全球销量比较堆积柱形图

拓展知识

1. 中国游戏的弯道超车

如图 3-35 所示，2014—2021 年中国游戏市场规模持续扩大，至 2021 年市场规模接近 3 000 亿元。2023 年上半年中国游戏市场实际销售收入为 1 442.63 亿元，环比增长 22.16%，其中移动游戏实际销售收入占比为 73.97%；客户端游戏实际销售收入占比为 22.84%；网页游戏实际销售收入占比为 1.64%。值得注意的是，自 2020 年起，近 3 年移动游戏占中国整体游戏市场比例稳定在 75% 左右，是国内游戏市场收入的绝对核心[11]。可以预见，移动游戏前程似锦，以后将占据全球游戏市场的绝对主要地位。

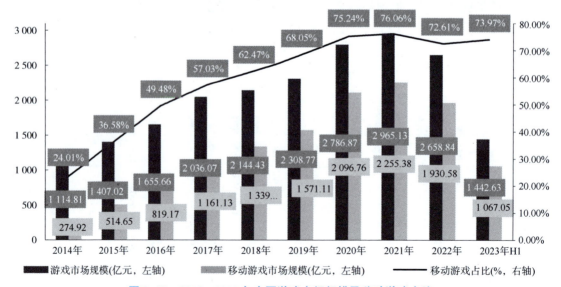

图 3-35　2014—2023 年中国游戏市场规模及移动游戏占比

从本任务完成的柱形图可以看出，在主机游戏和 PC 游戏方面，中国起步较晚，处于落后的地位，但是随着改革开放和我国经济的高速发展，智能手机得到大规模普及，推动了国内移动游戏的快速发展。

近几年来，中国移动游戏已经在海外取得了非常不俗的成绩。据游戏工委的数据，2020年中国自主研发游戏海外营业收入为154.5亿美元，同比增长33.3%，这一数据已经超过了国内游戏市场的增速。App Annie的数据显示，中国出海移动游戏在海外市场份额在2020年第一季度已达到21.2%，已接近美日韩等传统游戏强国的水平，而且份额还在不断上升的过程中。根据谷歌公司提供的数据，2021年上半年中国自主研发游戏在海外市场获得23.4%的份额，成为全球第一。

2021年我国米哈游公司开发的手机游戏《原神》获评2021年TGA（The Game Awards）"年度最佳移动游戏"，2023年米哈游公司的游戏《崩坏：星穹铁道》再次获得这个奖项。该奖项被视为世界游戏界的最高荣誉，米哈游公司的两次获奖充分说明了中国移动游戏设计开发已经达到了世界最高水平。

2022年3月，腾讯公司的《王者荣耀》在全球App Store和Google Play营收2.72亿美元，蝉联全球移动游戏收入榜月度冠军。除《王者荣耀》之外，我国的《原神》《三国志·战略版》等移动游戏也高居世界游戏的营收排行榜前列[12]。

2. Python中的数据显示扩展

1）使用Pandas库的option()方法设置显示细节

在一般情况下，Python的打印输出是简略模式的，即只显示第1列和最后1列数据，中间列的数据用省略号表示，这样的显示效果有时不能满足人们的需要。使用Pandas库的option()方法可以设置显示的最大列（display.max_columns）、最大宽度（display.width），以及最大可见行数（display.max_rows），从而获得较具体的数据信息。例如：

```
from pandas import DataFrame
from pandas import read_excel
import pandas as pd
df = read_excel('d://rz2.xlsx')
print("=====================默认显示情况=====================")
print(df)

pd.set_option('display.max_columns',10)           #设置最大列为10列
pd.set_option('display.width', 1000)              #设置显示宽度为1000字符
pd.set_option('display.max_rows',100)             #设置最大可见行为100行
print("=================用option()方法设置显示多列=================")
print ( df )
```

数据输出的默认显示情况如图3-36所示，只显示了首、尾两列数据，中间其他列数据都用省略号显示，没有具体数据显示。使用option()方法设置显示10列和1 000字符宽度之后，显示结果如图3-37所示，数据帧中的所有列都具体显示出来。

2）不用科学计数法显示数据

Python的默认数据显示方式是用科学计数法显示小数，这样看不到小数的细节部分。有时需要用普通小数方式显示，这时可以用Pandas库的option()方法设置显示浮点数格式（display.float_format），如通过lambda()方法设置2位小数的浮点数（%.2f）等。下面的代码导入D盘中"rz2.xlsx"文件中的数据，先用默认的显示方式打印输出数据，再用option()方法设置用非科学计数法打印输出数据。

```
================默认显示情况====================
     YHM         ...           DLSJ
0    S1402048    ...    2014-11-04 08:44:46
1    S1411023    ...    2014-11-04 08:45:06
2    S1402048    ...    2014-11-04 08:46:39
3    20031509    ...    2014-11-04 08:47:41
4    S1405010    ...    2014-11-04 08:49:03
5    20140007    ...    2014-11-04 08:50:06
6    S1404095    ...    2014-11-04 08:50:02
7    S1402048    ...    2014-11-04 08:49:18
8    S1405011    ...    2014-11-04 08:14:55
9    S1402048    ...    2014-11-04 08:49:18
10   S1405011    ...    2014-11-04 08:14:55
```

图 3-36　数据输出的默认显示情况

```
=================用option设置显示多列=================
     YHM         TCSJ          YWXT          IP               DLSJ
0    S1402048    1.892225e+10  1.225790e+17  221.205.98.55    2014-11-04 08:44:46
1    S1411023    1.352226e+10  1.225790e+17  183.184.226.205  2014-11-04 08:45:06
2    S1402048    1.342226e+10  NaN           221.205.98.55    2014-11-04 08:46:39
3    20031509    1.882226e+10  NaN           222.31.51.200    2014-11-04 08:47:41
4    S1405010    1.892225e+10  1.225790e+17  120.207.64.3     2014-11-04 08:49:03
5    20140007    NaN           1.225790e+17  222.31.51.200    2014-11-04 08:50:06
6    S1404095    1.382225e+10  1.225790e+17  222.31.59.220    2014-11-04 08:50:02
7    S1402048    1.332225e+10  1.225790e+17  221.205.98.55    2014-11-04 08:49:18
8    S1405011    1.892226e+10  1.225790e+17  183.184.230.38   2014-11-04 08:14:55
9    S1402048    1.332225e+10  1.225790e+17  221.205.98.55    2014-11-04 08:49:18
10   S1405011    1.892226e+10  1.225790e+17  183.184.230.38   2014-11-04 08:14:55
```

图 3-37　用 option( ) 方法显示多列数据

```python
from pandas import read_excel
import pandas as pd
df = read_excel('d://rz2.xlsx')
pd.set_option('display.max_columns',10)              #设置最大列为10列
pd.set_option('display.width', 1000)                 #设置显示宽度为1000字符
print("===============默认用科学计数法显示================")
print(df[df.TCSJ==13322252452])                      #默认用科学计数法显示
print("========设置用普通小数方式显示====================")
pd.set_option('display.float_format',lambda x:'%.2f'% x)  #设置显示格式
print(df[df.TCSJ==13322252452])                      #不用科学计数法显示
```

如图 3-38 所示，上面的部分是用默认的方式（即科学计数法）显示数据，下面的部分是用非科学计数法（即普通小数方式）显示数据。

```
===============默认用科学计数法显示================
        YHM          TCSJ           YWXT              IP                    DLSJ
7    S1402048    1.332225e+10    1.225790e+17    221.205.98.55    2014-11-04 08:49:18
9    S1402048    1.332225e+10    1.225790e+17    221.205.98.55    2014-11-04 08:49:18
=========设置用普通小数方式显示====================
        YHM          TCSJ              YWXT                IP                    DLSJ
7    S1402048   13322252452.00  122579031373493728.00  221.205.98.55  2014-11-04 08:49:18
9    S1402048   13322252452.00  122579031373493728.00  221.205.98.55  2014-11-04 08:49:18
```

图 3-38　用科学计数法显示数据和普通小数方式显示数据对比

思考与总结

通过以上的学习，同学们完成了数据的清洗、处理、分组分析和堆叠柱形图的可视化过程，请同学们思考除了使用柱形图之外，要获得较好的效果，还可以使用哪些图形进行可视化（不限于本书中的内容）。

能力提升

请同学们打开课程中心页面，完成以下任务：导入 D 盘中的 "rz2.xlsx" 文件中的数据后抽取 sheet2 的 IP 地址包含 "200" 的所有记录，并用非科学计数法格式打印输出。

任务训练

请同学们根据本任务的内容，独立完成任务单 3-3 中的实训。

任务单 3-3

任务单 3-3

班级		学号		姓名	
实训 3-3	分组分析世界电子游戏销量数据				
实训目的	（1）能够用 Pandas 库和 NumPy 库进行数据的处理、清洗，能够用 Pandas 库进行数据的基本统计，能够用 Pandas 库和 Matplotlib 库进行商务数据的分组分析。 （2）领悟中国共产党的英明领导，领悟中华传统文化的伟大。 （3）培养尊重知识产权、严保数据安全和国家安全的责任意识。				
实训过程	创建 Python 文件"python3-3.py"，对于提供的数据文件"video_games_sales.csv"，通过收集获取、处理、分析各种电子游戏的数据，输出 2005—2022 年全球销量的前 20 的电子游戏，并进行 2005—2022 年各游戏发行商的销量对比，使用堆叠柱状图进行可视化分析。 （1）定义多个方法完成指定任务，然后用 main( ) 方法逐个调用。 ① 数据获取方法代码： ② 数据处理方法代码： ③ 数据分析方法代码： ④ 数据可视化方法代码： ⑤ main( ) 方法代码： （2）将运行结果截图粘贴在下面。 （3）用简洁的文字说明数据分析的结果。				
总结	（1）在本实训中你学到了什么？ （2）在本实训中你遇到了哪些问题？你是怎么解决的？				

任务 4　使用 NumPy 库计算分析适合共享单车绿色出行的季度

预备知识

1. NumPy 库简介

NumPy 是 Numerical Python 的简称，NumPy 库是 Python 中专门用于数值计算的软件库，其特点是可以实现高性能的数值计算。Python 是一种动态类型的编程语言，其灵活性和编写代码的快捷性广为人知，但也存在处理速度比 Java 和 C 低的缺点。NumPy 库正是提供从 Python 中调用使用 C 或 FORTRAN 编写的静态类型数据进行运算的软件库，通过导入 NumPy 库，可以在 Python 中实现高性能的数据运算处理[13]。

NumPy 库提供了许多高级数值编程工具，如矩阵数据类型、矢量处理，以及精密的运算库等，专为进行严格数字处理而设计，原为大型金融公司以及核心科学计算组织专用，现在已经被广泛推广到各行各业。NumPy 库开放源代码并且由许多协作者共同维护开发。

2. NumPy 库的基本使用方法

1）NumPy 库的 N 维数组（ndarray）及其属性

ndarray（N-dimensional array）是一系列同类型数据的集合。一个 ndarray 是具有相同类型和大小的数据的多维容器。

ndarray 的基本属性如下。

（1）ndarray.ndim：秩（rank），即维数。一维数组的秩为1，二维数组的秩为2，依此类推。

（2）ndarray.shape：维度，用一个元组表示数组在每个维度上的大小。例如一个二维数组，其维度表示的是"行数"和"列数"。

（3）ndarray.size：元素总数，等于 shape 属性中元组元素的乘积。

（4）ndarray.dtype：元素类型。

（5）ndarray.itemsize：元素字节大小。

这些属性的使用方法如下面的代码所示：

```
import numpy as np
b = np.array([(1, 2, 3),(4, 5, 6)])
print("ndim=",b.ndim)        #数组的秩
print("shape=",b.shape)      #数组的维度
print("行数是:",b.shape[0])   #shape[0]表示行数
print("列数是:",b.shape[1])   #shape[1]表示列数
print("size=",b.size)        #数组元素总数
print("itemsize=",b.itemsize) #数组元素字节大小
```

运行结果如下：

```
ndim= 2
shape= (2, 3)
行数是:2
列数是:3
size= 6
itemsize= 4
```

2) NumPy库数组常用创建方法

经常使用一些方法快速创建NumPy库数组，常用的方法如下。

（1）Numpy.arange(n)：类似range()函数，返回ndarray类型，元素为0~(n-1)，可带起点值start和步长step，语法格式为Numpy.arange（[start,] stop,[step]）。

（2）Numpy.ones(shape)：根据shape生成一个全1数组，注意shape是元组类型。

（3）Numpy.zeros(shape)：根据shape生成一个全0数组。

（4）Numpy.full(shape,val)：根据shape生成一个数组，每个元素值都是val。

（5）Numpy.random.rand()：生成指定维度的[0,1)范围内的随机数，输入参数为维度。例如，np.random.rand(5)生成由5个随机数组成的数组，np.random.rand(3,4)生成一个形状为(3,4)的二维数组，其中每个元素都是[0,1)范围内的随机数。

（6）Numpy.random.randint(a,b,c)：生成c个[a,b)范围间的随机整数，以数组形式输出。例如，np.random.randint(1,10,10)生成10个[1,10)范围的随机整数。

Numpy库数组创建方法

以下代码演示了多种创建NumPy库数组的方法：

```
import numpy as np
aArray = np.array([1, 2, 3])              #按指定数创建一维数组
print("aArray=",aArray)
bArray = np.array([(1, 2, 3),(4, 5, 6)])  #按指定数创建二维数组
print("bArray=",bArray)
cArray = np.arange(1, 5, 0.5)             #自动生成数组
print("cArray=",cArray)
dArray = np.ones([2,3])                   #生成2行3列的全1数组
print("dArray=",dArray)
eArray = np.zeros((2,2))                  #生成2行2列的全0数组
print("eArray=",eArray)
fArray = np.full((2,4),8)                 #生成2行4列的全8数组
print("fArray=",fArray)
gArray = np.random.rand(5)                #生成在[0,1)范围内的随机小数数组
print("gArray=",gArray)
hArray = np.random.rand(2, 2)             #生成shape为(2,2)的在[0,1)范围内的随机数组
print("hArray=",hArray)
iArray=np.random.randint(1,10,8)          #生成8个在[1,10)范围内的随机整数
print("iArray=",iArray)
jArray=np.random.randint(1,10,(2,3))      #生成shape为(2,3)的在[1,10)范围内的随机整数
print("jArray=",jArray)
```

运行结果如下：

```
aArray= [1 2 3]
bArray= [[1 2 3]
 [4 5 6]]
cArray= [1.  1.5 2.  2.5 3.  3.5 4.  4.5]
dArray= [[1. 1. 1.]
```

```
[1. 1. 1. ]]
eArray= [[0. 0. ]
[0. 0. ]]
fArray= [[8 8 8 8]
[8 8 8 8]]
gArray= [0.21580616 0.45465169 0.14149603 0.05478962 0.6633623 ]
hArray= [[0.54997558 0.98252026]
[0.42986095 0.26613404]]
iArray= [9 4 4 2 6 1 9 8]
jArray= [[7 5 9]
[9 3 3]]
```

3）NumPy 库数组的类型转换

使用 NumPy 库的 astype( ) 方法可以显式转换数组的类型。下面的代码演示了把整型数组 b 转换为浮点型数组 c 的过程：

```
import numpy as np
b = np.array([[(1, 2, 3),(4, 5, 6)]])
print(b)
print(b.dtype)
c=b.astype(np.float64)
print(c)
print(c.dtype)
```

运行结果如下：

```
[[1 2 3]
[4 5 6]]
int32
[[1. 2. 3.]
[4. 5. 6.]]
float64
```

3. NumPy 库布尔数组过滤

对数组进行过滤是常用的操作之一。当使用布尔数组 b 作为下标存取数组 x 中的元素时，将收集数组 x 中所有在数组 b 中对应下标为 True 的元素。使用布尔数组作为下标获得的数组不与原始数组共享数据空间，注意这种方式只对应布尔数组，不能用于布尔列表。

例如：

```
import numpy as np
x = np.array([61, 62, 63, 64, 65])
b = [True, False, True, False, True]
newx = x[b]
print(newx)
```

运行结果如下：

```
[61 63 65]
```

下面的代码创建了一个具有 10 个随机浮点数的数组,然后运用布尔数组过滤的方法只留下数组中大于 0.5 的元素。注意 y 也是一个布尔数组。

```
import numpy as np
x=np.random.rand(10)
print(x)
y=x>0.5
print(y)
print(x[y])
```

运行结果如下:

[0.28061926 0.22074244 0.332958   0.98053478 0.50052602 0.60701384
 0.271143   0.00664342 0.69108494 0.48948537]
[False False False True True True False False True False]
[0.98053478 0.50052602 0.60701384 0.69108494]

多维数组也可以使用布尔数组过滤的方法。在下面的代码中,a 是一个 4 行 4 列的数组,用同样的 4 行 4 列的 b 数组进行过滤操作,a[b] 只留下了对应 True 位置的元素。

```
import numpy as np
a = np.array([[0,1,2,3],[4,5,6,7],[8,9,10,11],[12,13,14,15]])
print('a=',a)
b=np.array([[True,False,False,True],[False,True,False,False],[False,False,True,False],[False,False,False,True]])
print('b=',b)
print('a[b]=',a[b])
```

运行结果如下(注意过滤后的 a[b] 变成了一维数组):

a= [[0 1 2 3]
 [4 5 6 7]
 [8 9 10 11]
 [12 13 14 15]]
b= [[True False False True]
 [False True False False]
 [False False True False]
 [False False False True]]
a[b]= [0 3 5 10 15]

4. NumPy 库广播

NumPy 库数组进行运算时,如果两个数组的形状相同,那么就是两个数组的对应位的运算,这时要求两个数组的维数和维度相同。但是,当运算中两个数组的形状不同时,NumPy 库会触发广播机制,即 NumPy 库可以自动转换这些形状不同的数组,使它们具有相同的大小,然后对它们进行对应位的运算。

如图 3-39 所示,np.arange(3) 产生一个 1 行 3 列的数组,共有 3 个元素。让它与 3 相加,就会自动把这个整数 3 转换成 1 行 3 列的数组(每个元素值都为 3),然后按位相加。代码如下:

```
import numpy as np
print(np.arange(3)+3)
```

运行结果如下：

[3 4 5]

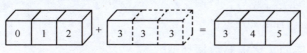

图 3-39　np.arange(3) +3 广播机制原理示意

多维数组的运算一样具有广播机制。下面的代码先创建了一个 3 行 3 列的全 1 数组（np.ones((3,3))），然后让它与 1 维数组（np.arange(3)）相加。运算过程如图 3-40 所示。1 维数组 b 先自动转换为 3 行 3 列的多维数组，然后与 a 进行按位运算，结果是一个 3 行 3 列的数组。

```
import numpy as np
a=np.ones((3,3))
print('a=',a)
b=np.arange(3)
print('b=',b)
print('a+b=',a+b)
```

运行结果如下：

```
a= [[1. 1. 1.]
 [1. 1. 1.]
 [1. 1. 1.]]
b= [0 1 2]
a+b= [[1. 2. 3.]
 [1. 2. 3.]
 [1. 2. 3.]]
```

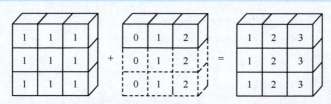

图 3-40　np.ones((3，3)) +np.arange(3) 广播机制原理示意

NumPy 库的广播机制广泛运用在各种计算中，包括加法运算、减法运算、乘法运算、除法运算、比较运算、逻辑运算等。当进行不同类型数组的比较运算时，也会触发广播机制，自动进行数组的转换。下面的代码说明：当字符串变量 b 与一维数组 a 进行是否相等的比较运算时，会自动转换成与 a 大小一样的一维数组（每个数组元素的值都是 b 的值），然后进行按位比较运算。

```
import numpy as np
a =np.array(['M','C','M','M'])
print('a=',a)
b='M'
print('b=',b)
print('a==b is',a==b)
```

运行结果如下:

a= ['M''C''M''M']
b= M
a==b is [True False   True   True]

5. 利用 NumPy 库向量化提高数据处理效率

向量化是一种特殊的并行计算方法,它可以在同一时间执行多次操作,通常是对不同的数据执行同样的一个或一批指令,或者把指令应用于一个数组或向量。简而言之,向量化是一种同时操作整个数组,而不是一次操作一个元素的方法。向量化的原理是 CPU 的并行化处理,或者利用 CPU 硬件加速器(例如 SSE 和 AVX 指令集)来实现高效的计算。NumPy 库支持向量化。

NumPy 库向量化案例

在进行矩阵乘法时,采用 NumPy 库的向量化方法可以大大提高运算效率。下面的代码中 a 和 b 都是拥有 1 百万个随机数的数组,当采用 NumPy 库向量化方法 dot( ) 进行矩阵相乘时,只需要不到 4 ms 就得到结果,而采用传统的循环方法进行矩阵相乘时,则需要近 210 ms,两者的执行效率相差 50 多倍。

```
import numpy as np
import time
a = np.random.rand(1000000)
b = np.random.rand(1000000)
#使用向量化方法
st = time.time()
c = np.dot(a,b)
et = time.time()
print(c)
print("向量计算所用时间:"+str(1000*(et-st))+"ms")
print("======================================")
#使用 loop()方法
c = 0
st = time.time()
for i in range(1000000):
    c+=a[i]*b[i]
et = time.time()
print(c)
print("for 循环所用时间:"+str(1000*(et-st))+"ms")
```

运行结果如下:

249907.69987630402
向量化计算所用时间:3.9932727813720703ms
================================
249907.6998763128
for 循环所用时间:209.96689796447754ms

可见,向量化可大大提升代码运行效率。因此,在进行数学计算时,强烈建议将

Python 数据结构（列表、元组或字典）转换为 Numpy.ndarray 对象并使用其固有的向量化功能。

任务实施准备

通过本预备知识的学习，同学们已掌握了 NumPy 库的基本使用方法及其布尔数组过滤方法、广播机制、向量化操作等方面的内容，接下来需要运用这些技术实现不同季度共享单车骑行对比分析，得出哪个季度更适合共享单车绿色出行。在任务实施前需要准备好下列软件工具和数据文件。

（1）操作系统：Windows 10 或 Windows 11。

（2）软件工具：Jupyter Notebook。

（3）数据文件："2017-q1_trip_history_data.csv""2017-q2_trip_history_data.csv""2017-q3_trip_history_data.csv""2017-q4_trip_history_data.csv"。

从本任务起，开始采用 Jupyter Notebook 进行数据处理分析，这与 PyCharm 环境有所不同，它默认最后一次输出不需要使用 print()函数。关于该工具软件的介绍及使用方法详见本任务后面的拓展知识。数据文件中是 2017 年某地 4 个季度共享单车的骑行历史数据，如图 3-41 所示，分别有"Duration（ms）"（持续时间）、"Start date"（开始时间）、"End date"（结束时间）、"Start station number"（起始站号）、"Start station"（起始站）、"End station number"（结束站号）、"End station"（结束站）、"Bike number"（自行车号码）、"Member type"（会员类型）列。一共有对应 4 个季度的 4 个这样的文件。

	A	B	C	D	E	F	G	H	I
1	Duration (ms)	Start date	End date	Start station number	Start station	End station number	End station	Bike number	Member type
2	221834	2017/1/1 0:00	2017/1/1 0:04	31634	3rd & Tingey St	31208	M St & Ne	W00869	Member
3	1676854	2017/1/1 0:06	2017/1/1 0:34	31258	Lincoln Memori	31270	8th & D St	W00894	Casual
4	1356956	2017/1/1 0:07	2017/1/1 0:29	31289	Henry Bacon Dr	31222	New York ,	W21945	Casual
5	1327901	2017/1/1 0:07	2017/1/1 0:29	31289	Henry Bacon Dr	31222	New York ,	W20012	Casual
6	1636768	2017/1/1 0:07	2017/1/1 0:34	31258	Lincoln Memori	31270	8th & D St	W22786	Casual
7	1603358	2017/1/1 0:08	2017/1/1 0:34	31258	Lincoln Memori	31270	8th & D St	W20890	Casual
8	473337	2017/1/1 0:08	2017/1/1 0:16	31611	13th & H St NE	31616	3rd & H St	W20340	Member
9	200077	2017/1/1 0:11	2017/1/1 0:14	31104	Adams Mill & C	31121	Calvert St &	W20398	Member
10	748899	2017/1/1 0:13	2017/1/1 0:25	31041	Prince St & Uni	31097	Saint Asap	W00365	Member

图 3-41　"2017-q1_trip_history_data.csv"文件的部分内容

任务实施与分析

任务实施分为数据获取、数据处理、数据分析与结果展示三步。要综合应用 Pandas、NumPy 和 Matplotlib 三大库，特别是 NumPy 库的布尔数组过滤、向量化的功能。

（1）数据获取。

导入必需的各种库，设置好字体等运行环境，从指定位置读取源数据文件到数据帧中。源数据有 4 个文件，可以分别读取到 4 个数据帧中。

（2）数据处理。

首先用数据帧的最后一列"Member type"与"Member"或"Casual"字符串作相等比较，这将引发 NumPy 库的广播机制，产生一个布尔数组，然后用布尔数组过滤的方法从数据帧中过滤出会员"Member"和非会员"Casual"的数据,分别保存到数据帧中。

将上面得到的数据帧的"Duration(ms)"列转换为浮点类型,并将其单位从 ms 转换成 min,再利用 NumPy 库的 mean()方法对"Duration(ms)"列做向量化的求平均值计算,得到会员和非会员每个季度的平均骑行时间并保存到列表中。

(3)数据分析和结果展示。

为了验证上面获得的列表数据正确与否,分会员与非会员用文字输出每个季度的平均骑行时间,要求骑行时长的格式保留两位小数,要有完整的提示信息。

最后用 Matplotlib 库进行数据可视化。分会员与非会员绘制 4 个季度的平均骑行时间的簇状柱形图,会员用绿色表示,非会员用红色表示,以紧凑格式显示,参考图 3-42。

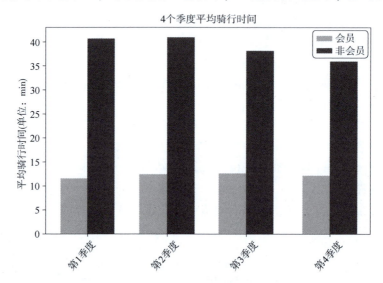

图 3-42　会员与非会员的 4 个季度平均骑行时间簇状柱形图(附彩插)

拓展知识

1. Jupyter Notebook 简介

Jupyter Notebook 是基于网页的用于交互计算的应用程序,可应用于全过程计算、开发、文档编写、运行代码和结果展示。它是开源的 Web 应用程序,允许用户创建和共享包含代码、方程式、可视化和文本的文档。其用途包括数据清理和转换、数值模拟、统计建模、数据可视化、机器学习等,且具有以下优势。

(1)可选择语言:支持超过 40 种编程语言,包括 Python、R、Julia、Scala 等。

(2)分享笔记本:可以使用电子邮件、Dropbox、GitHub 和 Jupyter Notebook Viewer 与他人共享。

(3)交互式输出:代码可以生成丰富的交互式输出,包括 HTML、图像、视频、LaTeX 等。

(4)大数据整合:可以通过 Python、R、Scala 等编程语言使用 Apache Spark 等大数据工具,支持使用 pandas、scikit-learn、ggplot2、TensorFlow 来探索同一份数据。

2. 安装与运行

1)Jupyter Notebook 的安装

Jupyter Notebook 在 Windows 下有两种安装方式:使用 Anaconda 安装和使用 pip 命令安装。

（1）使用 Anaconda 安装。

建议初学者使用 Anaconda 发行版安装 Python 和 Jupyter Notebook，其中包括 Python、Jupyter Notebook 和其他常用的科学计算和数据分析软件包。安装过程非常简单，先从网上下载 Anaconda 安装包，再按照下载页面中的说明安装即可。Anaconda 官方网站地址为 https://www.anaconda.com/download/。

（2）使用 pip 命令安装。

使用这种方式要求先安装好 Python，然后进入 Windows 命令提示符（CMD）执行"pip install jupyter"命令即可。

2）Jupyter Notebook 的运行

使用 Anaconda 安装包安装的，直接在 Windows "开始"菜单中选择"Anaconda 应用"→"Jupyter Notebook"选项即可启动，并跳转到浏览器中的 Home 页面等待使用，如图 3-43 所示。使用 pip 命令安装的，在 Windows 命令提示符中输入"jupyter notebook"命令执行，也会启动 Jupyter Notebook 并跳转到浏览器中的 Home 页面等待使用。

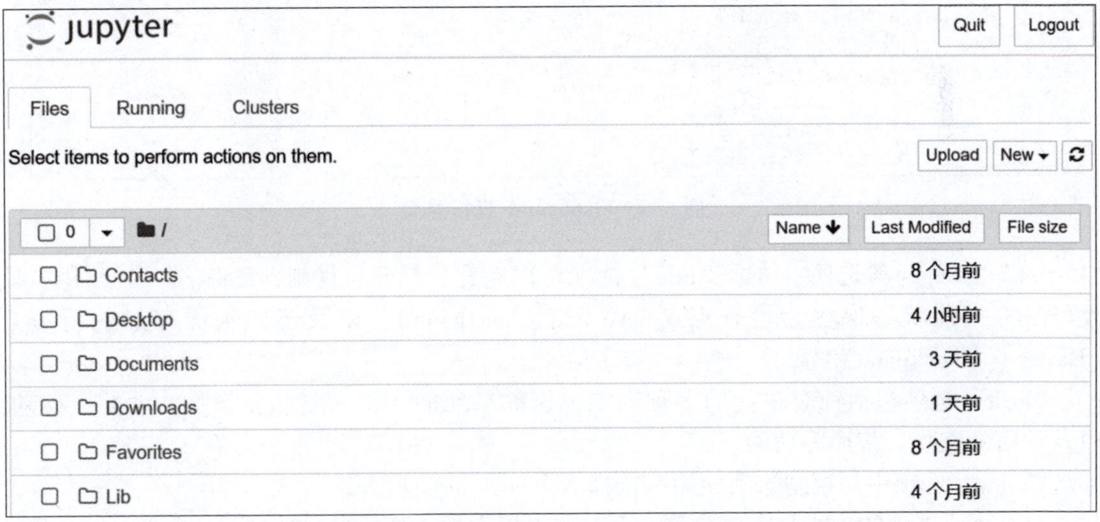

图 3-43　Jupyter Notebook 启动界面

3. Jupyter Notebook 的使用方法介绍

打开 Jupyter Notebook，可以看到主面板。主面板的菜单栏中有"Files""Running""Clusters" 3 个选项，用得最多的是"Files"选项。可以使用"Files"选项完成 Notebook 的新建、重命名、复制等操作。选择"Running"选项可以看到正在运行的 Notebook，在这里可以选择结束正在运行的程序。

选择主面板右侧的"New"→"Python3（ipykernal）"选项，可以创建一个新的 Notebook，随后进入 Notebook 编辑界面。Notebook 编辑界面主要由 4 部分组成：名称、菜单栏、工具条以及单元（Cell）。如图 3-44 所示，Untitled4 是当前 Notebook 名称，表示目前没有命名，可直接单击修改为新名称。最下面的"In[ ]"后面的输入框就是单元，在其中可以编辑文字、编写代码、绘制图片等。单元运行后的输出结果显示在下一行的"Out[ ]"后面，如图 3-45 所示。

1）Jupyter Notebook 菜单

创建一个 Notebook 之后，可以看到其菜单栏有"File""Edit""View""Insert""Cell"

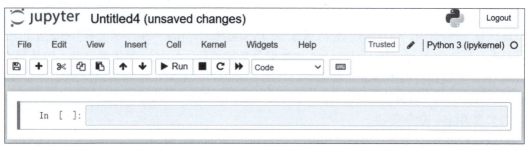

图 3-44 Notebook 编辑界面

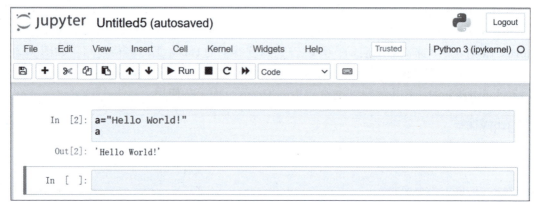

图 3-45 Notebook 运行界面

"Kernel""Help"等选项。通过"File"选项可以新建、打开、复制、重命名一个 Notebook，还可以将当前状态保存为检查点（Save and Checkpoint），以及还原到保存过的检查点（Revert to Checkpoint）等。

"Edit"选项包括针对单元的多种功能，例如单元的切割、复制、删除、合并、移动，以及常用的查找、替换等功能。

"View"选项中是视图选项，用于选择 Notebook 的显示方式。

"Insert"选项的功能是在当前单元上方或者下方插入新的单元。

"Cell"选项包括针对单元运行的相关功能，如运行单元内代码（Run Cells），运行单元内代码并将光标移动到下一个单元（Run Cells and Select Below），运行单元内代码并在下方新建一个单元（Run Cells and Insert Below），运行所有单元中的代码（Run All），运行该单元（不含）上方所有单元内的代码（Run All Above），运行该单元（含）下方所有单元内的代码（Run All Below），选择单元内容的性质（Cell Type），对当前单元的输出结果进行隐藏/显示/滚动/清除（Current Outputs），对所有单元的输出结果进行隐藏/显示/滚动/清除（All Output），如图 3-46 所示。

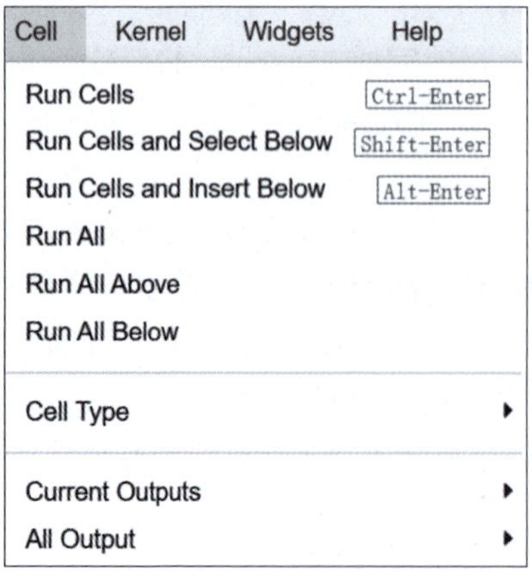

2）单元的 4 种状态

单元有 4 种状态：Code、Markdown、Raw NBConvert、Heading。这 4 种状态可以互相切换。简单地说，Code 状态用于写代码，Markdown 状态用于文本编辑，

图 3-46 "Cell"选项的功能

Heading 状态用于设置标题，Raw NBConvert 状态中的文字或代码都不会被运行，是一种原生类型单元，与 NBConvert 类型转换有关。Code 与 Markdown 状态最常用。可以使用快捷键或者工具条进行 4 种状态的切换。

3）单元模式及快捷键

Notebook 中的单元有两种输入模式：编辑模式（Edit Mode）与命令模式（Command Mode）。在不同模式下可以进行不同的操作。

（1）编辑模式允许输入代码或文本等。如图 3-44 所示，界面右上角出现一支铅笔图标，单元左侧边框线呈现绿色，按 Esc 键或运行单元可切换为命令模式。在编辑模式下可以使用的快捷键如下。

① Tab：代码自动补全。

② Shift + Tab：查看函数参数。

③ Esc：进入命令模式。

（2）命令模式允许输入并运行程序命令执行快捷操作（注意不区分大小写）。进入命令模式后界面右上角的铅笔图标消失，单元左侧边框线呈现蓝色，按 Enter 键或者双击单元可切换为编辑状态，如图 3-45 所示。在命令模式下可以使用的快捷键如下。

① Y：单元转入代码状态。

② M：单元转入 Markdown 状态。

③ DD：删除选中的单元。

④ Enter：进入编辑模式。

⑤ A：在当前单元上方插入新单元。

⑥ B：在当前单元下方插入新单元。

⑦ C：复制当前单元。

⑧ V：粘贴到当前单元下方。

⑨ Shift + V：粘贴到当前单元上方。

⑩ Z：撤销删除。

在两种模式下通用的快捷键如下。

① Ctrl + Enter：运行单元，然后该单元处于命令模式。

② Shift + Enter：运行单元，并切换到下一个单元，如果下方没有单元，则会新建一个单元。

③ Alt + Enter：运行单元，并在下方新增一个单元。

4. Jupyter Notebook 魔法命令

Jupyter Notebook 魔法命令（Magic Commands）是一些预先定义好的特殊命令，可以通过命令行的语法形式访问，它们以百分号（%）或两个百分号（%%）开头，用于执行一些特殊的操作，例如操作系统命令、调用系统工具、测量代码执行时间等。这些命令不是标准的 Python 代码，只在 Jupyter Notebook 环境中有效。

Jupyter Notebook 魔法命令分为两种。一种是面向行的，用一个"%"作前缀，"%"后面就是摩法命令的参数，注意这些参数没有写在括号或者引号中。

另一种是面向单元的，用两个"%"作前缀，它的参数不仅是当前"%%"行后面的内容，也包括单元中在当前行以下的所有行。

Jupyter Notebook 魔法命令很多，这里仅列举几个常用的。

(1)%lsmagic：列出所有魔法命令。
(2)%magic：查看各魔法命令的说明。
(3)%matplotlib inline：内嵌绘图，即可以在浏览器中内嵌绘图，省略 plt.show()方法。
(4)%time：测量单行代码的执行时间。
(5)%%time：测量整个单元的执行时间。

图 3-47 说明了%time 与%%time 魔法命令的区别。In［1］中代码与%time 命令不在同一行，%time 测量结果为 0，说明它不能测量本行以外代码的执行时间。In［2］中将代码与%time 放在同一行，测量运行时间成功，说明%time 测量仅限本行。In［3］中%%time 命令与代码不在同一行，仍然可以测量出结果，说明%%time 可以测量整个单元的执行时间，不限于本行。

魔法命令是 JupyterNotebook 的强大功能之一，可以帮助用户更方便地管理和调试代码。

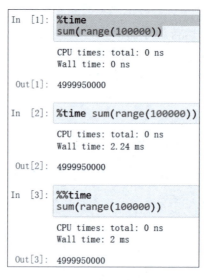

图 3-47 魔法命令示例

思考与总结

通过以上的学习，同学们完成了数据获取、处理（涉及广播机制、布尔数组过滤、向量化）与分析的过程。除了使用折线图进行可视化之外，还可以使用柱形图，请同学们尝试一下。

能力提升

请同学们打开课程中心页面，完成以下任务：对于对定的数据文件，先用 PyCharm 编程导入、处理后绘制折线图、饼图和柱形图，再用 Jupyter Notebook 导入、处理后绘制一样的图形，比较两种工具的优、缺点。

任务训练

请同学们根据本任务的内容，独立完成任务单 3-4 中的实训。

项目三 处理分析商务大数据初步

任务单3-4

任务单3-4

班级		学号		姓名	
实训3-4	计算分析共享单车骑行季度数据				
实训目的	（1）能够使用Pandas库进行数据的获取、处理，能够使用NumPy库进行布尔数组过滤、向量化计算，能够用Matplotlib库进行商务数据的可视化分析。 （2）领悟中国共产党的英明领导，领悟中华传统文化的伟大。 （3）培养尊重知识产权、严保数据安全和国家安全的责任意识。				
实训过程	创建Jupyer Notebook文件"python3-4.ipynb"，对于提供的数据文件"2017-q1_trip_history_data.csv""2017-q2_trip_history_data.csv""2017-q3_trip_history_data.csv""2017-q4_trip_history_data.csv"，通过收集获取、处理、分析4个季度的共享单车骑行数据，对共享单车所有用户（包括会员与非会员）的平均骑行时间趋势进行对比分析，输出簇状柱形图。 （1）请写出下面各步骤的代码，并加注释。 ①数据获取。 ②数据处理。 ③数据分析与可视化。 （2）将运行结果截图粘贴在下面。 （3）用简洁的文字说明数据分析的结果。				
总结	（1）在本实训中你学到了什么？ （2）在本实训中你遇到了哪些问题？你是怎么解决的？				

商务大数据的获取处理与可视化分析

任务5　分段与交叉分析世界各区域幸福指数

预备知识

1. 数据分段分析

分段分析是根据数据分析对象的特征，按照一定的数据指标，把数据划分为不同的区间进行研究，以揭示其内在的联系和规律。简单来说，分段分析就是把数据，按照给定的分组依据进行分组，确定某个数属于那个组。

Pandas库的cut()方法用于数据分段分析，它把一组数据分割成离散的区间。例如有一组年龄数据，可以使用cut()方法将年龄数据分割成不同的年龄段并打上标签。cut()方法的语法格式如下：

```
pandas.cut(series,bins,right=True,labels=NULL)
```

参数说明如下：

（1）series：需要分组的数据。
（2）bins：分组的依据数据。
（3）right：分组的时候右边是否闭合，默认为True，即右边闭合。
（4）labels：分组的自定义标签。

例如，读入"学生成绩表.xlsx"文件中的数据到数据帧df中，然后输出其内容，代码如下：

```
import pandas
from pandas import DataFrame
from pandas import read_excel
df=read_excel('d://data//学生成绩表.xlsx')
df
```

运行结果如图3-48所示，一共有11列、8行数据，带索引。

	学号	班级	姓名	性别	英语	体育	军训	数分	高代	解几	总分
0	2308024241	23080242	成龙	男	76	78	77	40	23	60	354
1	2308024251	23080242	张波	男	85	81	75	45	45	60	391
2	2308024249	23080242	朱浩	男	65	50	80	72	62	71	400
3	2308024219	23080242	封印	女	73	88	92	61	47	46	407
4	2308024310	23080243	郭窦	女	79	67	84	64	64	79	437
5	2308024433	23080244	李大强	男	79	76	77	78	70	70	450
6	2308024428	23080244	李侧通	男	64	96	91	69	60	77	457
7	2308024402	23080244	王慧	女	73	74	93	70	71	75	456

图3-48　学生成绩表内容

下面对这个数据帧进行分段，一共分成3段，分别是400分以下（不含400分），400~

158

450 分（不含 450 分），450 分以上（含 450 分）。先通过 bins 参数用列表存放好分段的依据数据，然后执行 cut( )方法进行分段，代码如下：

```
bins=[min(df.总分)-1,400,450,max(df.总分)+1]
pandas.cut(df.总分,bins)
```

运行结果如图 3-49 所示，按照数据的索引将每个数都分到了相应的段中。索引为 2 的数 400 分到了（353，400］段，索引为 5 的数 450 分到了（400，450］段，说明默认后边界是闭合的。

```
0    (353, 400]
1    (353, 400]
2    (353, 400]
3    (400, 450]
4    (400, 450]
5    (400, 450]
6    (450, 458]
7    (450, 458]
Name: 总分, dtype: category
Categories (3, interval[int64, right]): [(353, 400] < (400, 450] < (450, 458]]
```

图 3-49　cut( )方法的简单分段结果

只要将 cut( )方法的 right 参数设置为 False，就可以将段区间的前开后闭改成前闭后开，这样就包括前边界，但不包括后边界。例如：

```
pandas.cut(df.总分,bins,right=False)
```

运行结果如图 3-50 所示，索引为 2 的数 400 分到了［400，450）段，索引为 5 的数 450 分到了［450，458）段，说明现在是前边界闭合，后边界开放。

```
0    [353, 400)
1    [353, 400)
2    [400, 450)
3    [400, 450)
4    [400, 450)
5    [450, 458)
6    [450, 458)
7    [450, 458)
Name: 总分, dtype: category
Categories (3, interval[int64, left]): [[353, 400) < [400, 450) < [450, 458)]
```

图 3-50　cut( )方法改变 right 参数的结果

labels 参数是自定义标签，它是用列表存储的字符串。这些字符串应与 bins 参数中的数据对应，起到说明的作用。下面的代码中的 labels 参数分成三部分，分别是"400 以下""400~450""450 以上"，与 bins 参数中的数据正好对应。

```
labels=["400 以下","400-450","450 以上"]
pandas.cut(df.总分,bins,right=False,labels=labels)
```

运行结果如图 3-51 所示，可见不再显示段区间，而是用 labels 参数中的标签显示，这样的显示结果较为直观。

如果觉得图 3-51 所示的显示结果仍然不够直观清楚，可以为数据帧 df 添加一列专门存放

```
0      400以下
1      400以下
2      400-450
3      400-450
4      400-450
5      450以上
6      450以上
7      450以上
Name: 总分, dtype: category
Categories (3, object): ['400以下' < '400-450' < '450以上']
```

图 3-51　cut( )方法配置 labels 参数的结果

标签数据。下面的代码为数据帧 df 添加了一个"分段"列，专门存放分段的标签结果。

```
df['分段']=pandas.cut(df.总分,bins,right=False,labels=labels)
df
```

运行结果如图 3-52 所示，这时的数据帧 df 增加了"分段"列，每一行都有了具体的分段结果，更加清晰明了。

	学号	班级	姓名	性别	英语	体育	军训	数分	高代	解几	总分	分段
0	2308024241	23080242	成龙	男	76	78	77	40	23	60	354	400以下
1	2308024251	23080242	张波	男	85	81	75	45	45	60	391	400以下
2	2308024249	23080242	朱浩	男	65	50	80	72	62	71	400	400-450
3	2308024219	23080242	封印	女	73	88	92	61	47	46	407	400-450
4	2308024310	23080243	郭窦	女	79	67	84	64	64	79	437	400-450
5	2308024433	23080244	李大强	男	79	76	77	78	70	70	450	450以上
6	2308024428	23080244	李侧通	男	64	96	91	69	60	77	457	450以上
7	2308024402	23080244	王慧	女	73	74	93	70	71	75	456	450以上

图 3-52　增加了"分类"列的数据帧 df 的内容

2. 数据交叉分析

交叉分析通常用于分析两个或两个以上分组变量之间的关系，以交叉表的形式进行变量间关系的对比分析。它从数据的不同维度综合分组细分，可以进一步了解数据的构成和分布特征。

Pandas 库的交叉分析有数据透视表和交叉表两种方式。产生数据透视表的 pivot_table( ) 方法是进行分组统计的方法，其参数 aggfunc 决定统计类型；crosstab( ) 方法产生的交叉表是一种用于计算分组频率的特殊透视表。本任务学习数据透视表的交叉分析。pivot_table( ) 方法的运行结果即数据透视表，它是一种可以对数据动态排布并且分类汇总的表格。

pivot_table( ) 方法的语法格式如下：

```
pivot_table(values,index,columns,aggfunc,fill_value)
```

该方法的返回值是交叉分析的结果，也是一个数据帧。主要参数说明如下。

（1）values：要进行聚合操作的列名。

（2）index：行索引，传入原始数据的列名，即原始数据的哪一列作为新生成数据帧中的行索引。

（3）columns：列索引，传入原始数据的列名，即原始数据的哪一列作为新生成数据帧中的列名。

（4）aggfunc：聚合函数或函数列表，默认是"mean"，可以是"sum""count""min""max""median""var"和"std"等，也可以使用 NumPy 库的函数，例如 Numpy.sum( )。

（5）fill_value：缺失值的统一替换。

下面通过例子说明 pivot_table( ) 方法的用法。用 Pandas 库的 read_excel( ) 方法读入"学生成绩表 2.xlsx"文件中的数据到数据帧 df 中，显示前 5 行，代码如下：

```
import numpy
import pandas
from pandas import read_excel
df = read_excel('d:\\data\\学生成绩表2.xlsx')
df.head()
```

运行结果如图 3-53 所示，该表共有 11 列、20 行数据，这里只显示了前 5 行。

	学号	班级	姓名	性别	英语	体育	军训	数分	高代	解几	总分
0	2308024241	23080242	成龙	男	76	78	77	40	23	60	354
1	2308024244	23080242	周怡	女	66	91	75	47	47	44	370
2	2308024251	23080242	张波	男	85	81	75	45	45	60	391
3	2308024249	23080242	朱浩	男	65	50	80	72	62	71	400
4	2308024219	23080242	封印	女	73	88	92	61	45	46	407

图 3-53 学生成绩表 2 前 5 行内容

然后，从 Pandas 库导入 pivot_table( ) 方法，进行数据透视表的交叉分析。该方法的 values 参数传入"总分"，即对原始数据的"总分"列进行聚合操作；index 参数传入"班级"，说明原始数据的"班级"列作为生成数据透视表的行索引；columns 参数传入"性别"，说明原始数据的"性别"列作为生成数据透视表的列名；aggfunc 参数传入"Numpy.sum"，说明聚合函数是 NumPy 库的函数 sum( )，即求和。代码如下：

```
from pandas import pivot_table
df_pt = df.pivot_table(values=['总分'],index=['班级'],columns=['性别'],aggfunc=[Numpy.sum])
df_pt
```

运行结果如图 3-54 所示，这个新生成的数据透视表也是一个数据帧，行索引是"班级"，列名是"性别"，"总分"说明进行聚合操作的数据列是总分列。中间生成的值都是针对行索引与列名的交叉聚合计算的结果。例如，班级"23080242"与列名"女"交汇点的值即原始数据中所有"23080242"班的女生的总分之和，其他依此类推。

注意，交叉分析的代码也可不用"Numpy.sum"，而用自带的聚合函数"sum"。代码如下，结果一样：

```
df_pt = df.pivot_table(values=['总分'],index=['班级'],columns=['性别'],aggfunc='sum')
```

	总分	
性别	女	男
班级		
23080242	777	1562
23080243	1270	1270
23080244	904	2707

图 3-54 学生成绩表 2 的交叉分析结果

3. 分段与交叉分析世界各区域幸福指数案例

下面通过一个分段与交叉分析世界各国幸福指数的综合案例来学习这两种分析方法。第一步是导入数据，代码如下：

```
import pandas as pd
import matplotlib.pyplot as plt
import numpy as np
# 数据获取
data_df = pd.read_csv(r'd://data//happiness_report_new.csv')
data_df.head()
```

交叉分析世界各区域幸福指数

运行结果如图 3-55 所示，数据帧共有 6 列，分别是"Country"（国家）、"Region"（区域）、"Happiness Rank"（幸福排名）、"Happiness Score"（幸福指数）、"Economy（GDP per Capita）"[经济（人均 GDP）]、"Year"（年份）。

	Country	Region	Happiness Rank	Happiness Score	Economy (GDP per Capita)	Year
0	Afghanistan	Southern Asia	153.0	3.575	0.31982	2015
1	Albania	Central and Eastern Europe	95.0	4.959	0.87867	2015
2	Algeria	Middle East and Northern Africa	68.0	5.605	0.93929	2015
3	Angola	Sub-Saharan Africa	137.0	4.033	0.75778	2015
4	Argentina	Latin America and Caribbean	30.0	6.574	1.05351	2015

图 3-55 数据帧 data_df 的前 5 行

第二步是处理数据。首先查看是否有空值，代码如下：

```
data_df.isnull().sum()
```

运行结果如图 3-56 所示，幸福排名、幸福指数、人均 GDP 这三列都有 25 个空值需要处理。

观察数据文件后发现有空值的行要么是重复数据，要么不太重要，而且很难合理地填充，建议直接删除。使用 dropna()方法直接删除，代码如下：

```
#删除有空值的行
data_df.dropna(inplace=True)
#查看是否还有空值
data_df.isnull().sum()
```

运行结果如图3-57所示,很明显,数据帧data_df中已经没有空值了。

```
Country                           0
Region                            0
Happiness Rank                   25
Happiness Score                  25
Economy (GDP per Capita)         25
Year                              0
dtype: int64
```

图3-56 原数据帧data_df中的空值

```
Country                           0
Region                            0
Happiness Rank                    0
Happiness Score                   0
Economy (GDP per Capita)          0
Year                              0
dtype: int64
```

图3-57 删除空值后的数据帧data_df

为了使显示结果更清晰,对数据帧进行排序。使用sort_values()方法,先按年份升序排序,再按幸福指数降序排序,将排序结果保存到原数据帧中。代码如下,运行结果如图3-58所示,这一步非必做。

```
data_df.sort_values(['Year', 'Happiness Score'], ascending=[True, False], inplace=True)
data_df.head()
```

	Country	Region	Happiness Rank	Happiness Score	Economy (GDP per Capita)	Year
141	Switzerland	Western Europe	1.0	7.587	1.39651	2015
60	Iceland	Western Europe	2.0	7.561	1.30232	2015
38	Denmark	Western Europe	3.0	7.527	1.32548	2015
108	Norway	Western Europe	4.0	7.522	1.45900	2015
25	Canada	North America	5.0	7.427	1.32629	2015

图3-58 数据帧data_df的排序结果

第三步是分析数据。为了后面方便进行交叉分析,先进行分段分析。将幸福指数划分成低、中、高三段,保存到新增列"Level"中。分段的边界是最低分~3分为"Low",3~5分为"Middle",5分以上为"High"。代码如下:

```
data_df['Level'] = pd.cut(data_df['Happiness Score'], bins=[-np.inf, 3, 5, np.inf], labels=['Low', 'Middle', 'High'])
data_df.tail()
```

运行结果如图3-59所示,可见新增了一列"Level",并且赋予了新值"Low""Middle""High",下面称该列为幸福等级列。

做好数据分段后,下一步进行交叉分析。首先需要按年份对不同区域的所有国家的幸福等级统计计数,并做比较,找出哪个区域的幸福等级最高。交叉分析的行索引应为"Region",列名应为"Year"和"Level",对"Country"计数。代码如下:

```
region_year_level_df = pd.pivot_table(data_df, index='Region', columns=['Year', 'Level'], values=['Country'],aggfunc='count')
# 交叉分析后=========
region_year_level_df
```

	Country	Region	Happiness Rank	Happiness Score	Economy (GDP per Capita)	Year	Level
452	Rwanda	Sub-Saharan Africa	151.0	3.471	0.368746	2017	Middle
472	Syria	Middle East and Northern Africa	152.0	3.462	0.777153	2017	Middle
476	Tanzania	Sub-Saharan Africa	153.0	3.349	0.511136	2017	Middle
352	Burundi	Sub-Saharan Africa	154.0	2.905	0.091623	2017	Low
356	Central African Republic	Sub-Saharan Africa	155.0	2.693	0.000000	2017	Low

图 3-59　分段分析结果的后 5 行

运行结果如图 3-60 所示,可见行索引是"Region",列名首先是"Year",其下还按 Level 的"Low""Middle""High"分别对"Country"进行了计数统计。

	Country								
Year	2015			2016			2017		
Level	Low	Middle	High	Low	Middle	High	Low	Middle	High
Region									
Australia and New Zealand	0	0	2	0	0	2	0	0	2
Central and Eastern Europe	0	8	21	0	6	23	0	5	24
Eastern Asia	0	1	5	0	1	5	0	1	5
Latin America and Caribbean	0	3	19	0	2	22	0	1	21
Middle East and Northern Africa	0	8	12	0	6	13	0	7	12
North America	0	0	2	0	0	2	0	0	2
Southeastern Asia	0	3	6	0	3	6	0	2	6
Southern Asia	0	5	2	0	5	2	0	5	2
Sub-Saharan Africa	2	34	4	1	34	3	2	34	3
Western Europe	0	1	20	0	0	21	0	0	21

图 3-60　数据帧 data_df 交叉分析结果

这样的结果不够直观,需要对结果进行可视化,可把交叉分析结果绘制成堆积柱形图。

直接调用数据帧的 plot( ) 方法绘图：kind 参数设置为'bar'，指定绘制柱形图；stacked 参数设置为 True，指定为堆积图；title 参数设置为 year，指定标题为年份。代码如下：

```
for year in [2015, 2016, 2017]:
    region_year_level_df['Country', year].plot(kind='bar', stacked=True, title=year)
    plt.tight_layout()
    plt.legend(loc='best')
    plt.show()
```

运行结果如图 3-61~图 3-63 所示，分年份对世界各区域国家幸福等级的计数绘制了堆积柱形图，图中哪些柱形的绿色越多，说明该区域幸福等级高的国家占比越高。

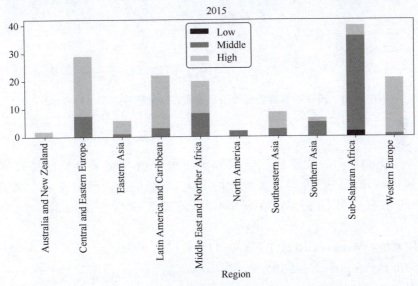

图 3-61　2015 年世界各区域国家幸福等级堆积柱形图（附彩插）

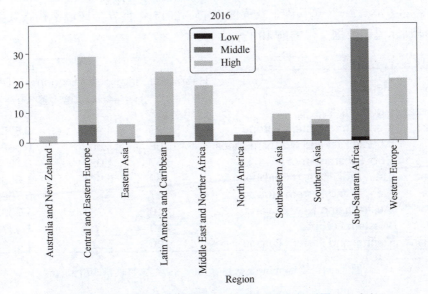

图 3-62　2016 年世界各区域国家幸福等级堆积柱形图（附彩插）

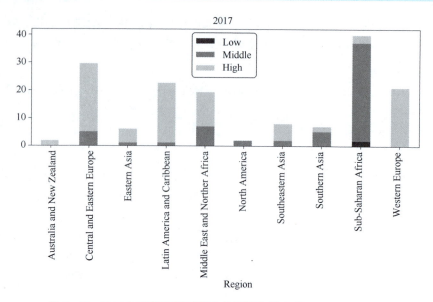

图 3-63　2017 年世界各区域国家幸福等级堆积柱形图（附彩插）

任务实施准备

通过预备知识的学习，同学们已经掌握了分段分析与交叉分析的原理和方法，接下来需要运用这些知识进行世界各区域人均 GDP 与幸福指数的分段和交叉分析，并得出人均 GDP 与幸福指数的关系。在任务实施前需要准备好下面的软件工具和数据文件。

（1）操作系统：Windows 10 或 Windows 11。
（2）软件工具：Jupyter Notebook。
（3）数据文件："happiness_report_new.csv"。

要求提前安装好 Jupyter Notebook 以及 Pandas、NumPy、Matplotlib 等库。数据文件 "happiness_report_new.csv" 是从网上获取的 2015—2017 年世界各区域幸福指数数据，共 6 列，图 3-64 所示是该数据文件的前 10 行。

	A	B	C Happiness Rank	D Happiness Score	E Economy (GDP per Capita)	F
1	Country	Region				Year
2	Afghanistan	Southern Asia	153	3.575	0.31982	2015
3	Albania	Central and Eastern Europe	95	4.959	0.87867	2015
4	Algeria	Middle East and Northern Africa	68	5.605	0.93929	2015
5	Angola	Sub-Saharan Africa	137	4.033	0.75778	2015
6	Argentina	Latin America and Caribbean	30	6.574	1.05351	2015
7	Armenia	Central and Eastern Europe	127	4.35	0.76821	2015
8	Australia	Australia and New Zealand	10	7.284	1.33358	2015
9	Austria	Western Europe	13	7.2	1.33723	2015
10	Azerbaijan	Central and Eastern Europe	80	5.212	1.02389	2015

图 3-64　"happiness_report_new.csv" 文件的前 10 行

任务实施与分析

对于给定的数据文件"happiness_report.csv",通过收集获取、处理世界各区域的数据,采用交叉分析技术,按年度输出世界各区域的人均 GDP 和平均幸福指数的对比柱形图并分析。要求分五步完成任务,分别是数据获取、数据处理、分段分析、交叉分析和结果可视化。

(1)数据获取。从提供的数据文件中导入数据到数据帧中,并显示前 5 行,观察是否正确。

(2)数据处理。先查看数据帧中否有空值或异常值,如有则进行适当的处理,然后对数据帧按年份降序、幸福指数升序排序,并显示排序结果的前 5 行。

(3)分段分析。将数据帧按人均 GDP 分成"Low""Middle""High"三段并保存到新增列"GDPLevel"中,其中 0~0.8 万为"Low",0.8~1.2 万为"Middle",1.2 万以上为"High"高(不包括后边界)。显示数据帧的后 5 行。

(4)交叉分析。使用 Pandas 库的 pivot_table()方法,以地区"Region"为行索引,以年份"Year"为列,求幸福指数和人均 GDP 的平均值,并显示结果。

(5)结果可视化。用交叉分析返回的结果,直接绘制世界各区域人均 GDP 的簇状柱形图(参考图 3-65),以及世界各区域人均幸福指数的簇状柱形图(参考图 3-66)。

从可视化结果可以看到人均 GDP 高的区域人均幸福指数也高,这说明 GDP 与幸福指数是正相关关系。

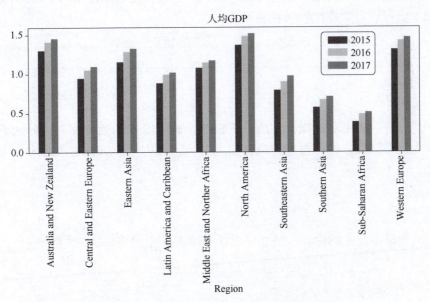

图 3-65 世界各区域人均 GDP 的簇状柱形图

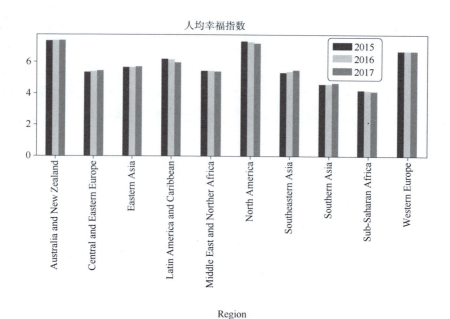

图 3-66 世界各区域人均幸福指数的簇状柱形图

思考与总结

通过以上的学习，同学们完成了数据获取、数据处理、分段分析、交叉分析及结果可视化的过程，在 Pandas 库中除了使用 pivot_table( ) 方法，还可以使用 crosstab( ) 方法进行交叉分析，同学们可以自学并比较两者的不同。

能力提升

请同学们打开课程中心页面，完成以下任务：对于给定的数据文件，导入后经过数据处理，对其先进行分段分析，再进行两种交叉分析，分别生成数据透视表和交叉表，并将结果可视化。

任务训练

请同学们根据本任务的内容，独立完成任务单 3-5 中的实训。

任务单 3-5

任务单 3-5

班级		学号		姓名	
实训 3-5	分段与交叉分析世界各区域幸福指数				
实训目的	(1) 能够使用 Pandas、NumPy 和 Matplotlib 等库进行数据的获取和处理,能够进行商务大数据的分段分析和交叉分析,能够根据需要进行数据可视化。 (2) 领悟中国共产党的英明领导,领悟中华传统文化的伟大。 (3) 培养尊重知识产权、严保数据安全和国家安全的责任意识。				
实训过程	创建 Jupyter Notebook 文件"python3-5.ipynb",对于提供的数据文件"happiness_report_new.csv",通过收集获取、处理、分析世界各区域的数据,采用交叉分析技术(使用 pivot_table()方法),按年份和区域输出全球幸福指数报告并分析,并说明中国的具体情况。 (1) 请写出每一步的程序代码。 ①数据获取。从指定文件获取数据并保存到数据帧 df 中,显示前 5 行。 ②数据处理 1:查看数据帧 df 中是否有空值,如果有则进行合适的处理并显示结果。 ③数据处理 2:整理数据,将数据帧 df 按年份降序、幸福指数升序排序,然后显示前 5 行。 ④分段分析:将数据帧 df 按人均 GDP 以"Low""Middle""High"三档分段并保存到新增列"GDPLevel"中,其中 0~0.8 万为"Low",0.8~1.2 万为"Middle",1.2 万以上为"High"(不包括后边界),然后显示数据帧 df 的后 5 行。 ⑤交叉分析:对于数据帧 df,使用 pivot_table()方法,以地区"Region"为行索引,以年份"Year"为列,求人均幸福指数和人均 GDP,并输出结果。 ⑥结果可视化 1:对于交叉分析的结果,画出人均 GDP 簇状柱形图。 ⑦结果可视化 2:对于交叉分析的结果,画出人均幸福指数簇状柱形图。 (2) 将运行结果截图粘贴在下面并分析结果。				
总结	(1) 在本实训中你学到了什么? (2) 在本实训中你遇到了哪些问题?你是怎么解决的?				

任务 6　合并分析手机系统流量

预备知识

1. concat( ) 轴向连接

concat( ) 轴向连接

Pandas 库的 concat( ) 方法可以沿一个轴将多个数据帧对象连接在一起，形成一个新的数据帧对象。其语法格式如下：

```
pd.concat(objs, axis=0, join='outer')
```

主要参数说明如下。
（1）objs：由 series、dataframe 或者 panel 构成的列表。
（2）axis：需要合并连接的轴，0 是行，1 是列，默认是 0。
（3）join：连接的方式，inner 或者 outer，默认是 outer。

join 参数的值为"outer"表示外连接，得到两个对象的并集，保留两个对象中的所有信息；join 参数的值为"inner"表示内连接，得到两个对象的交集，只保留两个对象共有的信息。

下面的代码创建了两个数据帧 df1 与 df2，用来演示各种连接效果。

```
import pandas as pd
dict1 = {
    'A': ['A0', 'A1', 'A2', 'A3'],
    'B': ['B0', 'B1', 'B2', 'B3'],
    'C': ['C0', 'C1', 'C2', 'C3']}
df1 = pd.DataFrame(dict1)
print("df1 =")
print(df1)
dict2 = {
    'B': ['B0', 'B1', 'B2'],
    'C': ['C0', 'C1', 'C2'],
    'D': ['D0', 'D1', 'D2']}
df2 = pd.DataFrame(dict2)
print("df2 =")
print(df2)
```

运行结果如下，显示了两个数据帧的内容，注意 df1 没有 D 列，有 4 行；df2 没有 A 列，只有 3 行。

```
df1 =
    A   B   C
0  A0  B0  C0
1  A1  B1  C1
2  A2  B2  C2
3  A3  B3  C3
```

```
df2 =
    B    C    D
0   B0   C0   D0
1   B1   C1   D1
2   B2   C2   D2
```

按参数的不同组合，下面分 4 种情况讨论 concat( )轴向连接。

1）join='outer'，axis=0

当 join='outer'，axis=0 时，列进行并集处理，纵向拼接，缺失值由 NaN 填充，并且保留原有数据的行索引。例如：

```
pd.concat([df1, df2], axis=0, join='outer')
```

运行结果如图 3-67 所示，实现了纵向拼接，原来没有值的地方都填充了 NaN。注意行索引是原来各自的行索引，连接在一起成为重复值，失去了索引的意义。

concat( )方法还有一个 ignore_index 参数，默认值为 False，即不重新编排行索引。将 ignore_index 参数设置为 True，就会把合并结果重新编排行索引，如下面的代码所示，运行结果如图 3-68 所示。

```
pd.concat([df1,df2],axis=0,join='outer',ignore_index=True, sort=True)
```

	A	B	C	D
0	A0	B0	C0	NaN
1	A1	B1	C1	NaN
2	A2	B2	C2	NaN
3	A3	B3	C3	NaN
0	NaN	B0	C0	D0
1	NaN	B1	C1	D1
2	NaN	B2	C2	D2

图 3-67 join='outer'，axis=0 时的连接结果

	A	B	C	D
0	A0	B0	C0	NaN
1	A1	B1	C1	NaN
2	A2	B2	C2	NaN
3	A3	B3	C3	NaN
4	NaN	B0	C0	D0
5	NaN	B1	C1	D1
6	NaN	B2	C2	D2

图 3-68 ignore_index 参数为 True 时的连接结果

2）join='outer'，axis=1

当 join='outer'，axis=1 时，按行索引对行进行并集处理，横向拼接，缺失值由 NaN 填充。例如：

```
pd.concat([df1,df2],axis=1,join='outer', sort=True)
```

运行结果如图 3-69 所示。

3）join='inner'，axis=0

当 join='inner'，axis=0 时，列进行交集处理，纵向拼接，并且保留原有数据的行索引，将 ignore_index 参数设置为 True 可重新编排行索引。例如：

```
pd.concat([df1,df2],axis=0,join='inner',ignore_index=True)
```

运行结果如图 3-70 所示。

图 3-69　join='outer'，axis=1 时的连接结果　　图 3-70　join='inner'，axis=0 时的连接结果

4）join='inner'，axis=1

当 join='inner'，axis=1 时，按行索引对行进行交集处理，横向拼接，缺失值由 NaN 填充。例如：

pd. concat([df1,df2],axis=1,join='inner')

运行结果如图 3-71 所示，注意行索引只剩下 0，1，2。

图 3-71　join='inner'，axis=0 时的连接结果

2. merge() 合并

merge()合并

merge()方法可以根据一列或多列的值，将两个或多个数据帧进行合并，并返回一个新的数据帧。具体来说，merge()方法将两个数据帧沿着指定的列进行匹配，匹配成功的行将以指定的方式合并。

merge()方法的语法格式如下：

merge(left, right, how='inner', on=None)

主要参数说明如下。

（1）left 和 right：两个要合并的数据帧。

（2）how：连接的方式，有 inner（内连接）、left（左连接）、right（右连接）、outer（外连接），默认为 inner。

（3）on：用于连接的列索引名称，必须存在于左、右两个数据帧中，如果没有指定，则

两个数据帧列名交集作为默认的连接键（key）。

1）内连接

merge()方法默认进行内连接，使用两个数据帧的列名交集作为连接键，最终连接的数据也是两个数据帧列的交集，如图3-72（b）所示。

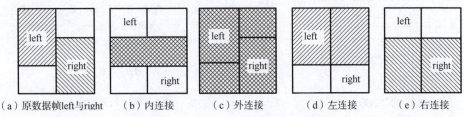

图3-72 merge()方法how参数示意

针对前面创建的数据帧df1与df2，下面的代码进行默认的内连接操作，结果如图3-73所示。该代码使用两个数据帧的交集B、C列作为连接键，只保留与交集对应的A、D列。不属交集的B3、C3整行被丢弃。

```
pd.merge(df1,df2)
```

如果指定B列为连接键，则保留同为交集的C列，但要改名区分来源，C_x列来源于df1，C_y列来源于df2，如下面的代码所示，运行结果如图3-74所示。

```
pd.merge(df1,df2,on=['B'])
```

图3-73 merge()方法内连接结果　　图3-74 merge()方法指定B列为连接键的内连接结果

2）外连接

merge()方法进行outer外连接时最终连接的是两个数据帧列的并集，缺失值由NaN填充，如图3-72（c）所示。

下面的代码将数据帧df1与df2进行默认方式的外连接，运行结果如图3-75所示。连接键默认是它们的交集B、C列，缺失值由NaN填充。

```
pd.merge(df1,df2,how='outer')
```

下面的代码指定B、C列为连接键，与上面的默认方式效果等同，结果一样。

```
pd.merge(df1,df2,on=['B','C'],how='outer')
```

如果只指定一部分交集为连接键，另外的交集也会作为普通键被保留，但列名会改变以区分不同的来源。下面的代码用B列作为连接键进行外连接，同样作为交集的C列被改名为"C_x"和"C_y",以区别不同的来源。缺失值由 NaN 填充。运行结果如图 3-76 所示。

```
pd. merge(df1,df2,on=['B'],how='outer')
```

	A	B	C	D
0	A0	B0	C0	D0
1	A1	B1	C1	D1
2	A2	B2	C2	D2
3	A3	B3	C3	NaN

图 3-75　merge( )方法默认外连接结果

	A	B	C_x	C_y	D
0	A0	B0	C0	C0	D0
1	A1	B1	C1	C1	D1
2	A2	B2	C2	C2	D2
3	A3	B3	C3	NaN	NaN

图 3-76　merge( )方法指定 B 列为连接键的外连接结果

3）左连接

merge( )方法进行左连接时,最终连接的数据将以左数据帧的连接键为准合并两个数据帧的列,缺失值由 NaN 填充,如图 3-72（d）所示。

下面的代码是以左数据帧 df1 的默认交集列（B、C 列）为连接键的连接,右数据帧 df2 中没有对应的数据用 NaN 填充。运行结果如图 3-77 所示。

```
pd. merge(df1,df2,how='left')
```

也可以指定连接键为 B、C 列,代码如下,运行结果与上面的代码一样。

```
pd. merge(df1,df2,on=['B','C'],how='left')
```

下面的代码指定左数据帧 df1 的 B 列为连接键进行连接,运行结果如图 3-78 所示,非连接键的交集列（C 列）改名以区分不同的来源。缺失值由 NaN 填充。

```
pd. merge(df1,df2,on=['B'],how='left')
```

	A	B	C	D
0	A0	B0	C0	D0
1	A1	B1	C1	D1
2	A2	B2	C2	D2
3	A3	B3	C3	NaN

图 3-77　merge( )方法默认左连接结果

	A	B	C_x	C_y	D
0	A0	B0	C0	C0	D0
1	A1	B1	C1	C1	D1
2	A2	B2	C2	C2	D2
3	A3	B3	C3	NaN	NaN

图 3-78　merge( )方法指定 B 列为连接键的左连接结果

4）右连接

merge( )方法进行右连接时,连接的数据将以右数据帧的连接键为准合并两个数据帧的列,缺失值由 NaN 填充,如图 3-72（e）所示。

下面的代码以右数据帧 df2 默认的交集列（B 和 C 列）为连接键,左数据帧 df1 中多余的行被丢弃。运行结果如图 3-79 所示。

> pd. merge(df1,df2,how='right')

下面的代码指定右数据帧 df2 的 B 列为连接键进行连接，同为交集列的 C 列保留，但改名以区别不同的来源。运行结果如图 3-80 所示。

> pd. merge(df1,df2,on=['B'],how='right')

	A	B	C	D
0	A0	B0	C0	D0
1	A1	B1	C1	D1
2	A2	B2	C2	D2

图 3-79　merge( )方法默认右连接结果

	A	B	C_x	C_y	D
0	A0	B0	C0	C0	D0
1	A1	B1	C1	C1	D1
2	A2	B2	C2	C2	D2

图 3-80　merge( )方法指定 B 列为连接键的右连接结果

concat( )与 merge( )两个方法的应用场景有所不同，前者偏向简单的轴向连接，后者偏向指定连接键的较复杂连接。例如，有两张表分别存储了 9 月和 10 月的成交信息，表的结构一样，仅需要连接到一个表中，推荐使用 concat( )方法将两个表沿"0"轴合并。又如，有两张表，一张表是成交信息表，包含订单号、金额、客户 ID 等信息；另一张表是客户信息表，包含客户 ID、姓名、电话号码等信息，在这种应用场景中推荐使用 merge( )方法根据客户 ID 将两张表合并成一张表。

任务实施准备

通过预备知识的学习，同学们已经掌握了 concat( )轴向连接和 merge( )合并的特点及使用方法，接下来需要运用这些知识进行手机系统流量分析。在任务实施前需要准备好以下软件工具和数据文件。

（1）操作系统：Windows 10 或 Windows 11。

（2）软件工具：Jupyter Notebook。

（3）数据文件："user_device. csv, user_usage. csv"。

要求提前安装好 Jupyter Notebook 以及 Pandas、NumPy、Matplotlib 等库。第一个数据文件"user_device. csv"是从网上获取的用户及其使用的手机信息数据，共 4 列，包括"user_id"（用户 ID）、"platform"（平台）、"platform_version"（平台版本）、"device"（设备），其前 10 行如图 3-81 所示。第二个数据文件"user_usage. csv"是用户及其套餐使用情况数据，也有 4 列，包括"outgoing_mins_per_month"（每月呼出分钟数）、"outgoing_sms_per_month"（每月发出短信数）、"monthly_mb"（每月流量）、"user_id"（用户 ID），其前 10 行如图 3-82 所示。

	A	B	C	D
1	user_id	platform	platform_version	device
2	22782	ios	10.2	iPhone7,2
3	22783	android	6	Nexus 5
4	22784	android	5.1	SM-G903F
5	22785	ios	10.2	iPhone7,2
6	22786	android	6	ONE E1003
7	22787	android	4.3	GT-I9505
8	22788	android	6	SM-G930F
9	22789	android	6	SM-G930F
10	22790	android	5.1	D2303

图 3-81　"user_device. csv"文件的前 10 行

	A	B	C	D
1	outgoing_mins_per_month	outgoing_sms_per_month	monthly_mb	user_id
2	21.97	4.82	1557.33	22787
3	1710.08	136.88	7267.55	22788
4	1710.08	136.88	7267.55	22789
5	94.46	35.17	519.12	22790
6	71.59	79.26	1557.33	22792
7	71.59	79.26	1557.33	22793
8	71.59	79.26	519.12	22794
9	71.59	79.26	519.12	22795
10	30.92	22.77	3114.67	22799

图 3-82 "user_usage.csv" 文件的前 10 行

任务实施与分析

对于提供的数据文件"user_device.csv"和"user_usage.csv",通过获取、处理、分析各用户的手机信息数据和流量数据,采用合并技术,将两个数据文件的数据按照需要合并在一个数据帧中,输出不同手机系统的月平均流量条形图并分析。要求分四步完成任务,即数据获取、数据处理、数据分析和结果可视化。

(1) 数据获取。从提供的数据文件中分别读入数据到两个数据帧中,将"user_device.csv"文件中的数据读入数据帧 user_device_df,将"user_usage.csv"文件中的数据读入数据帧 user_usage_df,并显示每个数据帧的前 5 行,观察是否正确。

(2) 数据处理。

① 查看数据帧中是否有空值或异常值,如有应进行适当的处理。

② 进行字符串合并,将数据帧 user_device_df 中的"platform"列与"platform_version"列用下划线"_"连接形成新数据并保存到新增列"system"中,连接的新数据如"ios_10.2""android_5.1"等,然后输出数据帧 user_device_df 的前 5 行,验证是否成功。

③ 合并数据帧,将两个数据帧用 merge() 方法进行内连接,连接键是 user_id,合并成一个数据帧 merged_df,并输出其前 5 行进行验证。

(3) 进行数据分析。

① 对数据帧 merged_df 按"system"列分组,求每月流量"monthly_mb"的平均值,保存到 system_usage_mean 中并输出。

② 将分组的结果 system_usage_mean 按流量升序排序,保存在原文件中,并输出排序结果。

(4) 结果可视化。

用 system_usage_mean 绘制条形图,要求使用紧凑格式。

可视化结果如图 3-83 所示,可见使用安卓 4.4 (Android 4.4) 系统的手机月平均流量最高,远超使用其他系统的手机。

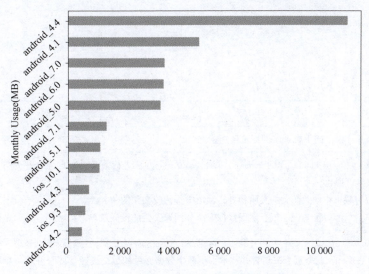

图 3-83　不同手机系统月平均流量条形图

思考与总结

通过以上的学习,同学们完成了数据获取、数据处理、数据合并分析及结果可视化的过程,在 Pandas 库中除了用 concat( ) 和 merge( ) 方法,还可以使用 join( )、append( ) 等方法进行合并或连接操作,同学们可以自学并比较这些方法的不同。

能力提升

请同学们打开课程中心页面,完成以下任务:对于提供的数据文件,导入后使用 concat( ) 方法做沿 "0" 轴的内连接和外连接,然后再沿 "1" 轴做内连接和外连接,比较结果的不同。

任务训练

请同学们根据本任务的内容,独立完成任务单 3-6 中的实训。

商务大数据的获取处理与可视化分析

任务单3-6

任务单3-6

班级		学号		姓名	
实训3-6	合并分析不同手机系统的流量使用情况				
实训目的	（1）能够用Pandas库的merge( )方法、concat( )方法进行商务大数据的合并分析，能够根据需要进行数据可视化。 （2）领悟中国共产党的英明领导，领悟中华传统文化的伟大。 （3）培养尊重知识产权、严保数据安全和国家安全的责任意识。				
实训过程	对于提供的数据文件"user_device.csv"和"user_usage.csv"，通过获取、处理、分析各用户的手机信息数据和流量数据，采用合并技术，将两个数据文件的数据按照需要合并在一个数据帧中，输出不同手机系统的月平均流量条形图并分析。 （1）写出每一步的程序代码。 ①数据获取：将"user_device.csv"文件中的数据读入数据帧user_device_df，将"user_usage.csv"文件中的数据读入数据帧user_usage_df，并各显示前5行。 ②数据处理1：查看数据帧中否有空值或异常值，如有则进行适当的处理。 ③数据处理2：合并字符串，将数据帧user_device_df中的"platform"列与"platform_version"列用下划线"_"连接形成新列"system"。 ④数据处理3：合并数据帧，将两个数据帧用merge( )方法进行内连接，连接键是user_id。 ⑤数据分析1：对合并的数据帧按"system"列分组求每月流量"monthly_mb"的平均值，保存到system_usage_mean中。 ⑥数据分析2：将分组结果system_usage_mean按流量升序排序，保存在原文件中。 ⑦结果可视化：用system_usage_mean绘制紧凑格式的条形图。 （2）将运行结果截图粘贴在下面并分析结果。				
总结	（1）在本实训中你学到了什么？ （2）在本实训中你遇到了哪些问题？你是怎么解决的？				

 **素养提升**

本项目任务 1 根据给出的真实数据绘制了中国、印度、法国 1980—2020 年 GDP 情况对比图，可见在 1980—2020 年，我国经济迅速起飞，在短短 40 年中赶超所谓的资本主义强国，展现了"中国速度"，充分反映了中国共产党的英明领导和社会主义制度的无比优越。

本项目任务 2 根据真实数据绘制了 2022 年中国国民经济核算数据饼图，可以看出中国经济正由原来的工业主导型经济向服务主导型经济转变，说明中国经济结构良性，前景美好。我国发展的总体目标是：到 2035 年经济实力、科技实力、综合国力大幅跃升，人均国内生产总值迈上新的台阶，达到中等发达国家水平；实现高水平科技自立自强，进入创新型国家前列。

本项目任务 3 绘制了世界电子游戏销量柱形图，可以看出在主机游戏和 PC 游戏方面，中国起步较晚，市场占有率不高，但是近年来在主流移动游戏方面进步很大，开发了很多优秀游戏。国产游戏不仅在国内如火如荼，蒸蒸日上，占据游戏市场的主导地位，在海外的营业收入也逐步升至全球第一，超越了美日韩等传统游戏强国。党的二十大指出，要完善科技创新体系，坚持创新在我国现代化建设全局中的核心地位，扩大国际科技交流合作，加强国际化科研环境建设，形成具有全球竞争力的开放创新生态。我国移动游戏产业的"弯道超车"，正是新生态形成的体现。

本项目任务 4 通过案例推崇共享单车绿色出行，发展低碳经济，建设绿色中国。

实现碳达峰碳中和，是以习近平同志为核心的党中央经过深思熟虑做出的重大战略决策，是着力解决资源环境约束突出问题、实现中华民族永续发展的必然选择，也是构建人类命运共同体的庄严承诺。习近平总书记在党的二十大报告中强调："立足我国能源资源禀赋，坚持先立后破，有计划分步骤实施碳达峰行动。"中国做出了碳达峰碳中和的重大战略决策，为全球应对气候变化注入了强劲动力。

本项目任务 5 通过分段与交叉分析世界各区域幸福指数，说明随着经济的不断发展，我国人民生活的幸福指数逐步提高。

 项目评价

知识巩固与技能提高（50分）		得分：
计分标准： 得分＝1×单选题正确个数+2×填空题正确个数+1×判断题正确个数+程序填空题得分		

学生自评（20分）		得分：
计分标准： 得分＝2×A的个数+1×B的个数+0×C的个数		

专业能力	评价指标	自测结果	要求 （A，掌握；B，基本掌握；C，未掌握）
Matplotlib库可视化	1. 使用Matplotlib库绘制折线图 2. 使用Matplotlib库绘制柱形图 3. 使用Matplotlib库绘制饼图	A□ B□ C□ A□ B□ C□ A□ B□ C□	能够掌握Matplotlib库的绘图流程，以及绘制主流图形的方法
NumPy库数组操作	1. NumPy库布尔数组过滤 2. NumPy库向量化操作	A□ B□ C□ A□ B□ C□	掌握NumPy库的精髓，重点使用它的数组过滤和向量化功能
Pandas库分析	1. Pandas库分组分析 2. Pandas库分段分析 3. Pandas库交叉分析 4. Pandas库合并分析	A□ B□ C□ A□ B□ C□ A□ B□ C□ A□ B□ C□	能够理解分组分析、分段分析、交叉分析、合并分析的原理及用法
职业道德思想意识	热爱祖国、遵纪守法、严谨、细致、耐心、有担当	A□ B□ C□	专业素质、思想意识得到提升，德才兼备

小组评价（10分）			得分：
计分标准：得分＝5×A的个数+3×B的个数+1×C的个数			
团队合作	A□ B□ C□	沟通能力	A□ B□ C□

教师评价（20分）		得分：
教师评语		
总成绩	教师签字	

项目四

处理分析商务大数据进阶

 项目背景

党的二十大报告指出,加快建设网络强国、数字中国,构建新一代信息技术、人工智能等一批新的增长引擎。现在人工智能、大数据等前沿技术得到越来越多的应用。前面介绍了 Pandas、NumPy 和 Matplotlib 三大库的基本应用,Python 数据分析的基本技能,但要从事商务大数据处理分析的相关工作,必须进一步提升这方面的能力。

Seaborn 库基于 Matplotlib 库,但青出于蓝而胜于蓝,使用 Seaborn 库绘图的结果更加美观且高效,Python 数据分析的高级绘图离不开 Seaborn 库。

ECharts 库是由百度公司开发的一款强大的开源数据可视化库,Pyecharts 库是基于 ECharts 库的当今流行的 Python 数据可视化库,支持用户使用 Python 生成各种类型的交互式图表。它不仅简单易用,支持更多图表类型、主流的数据格式、主题功能和丰富的配置选项,还具有交互性,是现在大数据绘图必须掌握的高阶技能。

聚类、AI 模型是当前火热的人工智能+大数据应用技术,它们代表了数据分析未来的方向。作为数据分析从业者,必须学习和掌握这些前沿技术,不断夯实基础,为以后的工作打下良好的基础。

本项目的任务情境如下。杭州科创信息技术有限公司是一家中型数据公司,共有员工 180 人、计算机及服务器 200 多台,可为其他企业或政府部门提供数据分析高级技术服务。该公司根据业务需要,对商务大数据进行复杂的相关性分析、词云分析、聚类分析、AI 模型预测分析等,并绘制具有交互性的、可操作的复杂图表,为企业的商业决策提供重要参考,为政府部门的行政决策提供建议。

 研究内容

本项目主要研究 Python 编程环境中 Seaborn 库、Pyecharts 库和 Sklearn 库的应用,相关性分析、词云分析、聚类分析和 AI 模型预测分析的原理和方法,以及分析结果高阶可视化的技术。具体研究内容如下。

(1) 相关性分析。

(2) Seaborn 可视化技术。

(3) Pyecharts 可视化技术及词云分析。
(4) 基于 Sklearn 库的 AI 模型预测分析及结果可视化。
(5) 聚类分析及结果可视化。

 学习目标

知识目标
(1) 了解 Seaborn 库及商务大数据的相关性分析原理。
(2) 了解 Pyecharts 库及词云分析原理。
(3) 了解 Sklearn 库及 AI 模型预测分析原理。
(4) 了解聚类分析原理。

技能目标
(1) 能够使用 Pandas 库进行相关性分析并使用 Seaborn 库绘制热力图。
(2) 能够使用 Pyecharts 库进行词云分析及结果可视化。
(3) 能够使用 Sklearn 库进行 AI 模型预测分析及结果可视化。
(4) 能够使用 Sklearn 库进行聚类分析及结果可视化。

素养目标
(1) 领悟中国经济繁荣、教育发达、人民安居乐业的现状和美好前景。
(2) 培养尊重知识产权、严保数据安全和国家安全的责任意识。
(3) 培养严谨、细致、耐心、有担当的职业素养。

任务1　Seaborn 库相关性分析短视频网站数据

预备知识

1. Seaborn 库绘图可视化

Seaborn 库是基于 Matplotlib 库的 Python 可视化库，用于制作具有丰富信息的统计图形。使用 Seaborn 库能绘制比 Matplotlib 库的图形更有吸引力的图形，可以把 Seaborn 库视为 Matplotlib 库的补充和增强。

安装 Seaborn 库可在命令提示符窗口中运行如下命令：

```
pip install seaborn
```

在 Python 中时导入 Seaborn 库的语句如下：

```
import seaborn as sns          #或者 import seaborn
```

1）设置背景风格

Seaborn 库设置背景风格使用的是 set_style()方法，内置的背景风格主要通过背景颜色和网格来表示。

set_style()方法的语法格式为 seaborn.set_style（style=None, rc=None），其中 style 可选值有 whitegrid（白色网格背景）、darkgrid（灰色网格背景）、white（白色背景）、dark（灰色背景）和 ticks（带刻度线的白色背景），分别对应着5种不同的背景风格，可以选择使用。例如：

```
sns.set_style("darkgrid")      #设置灰色网格背景
sns.set_style("white")         #白色背景
sns.set_style("ticks")         #带刻度线的白色背景
```

Seaborn 库是基于 Matplotlib 库封装的，封装好的背景风格可以使绘图工作更加方便。下面的代码通过设置不同的背景风格，展示每种背景风格的效果，最后一个图形进行了背景风格参数的修改。运行结果如图 4-1 所示。

Seaborn 库背景风格案例

```
from matplotlib import pyplot as plt
import numpy as np
import seaborn as sns
x = np.arange(1, 10, 2)
y1 = x + 1
y2 = x + 3
y3 = x + 5
def showLine():                    #画3条线
    sns.lineplot(y1)
    sns.lineplot(y2)
    sns.lineplot(y3)
pic = plt.figure(figsize=(12, 8))
sns.set_style('darkgrid')          #使用灰色网格背景
```

```
pic. add_subplot(2, 3, 1)
showLine()
plt. title('darkgrid')
sns. set_style('whitegrid')            #使用白色网格背景
pic. add_subplot(2, 3, 2)
showLine()
plt. title('whitegrid')
sns. set_style('dark')                 #使用灰色背景
pic. add_subplot(2, 3, 3)
showLine()
plt. title('dark')
sns. set_style('white')                #使用白色背景
pic. add_subplot(2, 3, 4)
showLine()
plt. title('white')
sns. set_style('ticks')                #使用带刻度线的白色背景
pic. add_subplot(2, 3, 5)
showLine()
plt. title('ticks')
sns. set_style(style='darkgrid', rc={'font. sans-serif': ['MicrosoftYaHei', 'SimHei'], 'grid. color': 'black'})
                                       #修改背景风格参数
pic. add_subplot(2, 3, 6)
showLine()
plt. title('darkgrid 黑色网格线')
plt. show()
```

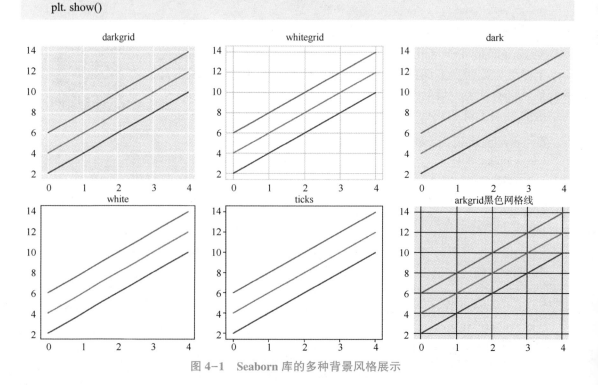

图 4-1　Seaborn 库的多种背景风格展示

2）Seaborn 库绘图示例

使用 Seaborn 库可以方便地绘制散点图、折线图、条形图、箱线图、小提琴图、多变量图、核密度图、边际分布图、直方图等。绘图方法名如下。

折线图：lineplot（ ）；散点图：scatterplot（ ）；直方图：distplot（ ）；箱线图：boxplot（ ）；小提琴图：violinplot（ ）；点图：pointplot（ ）；条形图：barplot（ ）。

下面简单介绍如何使用 Seaborn 库绘制折线图，其他图形的画法请同学们自行学习。

seaborn.lineplot（ ）方法用于绘制折线图，其语法格式如下：

```
seaborn.lineplot(x=None, y=None, hue=None,
                 size=None, style=None, data=None,
                 palette=None, hue_order=None, hue_norm=None,
                 sizes=None, size_order=None, size_norm=None,
                 dashes=True, markers=None, style_order=None,
                 units=None, estimator='mean', ci=95, n_boot=1000,
                 sort=True, err_style='band', err_kws=None,
                 legend='brief', ax=None, **kwargs)
```

该方法的参数很多，但多是可选的，下面介绍几个经常使用且广泛应用于 Seaborn 库其他方法中的参数。

（1）x，y：数据中变量名称。

（2）hue：数据中变量名称（如二维数据中的列名）；根据 hue 变量对数据进行分组，并在图中使用不同颜色的元素加以区分。

（3）size：数据中变量名称；根据 size 变量对数据进行分组，并在图中使用不同宽度或不同大小的元素加以区分。

（4）style：数据中变量名称；根据 style 变量对数据进行分组，并在图中使用不同类型的元素加以区分，如圆点、加号等。

（5）data：数据来源，数据帧类型。

下面的代码演示了使用 Seaborn 库绘制散点图、折线图、柱形图的方法，且对比了 Matplotlib 库的相应绘图代码，要特别注意 hue、size、style 三个参数的作用。运行结果如图 4-2 和图 4-3 所示。

Seaborn 库绘图案例

```
import pandas as pd
import matplotlib.pyplot as plt
import seaborn as sns
# 1. 导入小费数据集
df = pd.read_csv("d:/tips.csv")
plt.rcParams['font.sans-serif'] = ['SimHei']
# plt.rcParams['font.family']='sans-serif'
# 2. 修改列名为汉字
df.columns=['总金额','小费金额','性别','吸烟','日期','时间','人数']
plt.subplot(2,2,1)
# 3. 使用 Matplotlib 散点图分析小费金额和总金额的关系
plt.xlabel("总金额")              #x轴标题
plt.ylabel("小费金额")            #y轴标题
```

```
plt.scatter(df['总金额'],df['小费金额'],color='DarkBlue',label='小费与总金额关系')
plt.legend()
plt.subplot(2,2,2)
# 4.使用Seaborn库散点图分析小费和总金额的关系
#style参数表示按不同日期的分类用不同标记表示
sns.scatterplot(x="总金额",y="小费金额",hue="时间",style='日期',data=df)#按时间分组输出
plt.subplot(2,2,3)
# 5.使用Seaborn库输出总金额和小费金额关系的折线图
#hue参数表示按性别的分类用不同颜色的线条表示
sns.lineplot(x='总金额',y='小费金额',data=df,hue='性别')
plt.subplot(2,2,4)
# 6.使用Seaborn库输出总金额和小费金额关系的折线图
#size参数表示按性别的分类用不同粗细的线条表示
sns.lineplot(x='总金额',y='小费金额',data=df,size='性别')
plt.show()
plt.subplot(1,2,1)
# 7.使用Matplotlib柱形图分析男性顾客和女性顾客谁更慷慨
average_tip = df.groupby(['性别','时间'])['小费金额'].mean()
average_tip.plot.bar()
plt.ylabel("小费金额")      #y轴标题
plt.subplot(1,2,2)
# 8.使用Seaborn库柱形图分析男性顾客和女性顾客谁更慷慨
sns.barplot(x='性别',y='小费金额',data=df,hue='时间')
plt.tight_layout()
plt.show()
```

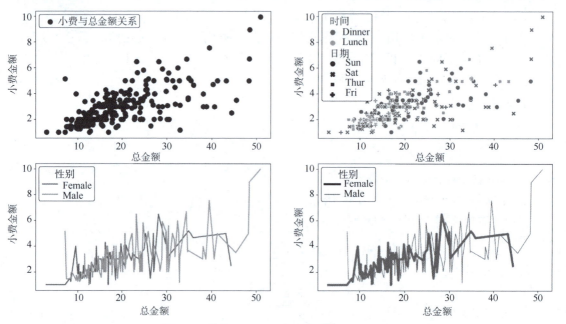

图 4-2　使用 Seaborn 库绘制散点图和折线图

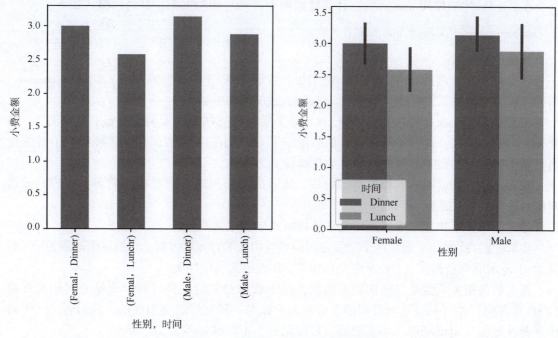

图 4-3 使用 Seaborn 库绘制柱形图

当绘制散点图分析小费金额和总金额的关系时,使用 Matplotlib 库需要 4 行代码,而使用 Seaborn 库只需要 1 行代码;当绘制条形图分析男性顾客和女性顾客谁更慷慨时,使用 Matplotlib 库需要进行数据分组和单独设置标题,而使用 Seaborn 库则完全不需要,只需要加上 hue 参数即可。因此 Seaborn 库除了功能强大,还更为简便,特别是 hue、size、style 等参数非常灵活好用。

2. 相关性分析及热力图

1)相关性分析

变量之间不稳定、不精确的变化关系称为相关关系。相关关系反映出变量之间虽然相互影响,具有依存关系,但彼此之间却不像函数那样一一对应。在复杂的社会中,各种事物之间的联系大多体现为相关关系,而不是函数关系,这主要是因为影响一个变量的因素往往有许多,而其中的一些因素还没有被完全认识,因此,这些偶然因素导致了变量之间关系的不确定性。相关性分析是研究两个或两个以上处于同等地位变量之间相关关系的统计分析方法[14]。

相关性分析是网站分析中经常使用的分析方法之一。通过对不同特征或数据之间的关系进行分析,发现业务运营中的关键影响及驱动因素,并对业务的发展进行预测。人的身高和体重、空气中的相对湿度与降雨量之间的关系都是相关性分析研究的问题。

相关性分析的方法很多,使用初级的方法可以快速发现数据之间的关系,如正相关、负相关或不相关。使用中级的方法可以对数据之间关系的强弱进行度量,如完全相关、不完全相关等。使用高级的方法可以将数据之间的关系转化为模型,并通过模型对未来的业务发展进行预测。例如每日广告曝光量和费用成本的数据,凭经验判断,这两组数据之间应该存在联系,但仅凭这两组数据无法证明这种关系真实存在,也无法对这种关系的强度进行度量。因此,希望通过相关性分析找出这两组数据之间的关系,并对这种关系进行度量。

在 Pandas 库中使用 corr( )方法计算数据帧中每列之间的关系，其语法格式如下：

df. corr(method='pearson', min_periods=1)

参数说明如下。

（1） method（可选）：字符串类型，用于指定计算相关系数的方法，默认为 pearson，指使用皮尔逊相关系数，还可以选择 spearman 或 kendall。

（2） min_periods（可选）：表示计算相关系数时所需的最小观测值数量，默认为 1，指只要有一个非空值，就会进行计算。如果指定了 min_periods 参数，并且在某些列中的非空值数量小于该值，则相应列的相关系数将被设置为 NaN。

df. corr( )方法返回一个相关系数矩阵，矩阵的行和列对应数据帧的列名，矩阵的元素对应列之间的相关系数。

常见的相关系数包括皮尔逊相关系数和斯皮尔曼相关系数。

皮尔逊相关系数用于衡量两个变量之间的线性相关的程度和方向。它的取值范围为-1~1，其中-1 表示完全负相关，1 表示完全正相关，0 表示无线性相关。

斯皮尔曼相关系数是一种秩相关系数，基于数据对象的秩进行两个变量之间相关关系（程度和方向）的评估。它所分析的目标对象应该是一种有序的类别变量，例如名次、年龄段、肥胖等级（重度肥胖、中度肥胖、轻度肥胖、不肥胖）等。

下面是皮尔逊相关系数的示例。首先创建一个数据帧 data，打印其内容，如图 4-4 所示，然后调用 Pandas 库的 corr( )方法计算各列相关系数，代码如下：

```
import pandas as pd
data=pd. DataFrame([[1,6,7,5,1],[2,10,8,3,4],[3,4,0,10,2]],columns=['val1','val2','val3','val4','val5'])
print(data)
data. corr()
```

	val1	val2	val3	val4	val5
0	1	6	7	5	1
1	2	10	8	3	4
2	3	4	0	10	2

图 4-4　数据帧 data 的内容

运行结果如图 4-5 所示。此皮尔逊相关系数矩阵有一条全为 1 的对角线，表示每个数据与自己完全正相关。非对角线上的值越接近 1 表示两个数越正相关，越接近-1 表示两个数越负相关。值得注意的是，该相关系数只能度量变量之间的线性相关关系。也就是说，该相关系数越大，则变量之间的线性相关程度越高。对于该相关系数小的两个变量，只能说明变量间的线性相关程度弱，不能说明变量之间不存在其他相关关系，如曲线关系等。

2）热力图

相关性的可视化推荐使用热力图。热力图又名相关系数图。根据热力图中不同方块颜色对应的相关系数的大小，可以判断变量之间相关程度的高低。Seaborn 库提供了一些可以轻松地绘制各种统计图形（包括热力图）的简单接口，且具有良好的美学效果。下面的代码先创建一个数据帧 data，然后用 Seaborn 库的 heatmap( )方法绘制其各列数据的相关性热力图。

```
import seaborn as sns
import pandas as pd
#准备数据
data=pd. DataFrame([[1,6,7,5,1],[2,10,8,3,4],[3,4,0,10,2]],columns=['val1','val2','val3','val4','val5'])
#绘制热力图
sns. heatmap(data. corr(), annot=True,fmt='. 2f ',linewidths=0. 1,linecolor='white')
```

	val1	val2	val3	val4	val5
val1	1.000000	-0.327327	-0.802955	0.693375	0.327327
val2	-0.327327	1.000000	0.826033	-0.907841	0.785714
val3	-0.802955	0.826033	1.000000	-0.986241	0.300376
val4	0.693375	-0.907841	-0.986241	1.000000	-0.453921
val5	0.327327	0.785714	0.300376	-0.453921	1.000000

图 4-5　数据帧 data 各列相关系数

如图 4-6 所示，在这个生成的热力图中，val1~val5 是数据帧中的列，用颜色表示它们之间相关系程度的高低，默认正相关用暖色调表示，负相关用冷色调表示。annot 参数为 True 表示在热力图上显示具体的数值，linewidths 和 linecolor 参数指定热力图矩阵间隔线的宽度与颜色。从图中可以看出，val2 和 val3 的相关程度最高，相关系数为 0.83，val2 和 val5 的相关程度次之，相关系数为 0.79。

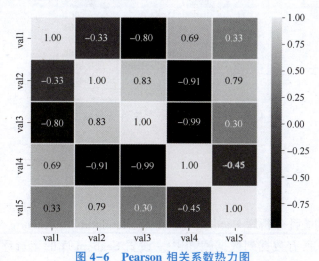

图 4-6　Pearson 相关系数热力图

任务实施准备

通过预备知识的学习，同学们已经了解了 Seaborn 库及其基本使用方法，接下来需要运用这些知识进行短视频网站数据的相关性分析。在任务实施前需要准备好以下软件工具和数据文件。

（1）操作系统：Windows 10 或 Windows 11。

（2）软件工具：Jupyter Notebook。

（3）数据文件："movdata.csv"。

要求在 Python 中安装好 Pandas 库、NumPy 库、Matplotlib 库和 Seaborn 库。数据文件"movdata.csv"是用爬虫抓取的某短视频网站的数据，各列数据类型如图 4-7 所示。原始数据列数较多，这里仅介绍几个重要的列："created"是短视频创建时间，是 10 位长度的时间戳；"length"是"分：秒"格式的 Pandas 库对象（object）类型的短视频长度；"play"是短视频播放量；"mid"列是作者的唯一标识 id；"bvid"是短视频的唯一标识 id；"video_review"是短视频的弹幕数；"comment"是短视频的评论数；"copyright"为版权（1 为有版权，0 为无版权）；"subtitle"是短视频副标题；"description"是短视频文字描述。

```
In [14]: df.dtypes
Out[14]: Unnamed: 0           int64
         record_time        float64
         comment            float64
         typeid             float64
         play                object
         pic                 object
         subtitle           float64
         description         object
         copyright            int64
         title               object
         review             float64
         author              object
         created            float64
         length              object
         video_review       float64
         aid                float64
         bvid                object
         hide_click            bool
         is_pay             float64
         is_union_video     float64
         is_steins_gate     float64
         is_live_playback   float64
         mid                float64
         dtype: object
```

图 4-7 "movdata.csv"文件各列数据类型

任务实施与分析

1. 数据获取

首先导入常用的统计分析库 Pandas、NumPy、Matplotlib 和 Seaborn，然后从存放在硬盘中的数据文件中导入所有数据到数据帧 df 中。设置 Seaborn 库的运行环境：中文字体为黑体，显示负号，采用灰色网格背景。

2. 数据处理

（1）在开始进行数据分析之前，需要确保数据是准确的、一致的，并且适合所选择的分析方法。数据不允许有缺失值，最好没有异常值。使用 isnull() 方法查看数据帧 df 中是否存在缺失值，如存在则进行合适的处理。

（2）察看是否存在不合理的数据。源数据文件中的短视频播放量"play"列目前是 object 类型，但后期需要转换成数值类型参与运算，其中内容应能转换成数值类型。但是，观察源数据文件发现有的"play"字段填写的是字符"--"，表示没有播放量。这种字符无法转换成数值，应该将数据帧 df 中的"play"替换成"0"，然后将整列转换为 float 类型。

（3）数据帧 df 中时间戳"created"列必须转换成具体的时间才能参与后面的计算。综合使用 apply( )方法、lambda( )方法和 time 库中的 strftime( )方法，将其转换成"年-月-日 时：分：秒"的格式。

（4）将短视频长度"length"转换为以秒为单位的 float 类型数据。使用 apply( )函数将它以分号分开，取第 1 部分（即分钟数）转成 float 类型后保存为"length_minute"列；取第 2 部分（即秒数）转成 float 类型后保存为"length_second"列。然后，把"length_minute"转成秒数并与"length_second"相加求得总秒数，保存为"length_trans"列。

（5）为了便于观察结果是否正确，使用 iloc( )和 loc( )方法控制显示数据帧 df 这几个列的前 6 行，即"created""length""length_minute""length_second""length_trans" "play"列。

（6）为了获得单独的年、月、日和小时列，使用 split( )函数拆分数据帧 df 的"created"列，为数据帧 df 新增 4 列，即"year""month""day""hour"列。

（7）为了能在一屏中清楚地观察结果，使用 iloc( )和 loc( )方法控制显示数据帧 df 的作者"author"、作者标识"mid"、短视频标识"bvid"、短视频创建时间"created"、年"year"、月"month"、日"day"、小时"hour"、短视频播放量"play"这 9 列的前 10 条数据。

3. 数据分析及结果展示

（1）绘制 2019—2021 年的短视频播放量对比图，将发布的短视频条数"bvid"用分组方法 groupby( )按年、月分组计数，并重置索引。

（2）将"year"列转换成 int 类型，只保留 2019 年后的数据存储在数据帧 ymg 中。

（3）使用 Seaborn 库中的 barplot( )方法绘制短视频 3 年发稿量柱形图，"month"作为 x 轴数据，"bvid"作为 y 轴数据，按"year"分组，数据来源为数据帧 ymg。运行结果如图 4-8 所示，明显可见 2021 年的短视频发稿量远大于前两年，同时 3、6、7、8、9、10 这 6 个月是全年的短视频发布高峰期。

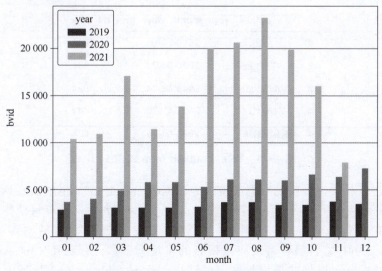

图 4-8　短视频 3 年发稿量柱形图

(4) 分析一天中的短视频播放量情况。首先按小时分组对短视频播放量 "play" 求和，即按小时统计一天中所有短视频播放量，并保存为 "df_hour" 并作为 y 轴数据；然后将 0～23 的整数存储进 x 列表中作为 x 轴数据，然后使用 Seaborn 库中的 lineplot( ) 方法绘制折线图。结果如图 4-9 所示，一天中有两个短视频播放高峰时间段，一个是上午 12 点，另一个是下午 6 点。

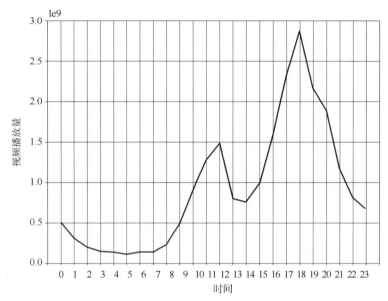

图 4-9　不同时间的短视频播放量

(5) 从 "created" 列中分离出年、月、日，然后转换为 date 格式存储到 "year_month_day" 列中，以便于后面的计算。

(6) 为了进行相关性分析，需要产生一些新的数据列，如每个作者发布短视频的时间，存储在新的数据帧 author_infos 中。以爬虫抓取数据的日期（2021 年 11 月 15 日）为当天时间，求得每个作者第一次发布短视频的时间到当天的间隔天数 "first_till_now" 列，存储到数据帧 author_infos 中。结果如图 4-10 所示，"year_month_day" 是作者第一次发布短视频的日期，"first_till_now" 是作者第一次发布短视频到当天的间隔天数。

	author	year_month_day	first_till_now
0	-Blulu	2019-02-03	1016
1	-TS映画-	2020-04-30	564
2	-YukiShum-	2019-08-14	824
3	-ZeroBOY-	2019-10-28	749
4	-南国正清秋-	2020-05-26	538

图 4-10　数据帧 author_infos 的前 5 行

(7) 继续进行相关性分析的数据准备。为数据帧 author_infos 再增加新列：按作者分组计算每个作者的短视频平均播放量，存储在 "mean_view" 列中；计算每个作者发布的短视频总量，存储在 "video_number" 列中；计算作者发布短视频的平均评论数，存储在 "mean_comment" 列中；计算作者发布短视频的平均弹幕数，存储在 "mean_video_review" 列中；计算作者发布短视频的平均长度，存储在 "mean_video_length" 列中；求和计算版权值，获得作者短视频原创条数，存储在 "copyright" 列中。显示这些数据列的前 8 行，结果如图 4-11 所示。

	author	first_till_now	mean_view	video_number	mean_comment	mean_video_review	mean_video_length	copyright
0	-Blulu	1016	20470.78947	19	121.94737	277.78947	304.52632	1.00000
1	-TS映画-	564	170004.00000	2	465.00000	417.00000	141.00000	1.00000
2	-YukiShum-	824	191648.00000	1	538.00000	840.00000	141.00000	1.00000
3	-ZeroBOY-	749	5441.00000	1	81.00000	15.00000	387.00000	1.00000
4	-南国正清秋-	538	1425.00000	1	44.00000	22.00000	228.00000	1.00000
5	-子小浔	1471	12370.12844	109	97.08257	80.55046	331.15596	1.00000
6	-小柿六-	46	4853.00000	1	4.00000	0.00000	64.00000	1.00000
7	-柿饼杂货铺	339	1431142.00000	1	1120.00000	1401.00000	296.00000	1.00000

图 4-11　增加新列后的数据帧 author_infos 的前 8 行

（8）绘制短视频信息的相关性分析热力图。取数据帧 author_infos 中除第一列之外的所有列，使用 Pandas 库中的 corr( ) 方法计算相关性，再使用 Seaborn 库中的 heapmap( ) 方法直接绘制其热力图。

结果如图 4-12 所示。从这个热力图可以看到，mean_view（平均播放量）与 mean_comment（平均评论数）相关程度最高，相关系数为 0.79；mean_comment（平均评论数）与 mean_video_review（平均弹幕数）相关程度次之，相关系数为 0.72；mean_view（平均播放量）与 mean_video_review（平均弹幕数）相关程度也较高，相关系数为 0.65。因此可以得出，mean_view（平均播放量）、mean_comment（平均评论数）和 mean_video_review（平均弹幕

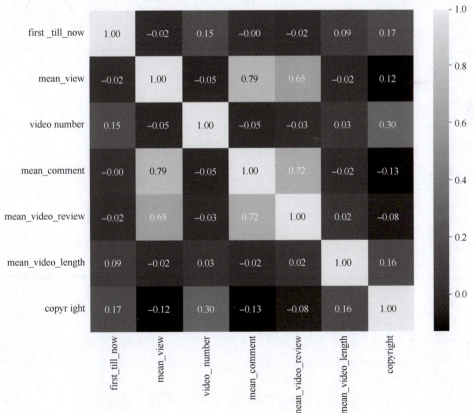

图 4-12　短视频信息的相关性分析热力图

数）这三列数据的相关程度较高,即播放量越大,评论数和弹幕数就越多;另外,评论数越多,弹幕数也越多。

思考与总结

通过以上的学习,同学们完成了数据获取、数据处理、相关性分析和热力图绘制过程,请同学们思考除了 Seaborn 库之外,还可以用哪些库来绘制热力图(不限于本书中的内容)。

_____

_____

能力提升

请同学们打开课程中心页面,完成以下任务:对于给定的数据文件,导入后自行进行处理,然后进行相关性分析并用不同的颜色映射(如绿到蓝"GnBu"或红橙黄"YlOrRd")绘制热力图。

任务训练

请同学们根据本任务的内容,独立完成任务单 4-1 中的实训。

项目四　处理分析商务大数据进阶

任务单 4-1

任务单 4-1

班级		学号		姓名	
实训 4-1	使用 Seaborn 库进行相关性分析并绘制热力图				
实训目的	（1）掌握使用 Pandas 库、NumPy 库和 Matplotlib 库进行数据获取、处理和相关性分析的方法和流程。 （2）掌握使用 Seaborn 库绘制热力图的方法。 （3）领悟中国经济繁荣、教育发达、人民安居乐业的现状和美好前景。 （4）培养严谨、细致、耐心、有担当的职业素养。				
实训过程	创建 Jupyter Notebook 文件"python4-1.ipynb"，对于提供的数据文件，通过数据获取、数据处理、数据分析、结果展示，进行相关性分析并绘制热力图。在下面按要求写出 Python 代码。 （1）导入相关的库，并将数据文件读入数据帧，输出前 5 行。 （2）显示数据帧各字段数据类型。 （3）查看数据帧是否存在缺失值，如存在，则进行合适的处理。 （4）查看数据帧是否存在不合理的值，如存在，则进行合适的处理。 （5）按要求生成需要进行相关性分析的数据。 （6）对数据帧进行相关性分析。 （7）绘制热力图并将截图粘贴在下面。				
总结	（1）在本实训中你学到了什么？ （2）在本实训中你遇到了哪些问题？你是怎么解决的？				

任务2　Pyecharts库词云分析成都大运会数据

预备知识

1. Pyecharts库简介

ECharts库是由百度公司开发的一款强大的开源数据可视化库，Pyecharts库是基于ECharts库的Python数据可视化库，是ECharts库的Python封装。Pyecharts库提供了丰富的图表类型和高度灵活的配置选项，使数据可视化变得更加简单高效。通过Pyecharts库，用户可以使用Python处理和准备数据，然后用简洁的代码生成交互式的图表，这些图表可以嵌入Web应用程序或保存为静态文件。Pyecharts库具有以下的特点与功能。

（1）简单易用。Pyecharts库提供了直观而友好的API，使用户能够快速上手，轻松生成各种图表。

（2）具有丰富的图表类型。Pyecharts库支持多种常见的图表类型，包括折线图、柱状图、散点图、饼图、地图等，可以满足不同场景的需求。

（3）支持主流数据格式。Pyecharts库能够处理常见的数据格式，例如列表、字典、Pandas库数据帧等。

（4）具有交互性。Pyecharts库生成的图表具有交互性，用户可以通过鼠标悬停、缩放等方式与图表进行互动。

（5）具有丰富的配置选项。Pyecharts库提供了丰富的配置选项，允许用户自定义图表的样式、布局等属性。

（6）支持主题。Pyecharts库提供多种主题，用户可以根据需要选择合适的主题，使图表更符合应用的整体风格。

2. Pyecharts库的基本使用方法

在Pyecharts库中，每个图表都是一个对象，创建图表需要先创建图表对象，然后通过该对象的方法进行图表的配置和渲染。例如，创建一个柱状图需要导入Bar类和options模块，创建一个Bar对象，再通过add_xaxis()和add_yaxis()方法添加x轴和y轴的数据，然后通过set_global_opts()方法设置图表的全局配置选项（如标题等），最后通过render()方法将图表渲染为HTML文件。

除了基本的图表创建和渲染，Pyecharts库还支持丰富的配置选项。例如，可以通过initopts()方法添加主题风格，通过set_global_opts()方法设置图表的标题、图例、提示框、视觉映射、工具箱、区域缩放等，这些配置选项大大增强了图表的视觉效果和交互性。

另外，Pyecharts库还提供了大量进阶技巧，例如动态数据、数据映射、多系列等，这些进阶技巧让数据可视化更加灵活。例如，动态数据功能可以将实时数据动态展示在图表上，数据映射功能可以将不同类型的数据映射到不同的颜色或形状上，多系列功能可以在一个图表上展示多个系列的数据，等等。

1）Pyecharts库的安装

Pyecharts库可以通过pip命令进行安装，并且支持多个版本。在使用时需要注意不同版本之间的差异，特别是它们的参数设置可能不同。本书使用的Pyecharts库版本是2.0.5，这个版本提供了简洁的 API 设计,支持链式调用和 30 多种常见的图表特性。在命令提示符窗口输入以下命令进行 Pyecharts 库的安装:

```
pip install pyecharts
```

安装成功后可以查看 Pyecharts 库的版本,在 Jupyter Notebook 中运行以下代码:

```
import pyecharts
pyecharts.__version__
```

输出如下内容,说明安装的版本是 Pyecharts 2.0.5。

2.0.5

2)Pyecharts 库支持的图表类型

Pyecharts 库支持的图表类型及需导入的模块如表 4-1 所示。

表 4-1 Pyecharts 库支持的图表类型及需导入的模块

图表类型	导入的模块	导入的包
折线图	Line	from pyecharts.charts import Line
柱形图	Bar	from pyecharts.charts import Bar
散点图	Scatter	from pyecharts.charts import Scatter
饼图	Pie	from pyecharts.charts import Pie
雷达图	Radar	from pyecharts.charts import Radar
热力图	HeatMap	from pyecharts.charts import HeatMap
K 线图	Kline	from pyecharts.charts import Kline
箱线图	Boxplot	from pyecharts.charts import Boxplot
地图	Map	from pyecharts.charts import Map
词云图	WordCloud	from pyecharts.charts import WordCloud
仪表盘	Gauge	from pyecharts.charts import Gauge
漏斗图	Funnel	from pyecharts.charts import Funnel
树图	Tree	from pyecharts.charts import Tree
平行坐标系图	Parallel	from pyecharts.charts import Parallel
桑基图	Sankey	from pyecharts.charts import Sankey
地理坐标系图	Geo	from pyecharts.charts import Geo
时间线图	Timeline	from pyecharts.charts import Timeline
3D 散点图	Scatter3D	from pyecharts.charts import Scatter3D
3D 柱形图	Bar3D	from pyecharts.charts import Bar3D
3D 曲面图	Surface3D	from pyecharts.charts import Surface3D

3)主题风格

添加主题风格使用 initopts( )方法,该方法的主要参数有画布宽度 width、高度 height、图表标识 chart_id、网页标题 page_title、图表主题 theme、背景颜色 bg_color 等。默认主题是白色，即 ThemeType.WHITE，还有浅色主题 ThemeType.LIGHT、深色主题 ThemeType.DARK 等。下面的代码绘制饼图并设置为马卡龙主题：

```
pie = Pie(init_opts=opts.InitOpts(theme=ThemeType.MACARONS))
```

4）Pyecharts库全局配置和系列配置

Pyecharts库提供了全局配置和系列配置功能，用于控制图表的外观和行为。全局配置通过set_global_opts()方法进行设置，可以修改图表的默认配置，例如主题、宽度和高度等。系列配置用于控制每个系列的图表样式和数据，例如线条样式、柱形图颜色、标签格式等，通过set_series_opts()方法进行设置，可以选择多种系列类型，例如折线图、柱形图、散点图等。

5）图表标题

给图表添加标题需要使用set_global_options()方法的title_opts参数，该参数的值通过opts模块的TitleOpts()方法生成。TitleOpts()方法的title参数接收主标题文本；subtitle参数接收副标题文本；pos_left参数设置标题到容器左侧距离，使用数值、百分比或left、center、right，默认为None；pos_top参数设置标题到容器上侧距离，其值可以是具体像素值或百分比，或top、middle、bottom等。更多的参数可参阅相关文档。下面的代码为饼图设置水平、上下都居中的标题：

```
pie.set_global_opts(
        # 饼图标题
        title_opts=opts.TitleOpts(
            title="各类别数量分析",
            pos_left="center", pos_top='middle'),
)
```

6）图例

设置图例需要使用set_global_opts()方法的legend_opts参数，该参数的值通过opts模块的LegendOpts()方法生成。is_show参数控制是否显示图例，为True则显示，否则不显示；pos_left参数设置图例组件到容器左侧距离；pos_top参数设置图例组件到容器上侧距离，其值与图表标题一致；orient参数表示图例列表的布局朝向，可选择horizontal、vertical等。下面的代码在绘制饼图时生成图例（垂直方向，上下居中，到容器左侧20%的位置）：

```
pie.set_global_opts(
        # 饼图标题
        title_opts=opts.TitleOpts(
            title="各类别数量分析",
            pos_left="center"),
        # 显示图例
legend_opts=opts.LegendOpts(is_show=True,pos_left ='20%',pos_top ='middle',orient = 'vertical'),
)
```

7）坐标轴标签样式配置

axislabel_opts是Pyecharts库中用于设置坐标轴标签样式的配置选项。可以通过set_global_opts()方法中的yaxis_opts或xaxis_opts参数来进行设置。常用的axislabel_opts配置选项主要如下。
（1）color：标签文字颜色。
（2）font_size：标签文字大小，默认为 12px。
（3）margin：标签文字与轴线的间距，默认为 8px。
（4）rotate：标签文字旋转角度，默认为 0，表示不旋转。
（5）interval：标签文字显示间隔，默认为 auto，表示自适应间隔。
（6）font_family：标签字体。
下面的代码设置 x 轴和 y 轴标签都用微软雅黑字体，大小为 12px，颜色为黑色：

```
. set_global_opts(
        title_opts=opts. TitleOpts(title='中国大学排名',pos_left = '10%'),
        yaxis_opts=opts. AxisOpts(name='省份', axislabel_opts=opts. LabelOpts(color='black',font_size=12, font_family="Microsoft YaHei",)
        ),
        xaxis_opts=opts. AxisOpts(name='量',axislabel_opts=opts. LabelOpts(color='black', font_size=12, font_family="Microsoft YaHei",)
        ),
)
```

8）视觉映射

视觉映射用于进行视觉编码，即将数据映射到视觉元素。视觉元素可以是图元的大小、颜色、透明度、明暗度、色调等。

Pyecharts 库的视觉映射通过 set_global_opts( )方法中的 visualmap_opts 参数进行设置，其主要参数如下。

（1）is_show：是否显示视觉映射配置。
（2）min_：颜色条的最小值，为整型或浮点型。
（3）max_：颜色条的最大值，为整型或浮点型。
（4）range_text：颜色条两端的文本，例如 High 或 Low。
（5）range_color：颜色范围（颜色的过渡），格式是一个序列。
（6）orient：颜色条的放置方式，horizontal 表示水平放置，vertical 表示垂直放置。
（7）pos_left：颜色条到容器左侧距离。
（8）is_piecewise：是否分段显示数据，为布尔型。

3. 使用 Pyecharts 库绘制折线图

使用 Pyecharts 库绘制折线图使用 Line 模块，其主要方法有 add_xaxis( ) 和 add_yaxis( )，分别用来添加 x 轴数据和 y 轴数据。add_yaxis( )方法的主要参数包括 series_name（系列名称，用于提示文本或图例标签）、y_axis（y 轴数据）、color（标签文本颜色）等。下面的代码绘制了航班价格折线图，其用 date 列表（日期）作为 x 轴数据，用 a、b 列表（两条线路的价格）作为 y 轴数据，绘制了两条折线。运行结果如图 4-13 所示。

航班价格折线图

```
import pyecharts. options as opts
from pyecharts. charts import Line
date =["9. 29", "9. 30", "10. 1", "10. 2", "10. 3","10. 4"]
```

```
a =[1750,1900,1450,1200,1250,1400]
b =[1420,1575,1400,1050,1100,1200]
m=Line()
m. add_xaxis(date)
m. add_yaxis("杭州飞往北京",a,color='red')
m. add_yaxis("杭州飞往广州",b,color='blue')
m. set_global_opts(title_opts=opts. TitleOpts(title="航班价格折线图",pos_left='10%'),legend_opts=opts. LegendOpts(is_show=True),)
#jupyter notebook 总渲染
m. render_notebook()
```

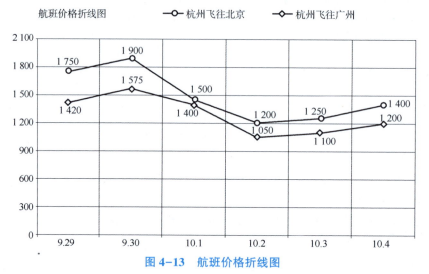

图 4-13　航班价格折线图

下面的代码与上面的代码的功能一样，但下面的代码采用了链式调用的方式。链式调用是 Pyecharts 库常用的程序书写方法。采用链式调用可以简化同一对象多次访问属性或方法的编码方式，避免多次重复使用同一个对象，代码更简洁。Pyechart 库经常用到链式调用的方式，而且其新版本的所有方法均支持链式调用。

```
import pyecharts. options as opts
from pyecharts. charts import Line
date =["9. 29", "9. 30", "10. 1", "10. 2", "10. 3","10. 4"]
a =[1750,1900,1450,1200,1250,1400]
b =[1420,1575,1400,1050,1100,1200]
m=(Line()
    . add_xaxis(date) #开始链式调用
    . add_yaxis("杭州飞往北京",a)
    . add_yaxis("杭州飞往广州",b)
    . set_global_opts(title_opts=opts. TitleOpts(title="航班价格折线图"),legend_opts=opts. LegendOpts(is_show=True),)
)
m. render_notebook()
```

4. 使用 Pyecharts 库绘制柱形图

使用 Pycharts 库绘制柱形图通过 Bar 模块实现，其主要方法 add_xaxis()和 add_yaxis()与折线图作用一样，分别用来添加 x 轴数据和 y 轴数据。reversal_axis()方法可用来翻转 x 轴、y 轴，add_dataset()方法可指定原始数据。下面的代码绘制了一个简单的柱形图，运行结果如图 4-14 所示，注意最右边的视觉映射配置效果。

使用 Pyecharts 库绘制柱形图

```
from pyecharts.charts import Bar
from pyecharts import options as opts
# 示例数据
CLOTHES = ["衬衫","羊毛衫","雪纺衫","裤子","高跟鞋","袜子"]
clothes_v1 = [5, 20, 36, 10, 75, 90]
# 链式调用
bar = (Bar()
       .add_xaxis(CLOTHES)
       .add_yaxis('clothes_v1', clothes_v1)
       .set_series_opts(label_opts=opts.LabelOpts(is_show=True),)
       .set_global_opts(title_opts = opts.TitleOpts(title="柱形图示例", subtitle="副标题",pos_left='10%'),
                        legend_opts=opts.LegendOpts(is_show=False),
                        visualmap_opts=opts.VisualMapOpts(max_=90,range_text=["高",'低'],pos_left='right',pos_top='middle')
                        )
       )
bar.render_notebook()
```

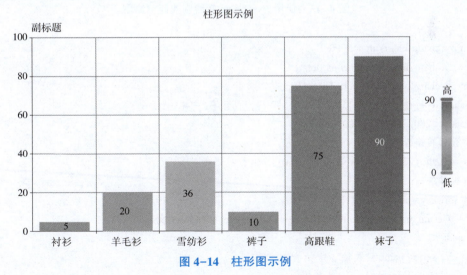

图 4-14 柱形图示例

5. 使用 Pyecharts 库绘制饼图

使用 Pyecharts 库绘制饼图使用 Pie 模块，该模块中需要使用的主要方法是 add()方法，该方法的主要参数如下。

(1) series_name：系列名称，用于提示文本和图例标签。
(2) data_pair：数据项，格式为列表中的元组对[(key1,value1),(key2,value2)]。
(3) color：系列标签的颜色。
(4) radius：饼图的半径，默认是相对于容器的高和宽中较小的一方的一半。
(5) rosetype：指定是否展开为南丁格尔玫瑰图，后面绘制中国大学数量玫瑰图时有详述。

使用 Pyecharts 库绘制饼图

下面的代码使用 Pyecharts 库绘制简单饼图，运行结果如图 4-15 所示，注意图例的参数作用。

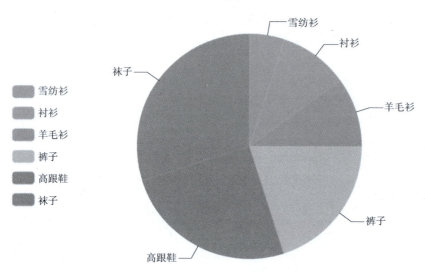

图 4-15　使用 Pyecharts 库绘制的简单饼图

```
from pyecharts.charts import Pie
from pyecharts import options as opts
from pyecharts.globals import ThemeType
x_data = ["衬衫","羊毛衫","雪纺衫","裤子","高跟鞋","袜子"]
y_data = [200, 200, 100, 400, 500, 600]
# 将数据转换为目标格式
data = [list(z) for z in zip(x_data, y_data)]
# 数据排序
data.sort(key=lambda x: x[1])
pie = Pie(init_opts=opts.InitOpts(theme=ThemeType.MACARONS))
pie.add(
        series_name="数量",    # 序列名称
        data_pair=data,        # 数据
        radius='50%',          #饼图半径
    )
pie.set_global_opts(
        # 饼图标题
```

```
            title_opts=opts.TitleOpts(
                title="各商品库存数量对比",
                pos_left="center",
                pos_top='10%',),
            # 显示图例
            legend_opts=opts.LegendOpts(is_show=True,pos_left='20%',pos_top='middle',orient='vertical'), )
    pie.set_series_opts(
            # 序列标签
            label_opts=opts.LabelOpts(),
            )
    pie.render_notebook()
```

6. Pyecharts 库分析中国大学排名案例

为了进一步掌握 Pyecharts 库及其基本使用方法，下面进行中国大学排名数据的分析并呈现结果。数据文件"中国大学综合排名 2023.xlsx"收集了中国 2023 年大学排名数据，包括排名、学校名称、英文名称、层次、类型、地区、评分及 10 个分项目评分等，如图 4-16 所示。

Pyecharts 分析
中国大学排名

	A	B	C	D	E	F	G	H	I	J	K	L	M	N	O	P	Q
1	排名	学校名称	英文名称	层次	类型	地区	评分	办学层次	学科水平	办学资源	师资规模与结构	人才培养	科学研究	服务社会	高端人才	重大项目与成果	国际竞争力
2	1	清华大学	Tsingh	双一流,985,211	综合	北京	1004.1	37.5	77.1	50	53.7	329	105.7	46.9	88.8	124	91.8
3	2	北京大学	Peking	双一流,985,211	综合	北京	910.5	35	74.3	33.8	54	310	101.2	17.3	91.2	108.9	85.1
4	3	浙江大学	Zhejia	双一流,985,211	综合	浙江	822.9	35.9	67.2	28.8	51.1	288	100	30.7	69.6	88.5	63.1
5	4	上海交通	Shangh	双一流,985,211	综合	上海	778.6	35.7	60.4	29.6	52.4	262	104.5	27.8	66.3	90.7	49.5
6	5	复旦大学	Fudan	双一流,985,211	综合	上海	712.4	36.5	61.9	20.8	51.1	254	84.3	20.5	65.8	61.8	55.7
7	6	南京大学	Nanjin	双一流,985,211	综合	江苏	676.2	37.7	56.6	10.4	50.1	271	74.1	13.8	60.3	67.1	35.2
8	7	中国科学	Univer	双一流,985,211	理工	安徽	608.6	40	40.4	15.6	50.4	229	74.5	13.2	52.2	39.2	54.5
9	8	华中科技	Huazho	双一流,985,211	综合	湖北	606.2	32.2	43.6	20.1	50.4	248	69.7	18.3	37.7	50.3	36.1
10	9	武汉大学	Wuhan	双一流,985,211	综合	湖北	599.1	31.8	48.7	13.8	50	257	64.9	9.3	39.3	45.2	38.8
11	10	西安交通	Xi'an	双一流,985,211	综合	陕西	572.6	34.2	39.4	17.7	51.2	258	59.9	18.8	26.4	40.3	26.7

图 4-16 "中国大学综合排名 2023.xlsx"文件的部分内容

1）数据获取

首先导入常用的统计分析库 Pandas，并从 Pyecharts 库中导入多个模块，包括绘制地图的 Map、绘制柱形图的 Bar、绘制饼图的 Pie、绘制词云图的 WordCloud，还有配置包 options，然后将存放在硬盘中的数据文件中的数据导入数据帧 df，并显示前 5 行。代码如下：

```
from pyecharts.charts import Map
from pyecharts.charts import Bar
from pyecharts.charts import Pie
from pyecharts import options as opts
from pyecharts.charts import WordCloud
import pandas as pd
df = pd.read_excel('d:/中国大学综合排名 2023.xlsx')
df.head()
```

输出数据帧 df 的前 5 行数据，如图 4-17 所示，说明数据导入正确。

	排名	学校名称	英文名称	层次	类型	地区	评分	办学层次	学科水平	办学资源	师资规模与结构	人才培养	科学研究	服务社会	高端人才	重大项目与成果	国际竞争力
0	1	清华大学	"Tsinghua University"	双一流,985,211	综合	北京	1004.1	37.5	77.1	50.0	53.7	328.6	105.7	46.9	88.8	124.0	91.8
1	2	北京大学	"Peking University"	双一流,985,211	综合	北京	910.5	35.0	74.3	33.8	54.0	309.7	101.2	17.3	91.2	108.9	85.1
2	3	浙江大学	"Zhejiang University"	双一流,985,211	综合	浙江	822.9	35.9	67.2	28.8	51.1	287.8	100.0	30.7	69.6	88.5	63.1
3	4	上海交通大学	"Shanghai Jiao Tong University"	双一流,985,211	综合	上海	778.6	35.7	60.4	29.6	52.4	261.7	104.5	27.8	66.3	90.7	49.5
4	5	复旦大学	"Fudan University"	双一流,985,211	综合	上海	712.4	36.5	61.9	20.8	51.1	253.9	84.3	20.5	65.8	61.8	55.7

图 4-17 中国大学排名数据帧 df 的前 5 行

2) 数据处理

首先，查看各列的数据类型，代码如下：

df.dtypes

然后，查看表中的缺失数据，代码如下：

df.isnull().sum()

图 4-18 所示为数据帧各列的数据类型，除了"学校名称""英文名称""层次""类型""地区"列为 object 类型外，其他列都是 float 类型。图 4-19 所示为数据帧 df 缺失数据统计结果，除了"层次"列以外，其他列没有缺失值。"层次"列为空的情况说明相关大学不是"985"和"双一流"高校，暂不需要进行缺失值填充处理。

```
排名                  int64
学校名称                object
英文名称                object
层次                  object
类型                  object
地区                  object
评分                  float64
办学层次                float64
学科水平                float64
办学资源                float64
师资规模与结构             float64
人才培养                float64
科学研究                float64
服务社会                float64
高端人才                float64
重大项目与成果             float64
国际竞争力               float64
dtype: object
```

```
排名                  0
学校名称                0
英文名称                0
层次                  478
类型                  0
地区                  0
评分                  0
办学层次                0
学科水平                0
办学资源                0
师资规模与结构             0
人才培养                0
科学研究                0
服务社会                0
高端人才                0
重大项目与成果             0
国际竞争力               0
dtype: int64
```

图 4-18 数据帧 df 各列的数据类型　　图 4-19 数据帧 df 缺失数据统计结果

下面统计中国大学数量并按平均分排序。先按地区分组对排名计数，获得各省市大学的数量，将结果保存到 dfa 中；再按地区分组求评分的平均值，将结果保存到 dfb 中，并对 dfb 用 round()方法做四舍五入，保留两位小数；然后用 concat()方法对 dfa 和 dfb 按纵轴进行外连接，即按地区连接各省市大学数量和平均分，将结果保存到 df1 中，连接后的列名改为"数量"和"平均分"；最后按平均分进行降序排序，显示 df1 的前 5 行。代码如下，运行结果如图 4-20 所示。

地区	数量	平均分
北京	27	346.84
上海	18	303.86
江苏	39	224.20
湖北	25	216.21
天津	11	211.05

图 4-20　外连接生成 df1 的前 5 行

```
dfa = df.groupby('地区').count()['排名']
dfb = df.groupby('地区').mean()['评分']
dfb = dfb.round(2)
df1 = pd.concat([dfa, dfb], join='outer', axis=1)
df1.columns = ['数量', '平均分']
df1.sort_values(by=['平均分'], ascending=False, inplace=True)
df1.head()
```

3）Pyecharts 库可视化分析

（1）绘制中国大学数量和平均分柱形图。

先把 df1 的索引列（即"地区"列）、数量列和平均分列都转换成列表分别存储到 d1、d2 和 d3 中；然后把 d1（地区）作为 x 轴数据，把 d2（数量）和 d3（平均分）都作为 y 轴数据，用 Bar 类绘制柱形图。代码如下，运行结果如图 4-21 所示。

```
d1 = df1.index.tolist()
d2 = df1['数量'].values.tolist()
d3 = df1['平均分'].values.tolist()
bar0 = (
    Bar()
    .add_xaxis(d1)
    .add_yaxis('数量', d2)
    .add_yaxis('平均分', d3)
    .set_global_opts(
        title_opts=opts.TitleOpts(title='中国大学排名',pos_left = '10%'),
        yaxis_opts=opts.AxisOpts(name='省份',axislabel_opts=opts.LabelOpts(
                        color='black',
                        font_size=12,
                        font_family="Microsoft YaHei",)
                        ),
        xaxis_opts=opts.AxisOpts(name='量',axislabel_opts=opts.LabelOpts(
                        color='black',
                        font_size=12,
                        font_family="Microsoft YaHei",)
                        ),
    )
)
bar0.render_notebook()
```

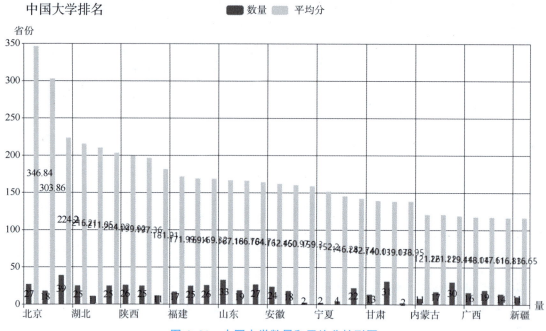

图 4-21 中国大学数量和平均分柱形图

（2）绘制中国大学数量和平均分条形图。

对 df1 按平均分排序，并保存回原文件；再把 df1 的索引列（即"地区"列）、数量列和平均分列都转换成列表分别存储到 d1、d2 和 d3 中；然后把 d1 作为 x 轴数据，把 d2 和 d3 都作为 y 轴数据，仍用 Bar 类绘制柱形图，但要调用 reversal_axis( ) 方法进行一个坐标轴的反转，成为横向条形图。代码如下，运行结果如图 4-22 所示。

```
df1.sort_values(by=['平均分'], inplace=True)
d1 = df1.index.tolist()
d2 = df1['数量'].values.tolist()
d3 = df1['平均分'].values.tolist()
bar1 = (
    Bar()
    .add_xaxis(d1)
    .add_yaxis('数量', d2)
    .add_yaxis('平均分', d3)
    .reversal_axis()
    .set_series_opts(label_opts=opts.LabelOpts(position='right'))
    .set_global_opts(
        title_opts=opts.TitleOpts(title='中国大学排名',pos_left = '10%'),
        yaxis_opts=opts.AxisOpts(name='省份',axislabel_opts=opts.LabelOpts(
                    color='black',
                    font_size=12,
                    font_family="Microsoft YaHei",)
                ),
        xaxis_opts=opts.AxisOpts(name='量',axislabel_opts=opts.LabelOpts(
```

```
                    color='black',
                    font_size=12,
                    font_family="Microsoft YaHei",)
            ),
        )
    )
bar1.render_notebook()
```

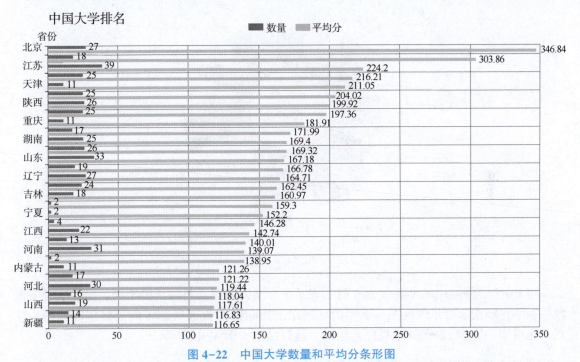

图 4-22　中国大学数量和平均分条形图

(3) 绘制中国大学数量玫瑰图。

玫瑰图是 Pyecharts 库中的特殊饼图。Pie 类中有一个特殊的参数 rosetype，它控制饼图是否展开为玫瑰图，可以取的值有 radius 和 area。取 radius 时表示通过扇区圆心角展现数据的大小，即默认的扇形图。下面的代码展示使用 radius 绘制的扇形玫瑰图效果，运行结果如图 4-23 所示。

```
name = dfa.index.tolist()
count = dfa.values.tolist()
c0 = (
    Pie()
    .add(
        '',
        [list(z) for z in zip(name, count)],
        radius=['20%', '60%'], #饼图的半径，列表第一项是内半径，第二项是外半径，默认为百分比，相对于容器高、宽中较小的一项的一半
        rosetype="radius",
        label_opts=opts.LabelOpts(is_show=False),
```

```
        )
        .set_series_opts(label_opts=opts.LabelOpts(formatter='{b}: {c}'))
        .set_global_opts(legend_opts=opts.LegendOpts(is_show=False),)
    )
c0.render_notebook()
```

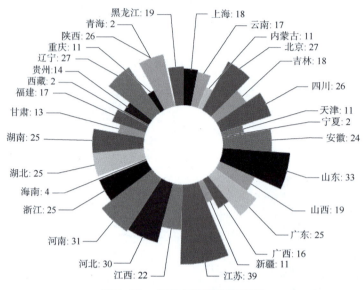

图 4-23　中国大学数量玫瑰图

当 Pie 类的 rosetype 参数取 area 时,表示所有扇区的圆心角的角度相同,通过半径展现数据大小,即南丁格尔玫瑰图。下面的代码用上面同样的数据展示了南丁格尔玫瑰图,注意要先对 dfa 中的数据按降序排序再绘图。运行结果如图 4-24 所示。

```
dfc = dfa.sort_values(ascending=False, inplace=False)
provinces = dfc.index.tolist()
num = dfc.values.tolist()
c1 = (
    Pie()
    .add('', [list(z) for z in zip(provinces, num)],
        radius=['30%', '105%'],
        rosetype='area'
        )
    .set_global_opts(legend_opts=opts.LegendOpts(is_show=False),
                    toolbox_opts=opts.ToolboxOpts())
    .set_series_opts(label_opts=opts.LabelOpts(is_show=True, position="inside", font_size=12,formatter='{b}: {c}', font_style='italic',font_weight='bold', font_family='Microsoft YaHei'))
    )
c1.render_notebook()
```

在上述代码中要注意 set_series_opts( ) 设置系列配置,它指定了饼图中的数据标签显示的格式:position 参数为 inside 表示标签在饼图内部显示;formatter 参数指定数据标签显示格式为"{b}:{c}",其中 b 代表地区,c 代表数量,例如"江苏:39";数据标签字体为微软雅黑，大小为12px，加粗且倾斜。

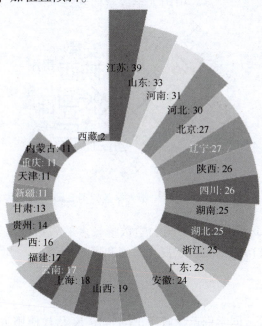

图 4-24 中国大学数量南丁格尔玫瑰图

（4）中国大学数量词云分析。

词云是一种可视化文本数据的工具，可以根据文本中单词或短语的频率显示在图像中。Pyecharts库提供了方便的生成词云的WordCloud类，只要设置好各种参数，包括标题、视觉映射配置等，再向add( )方法的data_pair参数中传入列表数据，向word_size_range参数中传入显示词条大小的范围，即可自动生成词云图。下面的代码生成中国大学数量词云图，运行结果如图4-25所示。

```
wordcloud = (
    WordCloud(init_opts = opts. InitOpts(theme = 'dark',width = '1000px', height = '600px',bg_color = '#ffffff'))
    .add(series_name="", data_pair=[list(z) for z in zip(name, count)], word_size_range=[15, 55])
    .set_global_opts(
        title_opts=opts. TitleOpts(
            title='中国大学数量词云',
            pos_top='15%',
            pos_left='center',
            title_textstyle_opts=opts. TextStyleOpts(color='black',font_size=30,font_family='SimSun')
        ),
        visualmap_opts=opts. VisualMapOpts(
            is_show=False,
            max_=max(name),
        ),
    )
)
wordcloud. render_notebook()
```

图 4-25 中国大学数量词云图

从图 4-25 可以很清楚地看到，中国大学数量较多的省市是江苏、山东、河南、河北、北京等地，数量较少的省市是西藏、宁夏、海南和青海。

任务实施准备

通过预备知识的学习，同学们已了解了 Pyecharts 库及其使用方法，接下来需要运用这些技能进行 2023 年成都大运会数据的分析并呈现结果。在任务实施前需要准备好以下软件工具和数据文件。

（1）操作系统：Windows 10 或 Windows 11。

（2）软件工具：Jupyter Notebook。

（3）数据文件："成都大运会奖牌榜.csv""成都大运会奖牌榜奖牌明细.csv"。

要求在 Python 中安装好 Pandas 库、NumPy 库、Matplotlib 库和 Pyecharts 库。

数据文件"成都大运会奖牌榜.csv"收集有 2023 年成都大运会奖牌数据，包括"排名""国际编码""中文名称""英文名称""金牌数""银牌数""铜牌数""奖牌总数"8 列，如图 4-26 所示。

	A	B	C	D	E	F	G	H
1	排名	国际编码	中文名称	英文名称	金牌数	银牌数	铜牌数	奖牌总数
2	1	CHN	中国	China	103	40	35	178
3	2	JPN	日本	Japan	21	29	43	93
4	3	KOR	韩国	Rep. Korea	17	18	23	58
5	4	ITA	意大利	Italy	17	18	21	56
6	5	POL	波兰	Poland	15	16	12	43
7	6	TUR	土耳其	Turkiye	11	12	12	35
8	7	IND	印度	India	11	5	10	26
9	8	TPE	中国台北	Chinese Ta	10	17	19	46
10	9	LTU	立陶宛	Lithuania	6	4	2	12
11	10	FRA	法国	France	5	8	10	23

图 4-26 "成都大运会奖牌榜.csv"文件部分内容

数据文件"成都大运会奖牌榜奖牌明细.csv"收集有 2023 年成都大运会奖牌明细信息，包括"日期""国际编码""运动员""比赛类别""比赛项目""奖牌"6 列，如图 4-27 所示。

项目四　处理分析商务大数据进阶

	A	B	C	D	E	F
1	日期	国际编码	运动员	比赛类别	比赛项目	奖牌
2	20230731	IND	SAINI Aman	射箭	男子复合弓个人决赛铜牌赛	铜牌
3	20230730	CHN	杜 美余	射箭	男子复合弓团体决赛金牌赛	金牌
4	20230730	CHN	王 世坤	射箭	男子复合弓团体决赛金牌赛	金牌
5	20230730	CHN	陈 岩松	射箭	男子复合弓团体决赛金牌赛	金牌
6	20230730	FRA	CADRONET Nathan	射箭	男子复合弓团体决赛金牌赛	银牌
7	20230730	FRA	BOULEAU Victor	射箭	男子复合弓团体决赛金牌赛	银牌
8	20230730	FRA	ALBANESE Remy	射箭	男子复合弓团体决赛金牌赛	银牌
9	20230730	IND	YADAV Rishabh	射箭	男子复合弓团体决赛铜牌赛	铜牌
10	20230730	IND	SAINI Aman	射箭	男子复合弓团体决赛铜牌赛	铜牌

图 4-27　"成都大运会奖牌榜奖牌明细 .csv"文件部分内容

任务实施与分析

1. 数据获取

导入需要的库，读取文件"成都大运会奖牌榜.csv"中的内容到数据帧 df1 中，读取文件"成都大运会奖牌榜奖牌明细.csv"中的内容到数据帧 df2 中，并显示前 5 行。

2. 数据处理

查看每个数据帧是否有空值和异常值，如有则进行适当的处理。

3. 绘制成都大运会奖牌榜堆积柱形图

取 df1 的前 10 行，即奖牌榜前 10 名的数据。使用 Pyecharts 库的 Bar 类绘制成都大运会奖牌榜堆积柱形图。结果如图 4-28 所示。

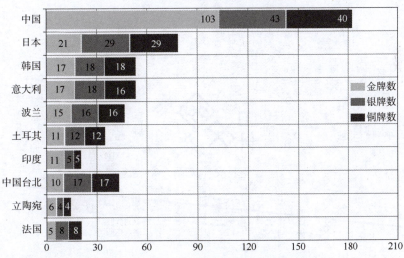

图 4-28　成都大运会奖牌榜单堆积柱形图

4. 绘制成都大运会金牌 TOP10 柱形图

先在 df2 中过滤出获得金牌的运动员，然后按运动员分组统计每个运动员获得的金牌总数，再以运动员姓名为 x 轴数据，以金牌总数为 y 轴数据，使用 Pyecharts 库的 Bar 类绘制成都大运会金牌榜 TOP10 柱形图。结果如图 4-29 所示。中国的张雨霏共获得了 9 枚金牌，名列世界第一。

211

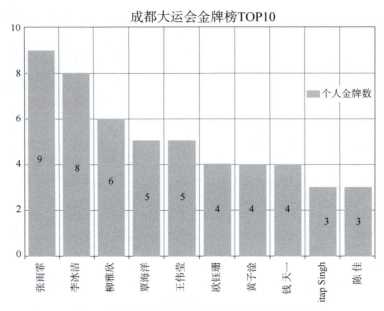

图 4-29 成都大运会金牌榜 TOP10 柱形图

5. 绘制成都大运会各国奖牌总数词云图

将 df1 中的"中文名称"和"奖牌总数"列转成列表，然后使用 Pyecharts 库的 WordCloud 类绘制成都大运会各国奖牌总数词云图。结果如图 4-30 所示。中国获得的奖牌总数遥遥领先。

图 4-30 成都大运会各国奖牌数词云图

拓展知识

ECharts 库是一个由百度公司开源的 JavaScript 数据可视化库，它凭借良好的交互性、精巧的图表设计，得到了众多开发者的认可。ECharts 库可以流畅地运行在计算机和移动设备上，兼容当前绝大部分浏览器（Chrome、Internet Explorer、Firefox、Safari 等），提供直观、交互丰富、可高度个性化定制的数据可视化图表。在 Python 中使用 ECharts 库需要安装 Pyecharts 库。Pyecharts 库是一个用于生成 ECharts 库图表的类库，实际上就是 ECharts 库与 Python 的"接口"[15]。

Pyecharts 库是 ECharts 库与 Python 的强强结合，能提供直观、生动、可交互、可个性化定制的数据可视化图表，包括常规的折线图、柱形图、散点图、饼图、K 线图，还有用于统计的盒形图，用于地理数据可视化的地图、热力图、线图，用于关系数据可视化的关系图、旭日图等，并且支持图与图之间的混搭。Pyecharts 库由软件爱好者开发维护，其官网地址为 https://pyecharts.org。

思考与总结

通过以上的学习，同学们不仅完成了数据获取、处理和分析的过程，而且掌握了使用 Pyecharts 库绘制折线图、柱形图、饼图、玫瑰图、词云图的方法。请同学们思考 Pyecharts 库还可以应用于哪些场景（不限于本书中的内容）。

能力提升

请同学们打开课程中心页面，完成以下任务：对于给定的数据文件，导入后经过适当的处理，为其绘制南丁格尔玫瑰图和词云图。

任务训练

请同学们根据本任务的内容，独立完成任务单 4-2 中的实训。

商务大数据的获取处理与可视化分析

任务单 4-2

任务单 4-2

班级		学号		姓名	
实训 4-2	使用 Pyecharts 库对成都大运会数据进行可视化分析				
实训目的	（1）能够使用 Pandas 库、Matplotlib 库和 Pyecharts 库进行数据的获取、处理及可视化分析。 （2）领悟中国经济繁荣、教育发达、人民安居乐业的现状和美好前景。 （3）培养尊重知识产权、严保数据安全和国家安全的责任意识。 （4）培养严谨、细致、耐心、有担当的职业素养。				
实训过程	创建 Jupyter Notebook 文件"python4.2.ipynb"，对于提供的数据文件"成都大运会奖牌榜.csv"和"成都大运会奖牌榜奖牌明细.csv"，通过数据获取、处理、可视化分析，使用 Pyecharts 库绘制各国所获奖牌对比的条形图、折线图和词云图等。在下面按要求写出 Python 代码。 （1）将数据文件读入数据帧，并输出前 5 行。 （2）显示数据帧中各字段的数据类型。 （3）查看数据帧是否存在缺失值和异常值并进行适当处理。 （4）绘制成都大运会奖牌榜 TOP10 堆积条形图并将代码粘贴在下面。 （5）绘制各比赛项目金牌数量分布折线图并将代码粘贴在下面。 （6）绘制各国奖牌数词云图并将代码粘贴在下面。				
总结	（1）在本实训中你学到了什么？ （2）在本实训中你遇到了哪些问题？你是怎么解决的？				

214

项目四 处理分析商务大数据进阶

任务 3　AI 模型预测分析人口数据及商品销售额

预备知识

1. 人工智能的发展

人工智能（Artificial Intelligence，AI）是新一轮科技革命和产业变革的重要驱动力量，是研究、开发用于模拟、延伸和扩展人的智能的理论、方法、技术及应用系统的一门新的技术科学。人工智能的发展历程简介如下。

1956 年，计算机专家约翰·麦卡锡提出"人工智能"概念。

1980 年，卷积神经网络的雏形 CNN 诞生。

2014 年，被誉为 21 世纪最强大算法模型之一的对抗式生成网络（GAN）诞生，标志着深度学习进入生成模型研究的新阶段。

2017 年，谷歌公司颠覆性地提出了基于自注意力机制的神经网络结构——Transformer 架构，奠定了大模型预训练算法架构的基础，使大模型技术的性能得到显著提升。

2018 年，OpenAI 公司和谷歌公司分别发布了 GPT-1 与 BERT 大模型，这意味着预训练大模型成为自然语言处理领域的主流。

2020 年，OpenAI 公司推出了 GPT-3，模型参数规模达到了 1 750 亿，成为当时最大的语言模型，并且在零样本学习任务中实现了巨大的性能提升。

2022 年 11 月，OpenAI 公司推出了搭载 GPT3.5 的 ChatGPT，凭借逼真的自然语言交互与多场景内容生成能力，ChatGPT 迅速引爆互联网。

2. 大模型

大模型（Large Model）是指具有大量参数和复杂结构的机器学习模型，它能够处理海量数据、完成各种复杂任务，如自然语言处理（Natural Language Processing，NLP）、计算机视觉、语音识别等。大模型通常由深度神经网络构建，拥有数十亿甚至数千亿个参数。大模型的设计目的是提高模型的表达能力和预测性能，能够处理更加复杂的任务和数据。大模型在各种领域都有广泛的应用，包括 NLP、计算机视觉、语音识别和推荐系统等。大模型通过训练海量数据来学习复杂的模式和特征，具有强大的泛化能力，可以对未见过的数据做出准确的预测。

GPT（Generative Pre-trained Transformer）模型使用了 Transformer 架构，这是一种基于自注意力机制的深度神经网络模型。通过预训练大规模的语料库数据，GPT 模型可以学习到语言的统计结构和语义表示，并且能够生成连贯、有逻辑性的文本。

ChatGPT 是针对对话任务进行微调的 GPT 模型变体。与传统的单向语言模型不同，ChatGPT 被设计用于生成有上下文依赖的回复，这使其更适合进行对话和聊天交互。通过与用户的迭代交互，ChatGPT 可以理解用户的输入并产生连贯的响应。

GPT 模型和 ChatGPT 都是基于 Transformer 架构的语言模型，但它们在设计和应用上存在区别。GPT 模型旨在生成自然语言文本并处理各种 NLP 任务，如文本生成、翻译、摘要等，它通常在单向生成的情况下使用，即根据给定的文本生成连贯的输出。ChatGPT 则专注于交互式对话，它经过特定的训练，可以更好地处理多轮对话和上下文理解。它不仅能响应用户的输入并生成合适的回复，而且能提供流畅、连贯和有趣的对话体验。

ChatGPT 内部有庞大的知识资料库，因此具备检索信息和智能生成人类语言的能力，当需要某些信息时，相比网络搜索，人们通过询问 ChatGPT 得到答案会更加方便，这直接冲击了传统的搜索引擎，成为人们获取信息的新方式。现阶段需要注意的是，作为一个 AI 模型，ChatGPT 具有局限性，它的回答基于已有的训练数据和模型的理解，可能存在错误或不准确的情况。

3. 大模型的特点

（1）规模性。大模型包含数十亿甚至更多参数，其大小可以达到数百 GB 甚至更大，巨大的规模使大模型具有强大的表达能力和学习能力。

（2）涌现性。涌现（Emergence）是一种现象，表现为许多小实体相互作用后产生大实体，而大实体展现了组成它的小实体所不具有的特性。引申到模型层面，涌现能力指的是当模型的训练数据突破一定规模时，模型突然涌现之前小模型所没有的、意料之外的、能够综合分析和解决更深层次问题的复杂能力和特性，展现出类似人类的思维和智能。涌现性是大模型最显著的特点之一。

（3）通用性。大模型通常具有强大的学习能力和泛化能力，能够在各种任务中表现出色，不仅局限于特定问题及领域[16]。大模型能够学习多种不同的 NLP 任务，如机器翻译、文本摘要、问答系统等，获得更广泛和泛化的语言理解能力。大模型在图像识别、语音识别等领域应用也很广泛。大模型还可以从多个领域的数据中学习知识，并在不同领域中进行应用，实现跨领域的创新。

（4）大数据训练。大模型需要海量的数据进行训练，通常是 TB 以上甚至 PB 级别的数据集，只有大量的数据才能发挥大模型的参数规模优势。

（5）强大的计算资源。训练大模型通常需要数百甚至上千个 GPU，以及大量的时间。

（6）自监督学习。大模型可以通过自监督学习在大规模未标记数据上进行训练，从而减小对标记数据的依赖，提高效能。

4. 大模型的分类

按照输入数据类型的不同，大模型主要分为以下三大类。

（1）语言大模型：是指在 NLP 领域中使用的一类大模型，通常用于处理文本数据和理解自然语言。这类大模型的主要特点是它们在大规模语料库上进行了训练，专门学习自然语言的各种语法、语义和语境规则，例如 GPT 系列（OpenAI 公司）、Bard（谷歌公司）、文心一言（百度公司）等。

（2）视觉大模型：是指在计算机视觉领域中使用的大模型，通常用于图像处理和分析。这类大模型通过在大规模图像数据上进行训练，可以实现各种视觉任务，如图像分类、目标检测、图像分割、姿态估计、人脸识别等，例如 VIT 系列（谷歌公司）、文心 UFO、华为盘古 CV、INTERN（商汤公司）等。

（3）多模态大模型：是指能够处理多种不同类型数据的大模型，如文本、图像、音频等多模态数据。这类模型结合了 NLP 和计算机视觉的能力，实现了对多模态信息的综合理解和分析，从而能够更全面地理解和处理复杂的数据，如 DALL-E（OpenAI 公司）、悟空画画（华为公司）、Midjourney 等。

大模型是人工智能发展的重要方向和核心技术，随着人工智能技术的不断进步和应用场景的不断拓展，未来大模型将在更多领域展现其巨大的能力。

5. 需要用到的 AI 模型——线性回归模型

机器学习是人工智能的一个重要组成部分。它是一种通过数据和模型自动化推理、预测和决策的技术。在机器学习中算法是核心,人工智能中最常见的机器学习算法包括线性回归(Linear Regression)、逻辑回归、决策树、随机森林、支持向量机、K 近邻和神经网络等。机器学习算法在不同的场景中有广泛的应用,选择合适的机器学习算法可以提高预测的准确率和模型性能,本任务使用线性回归算法预测分析人口数据。

线性回归是较简单的机器学习算法之一,它用于预测一个连续的输出值。其主要思想是根据输入变量(或称为特征)和已知输出值之间的关系来预测未知的输出值。

线性通常是指变量之间保持等比例的关系。假设输入和输出存在线性关系,则可以用一个线性方程来表示。回归分析是一种预测性的建模技术,它研究的是因变量(目标)和自变量(预测器)之间的关系,通常用于预测分析时间序列模型以及发现变量之间的因果关系。通常使用曲线或直线来拟合数据点(已标记样本),目标是使曲线到数据点的距离差异最小。最常见的是代表直线的二元一次方程 $y=ax+b$,可看作一元线性回归,即最简单的线性回归。曲线有多元线性回归、对数线性回归等。

线性回归虽然是一种简单的算法,但其应用十分广泛,主要原因是线性回归能够模拟远超线性关系的复杂场景。线性回归中的"线性"指的是系数的线性,通过对特征的非线性变换,以及广义线性模型的推广,线性回归可以扩展到大量的非线性场景。线性回归模型具有易解释性优势,且已经在物理学、经济学、商学等领域占据了重要的地位。

线性回归的应用场景包括人口预测、房价预测、销售预测、降雨量预测、温度预测等。在线性回归分析中,使用线性预测函数对关系进行建模,这种模型称为线性回归模型。线性回归模型的优点是原理简单,易于理解和解释。该模型的计算速度较高,对于大规模数据集也能快速训练和预测。线性回归模型还能够提供各特征的权重,从而帮助人们理解特征对目标变量的影响程度。线性回归模型的缺点是无法直接处理非线性特征,并且对异常值敏感。

6. Python 中 AI 模型的使用方法

AI 模型训练是指利用 Python 和各种机器学习库训练 AI 模型的过程。在 Python 中有许多流行的机器学习库,如 TensorFlow、PyTorch、Scikit-learn 等,它们提供了丰富的工具和 API 来帮助开发者进行 AI 模型训练。

首先需要准备训练数据,涉及数据的收集、清洗、预处理等工作。然后,根据具体的任务和数据特点选择合适的机器学习算法或深度学习模型架构。接着,使用 Python 编写代码,构建模型,并使用训练数据训练模型。在训练过程中,还需要关注模型的性能指标,如准确率、损失函数值等,以便及时调整模型的参数和超参数,提高模型的性能。除了编写训练代码,还应该使用 Python 的可视化工具,例如 Matplotlib 库、Seaborn 库等,绘制图表展示预测分析的结果。

使用 Python 训练 AI 模型并将其用于解决实际问题时,建议按以下步骤进行。

1)确定问题和数据集

需要明确要解决的问题,并找到合适的数据集来训练 AI 模型。根据需要可以选择图像分类、预测分析、文本生成等不同任务。选择数据集时要确保数据集的质量和适用性,以便训练出高质量的 AI 模型。

2)进行数据预处理

在开始训练 AI 模型之前,通常需要进行数据预处理。它包括数据清洗、特征提取和数据转换等步骤。例如对于图像分类任务，可能需要将图像转换为数字矩阵，并对图像进行缩放和标准化处理。

3）构建 AI 模型

接下来需要选择适合问题的 AI 模型架构，并使用 Python 构建 AI 模型。Python 中有许多流行的机器学习库，如 TensorFlow、PyTorch 和 Scikit-learn 等，都可以用于构建和训练 AI 模型。

4）训练 AI 模型

一旦 AI 模型构建完成，就可以使用数据集来训练 AI 模型。在训练过程中，需要定义损失函数和优化算法，并选择适当的训练参数。通常需要将数据集分为训练集和验证集，用于评估 AI 模型的性能。

5）评估和调优 AI 模型

训练完成后需要评估 AI 模型的性能，并进行 AI 模型的调优。通过分析 AI 模型在验证集上的表现可以调整 AI 模型的参数、增加数据量或者尝试其他算法，以获得更好的性能。

6）部署和应用 AI 模型

如果对 AI 模型的性能和效果满意，就可以将其部署到实际应用中。根据客户的要求，可以选择将 AI 模型封装为 API、嵌入移动应用程序或者部署到云服务器上[17]。

以上就是 AI 模型的训练和预测过程。需要强调的是，编程和算法只是工具，真正的价值在于如何应用这些工具解决实际问题。需要结合具体的业务背景和数据情况，进行恰当的 AI 模型选择和参数调整，并进行准确的结果解读。

7. AI 模型预测分析广告数据案例

下面通过一个简单的案例学习 AI 模型预测分析的方法。首先要在 Python 中要安装好 Pandas 库、NumPy 库、Matplotlib 库、Seaborn 库和 Scikit-learn 库，Scikit-learn 库即机器学习的第三方模块，提供了大量 AI 算法。数据文件"guanggao.csv"中是在不同媒体上投放广告的花费与广告收益的数据，包括"Number"（编号）、"TV"（电视）、"radio"（收音机）、"newspaper"（报纸）、"sales"（收益）5 列，共有 200 条数据，如图 4-31 所示。

AI 模型预测分析广告数据

	A	B	C	D	E
1	Number	TV	radio	newspaper	sales
2	1	230.1	37.8	69.2	22.1
3	2	44.5	39.3	45.1	10.4
4	3	17.2	45.9	69.3	9.3
5	4	151.5	41.3	58.5	18.5
6	5	180.8	10.8	58.4	12.9
7	6	8.7	48.9	75	7.2
8	7	57.5	32.8	23.5	11.8
9	8	120.2	19.6	11.6	13.2
10	9	8.6	2.1	1	4.8
11	10	199.8	2.6	21.2	10.6

图 4-31 "guanggao.csv"文件的部分内容

1）数据获取

导入常用库，设置中文字体，然后从存放在硬盘中的数据文件中导入所有数据到数据帧 df 中，并显示前 5 行。代码如下：

```
import pandas as pd
import numpy as np
from matplotlib import pyplot as plt
plt.rcParams['font.family'] = "SimHei"
plt.rcParams['font.sans-serif'] = ["SimHei"]
df = pd.read_csv("D://guanggao2.csv")
df.head()
```

输出数据帧 df 的前 5 行，如图 4-32 所示，说明数据导入正确。

	Number	TV	radio	newspaper	sales
0	1	230.1	37.8	69.2	22.1
1	2	44.5	39.3	45.1	10.4
2	3	17.2	45.9	69.3	9.3
3	4	151.5	41.3	58.5	18.5
4	5	180.8	10.8	58.4	12.9

图 4-32 数据帧 df 的前 5 行

2）数据处理

在开始使用 AI 模型进行预测分析之前，需要确保数据是准确的、一致的，并且适合所选择的线性回归模型。数据不允许有缺失值，最好不能有异常值。使用 isnull( ) 方法查看是否存在缺失值，如存在则需要进行处理。代码如下：

```
df.isnull().sum()
```

运行结果显示所有列的缺失值之和都为 0，说明没有缺失值，不需要处理。查看源数据文件，也没有发现异常值需要处理。

3）训练数据准备

首先进行训练集与测试集的分割，用于训练和评估 AI 模型的性能。使用数据帧中的"Number""TV""radio""newspaper"字段作为特征值，存放到 data 中。将"sales"字段作为目标值，存放到 target 中。以 0.25 作为分割比例进行分割，将随机数种子 random_state 设置为 22，用于分割前对数据洗牌。使用 train_test_split( ) 方法把数据帧中的数据划分为训练集和测试集，划分好的训练集为 x_train 与 y_train，测试集为 x_test 和 y_test。代码如下：

```
from sklearn.model_selection import train_test_split
# 提取特征值
data = df[['Number','TV', 'radio', 'newspaper']]
# 提取目标值
target = df['sales']
# 划分数据集
x_train, x_test, y_train, y_test = train_test_split(data, target, test_size=0.25,random_state=22)
print("There are {} training samples".format(y_train.shape[0]))
print("There are {} testing samples".format(y_test.shape[0]))
```

运行结果如下：

> There are 150 training samples
> There are 50 testing samples

数据中训练样本为 150，测试样本为 50，说明分割成功。

4）AI 模型训练

接下来开始训练 AI 模型。先导入 Scikit-learn 库的线性回归类 LinearRegression，用它创建一个对象 estimator，接着用 estimator 对象调用 LinearRegression 类的 fit( ) 方法，在划分好的数据帧训练集数据（x_train, y_train）上进行训练。代码如下：

```
from sklearn.linear_model import LinearRegression
# 用线性回归类 LinearRegression 创建对象 estimator
estimator = LinearRegression()
# 训练后得出 AI 模型
estimator.fit(x_train, y_train)
```

运行结果如图 4-33 所示，说明 AI 模型（线性回归模型）训练成功。

```
▼ LinearRegression
LinearRegression()
```

图 4-33　线性回归训练结果

5）预测分析

上一步运行结束即训练完毕，现在可以用训练好的 estimater 模型的 predict( ) 方法预测结果。传入 data 作为参数，预测输出结果并保存到 y_all_pred 中。在可视化过程中需要画两个子图，第一个子图以 df 的 "Number" 列为 x 轴数据，以 df 的 "sales" 列为 y 轴数据，绘制实际值的黑色折线。第二个子图作为对比，以 df 的 "Number" 列为 x 轴数据，以预测结果 y_all_pred 作为 y 轴数据，绘制预测值的红色折线。代码如下：

```
# 生成预测值并可视化
y_all_pred = estimator.predict(data)
plt.figure(figsize=(10, 6), dpi=80)
plt.subplot(2,1,1)#上面的图画实际值折线
plt.title("销量实际值与预测值对比")
plt.plot(df['Number'],df["sales"],label="实际值",color="black")
plt.xlabel("Number")
plt.ylabel("sales")
plt.legend()
plt.subplot(2,1,2)#下面的图画预测值折线
plt.plot(df['Number'], y_all_pred, label="预测值",color="red")
plt.xlabel("Number")
plt.ylabel("sales")
plt.legend()
plt.show()
```

运行结果如图 4-34 所示。第一个子图中的黑色折线是广告收益实际值情况，第二个子图中的红色折线是 AI 模型预测的结果，两条折线非常相似，说明预测值与实际值很接近，训练的 AI 模型是有效的。

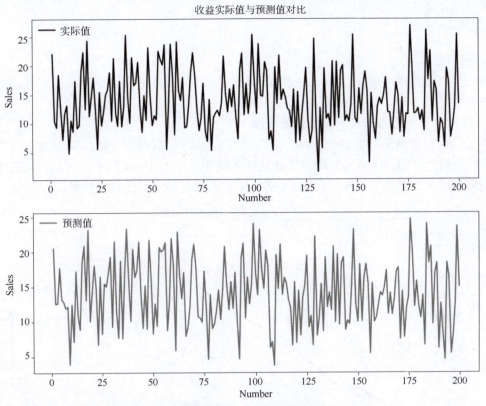

图 4-34　广告收益实际值与预测值折线图（附彩插）

任务实施准备

通过预备知识的学习，同学们已经了解了人工智能及 AI 模型的使用方法，接下来需要运用这些技术实现人口数据的预测分析并呈现结果。在任务实施前需要准备好下列软件工具和数据文件。

（1）操作系统：Windows 10 或 Windows 11。
（2）软件工具：Jupyter Notebook。
（3）数据文件："中国人口历史数据.csv"。

要求在 Python 中安装好 Pandas 库、NumPy 库、Matplotlib 库、Scikit-learn 库和 Seaborn 库。数据文件"中国人口历史数据.csv"收集了中国 1949—2023 年的人口数据，包括年份（"Year"）、总人口（"Population"，单位为万人）、出生率（"Birth_rate"）、死亡率（"Death_rate"）、国民总收入（"GNI"，单位为亿元），如图 4-35 所示。

	A	B	C	D	E
1	Year	Population	Birth_rate	Death_rate	GNI
2	2023	140967	6.39	7.87	1251297
3	2022	141175	6.77	7.37	1197250
4	2021	141260	7.52	7.18	1141231
5	2020	141212	8.52	7.07	1005451
6	2019	141008	10.41	7.09	983751.2
7	2018	140541	10.86	7.08	915243.5
8	2017	140011	12.64	7.06	830945.7
9	2016	139232	13.57	7.04	742694.1
10	2015	138326	11.99	7.07	685571.2

图 4-35　"中国人口历史数据.csv"文件的部分内容

任务实施与分析

1. 获取数据

首先导入常用库 Pandas、NumPy 和 Matplotlib,然后从数据文件中导入所有数据到数据帧中,并显示前 5 行,观察数据导入是否正确。

2. 绘制用于对比的真实人口数据折线图

为了对比观察预测数据是否准确,先以年("Year")数据为 x 轴,以总人口("Population")数据为 y 轴,绘制人口随时间变化的折线图,如图 4-36 所示,这是一条逐步向上倾斜的曲线,反映我国自 1949 年百姓安居乐业、人口蓬勃增长的真实状况。

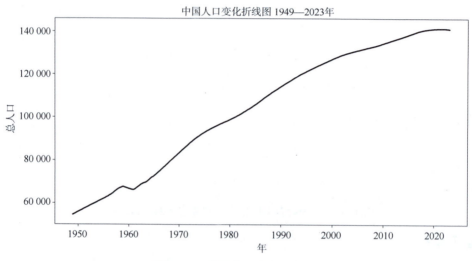

图 4-36 中国人口变化折线图

3. 处理数据

(1) 首先检查数据是否存在缺失值和异常值,如有则进行适当的处理。

如果缺失值是连续的(可以打开数据文件查看),则直接填写平均值、中位数或众数都不能反映数据变化的趋势,建议采用线性插值的方法填充。线性插值是一种通过已知数据点预测未知数据点的方法,其假设数据点之间的趋势是线性的,并通过在两个已知数据点之间进行线性插值来估计缺失值。在 Pandas 库中,线性插值的方法是 interpolate(),它在系列和数据帧上都可以使用。

(2) 准备用低年份的数据进行训练,然后预测高年份的数据。因此,把数据帧中的数据按年份从低到高排序,排序后重新存储在数据帧 df 中。

4. 训练 AI 模型

(1) 进行训练集与测试集的分割。首先使用数据帧中的"Year""Birth_rate""Death_rate""GNI"字段作为特征值,存放到 data 中。将"Population"字段作为目标值,存放到 target 中。以 0.1 作为分割比例进行分割,将 shuffle 参数设置为 False,即指定在分割前不打乱数据,使用 train_test_split() 方法把数据帧中的数据划分为训练集和测试集,划分好的训练集为 x_train 与 y_train,测试集为 x_test 和 y_test。

(2) 进行 AI 模型训练。先导入 Scikit-learn 库的线性回归类 LinearRegression,用它创建一个对象 estimator,接着用 estimator 对象调用 LinearRegression 类的 fit() 方法,在划分好

的数据帧训练集数据（x_train，y_train）上进行训练。

5. 进行预测分析

（1）为 LinearRegression 类的 predict( ) 方法传入前面分割好的测试集 x_test 作为参数，预测输出结果并保存到 y_pred 中。

（2）以训练集 x_train 的"Year"列为 x 轴，以训练集 y_train 为 y 轴，用黑色画出这段时间的真实人口数据折线；再以测试集 x_test 的"Year"列为 x 轴，以预测结果 y_pred 为 y 轴，用红色画出预测出的人口数据折线。

结果如图 4-37 所示，图中黑色折线是实际人口情况，红色折线是 AI 模型预测的结果，即最后 8 个年份（2016—2023 年）的数据是预测的。图中两条不同颜色的折线过渡自然，且保持趋势。该图与完全是实际值的图 4-36 非常相似，说明预测值与实际值很接近，训练的 AI 模型是有效的。

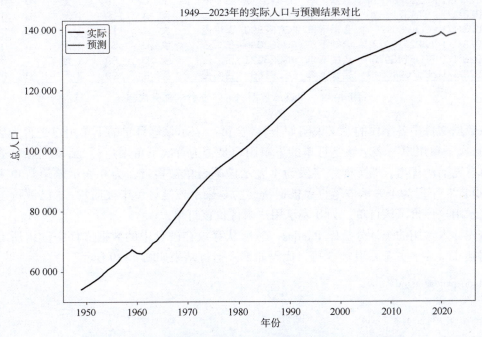

图 4-37　1949—2023 年的实际人口与预测结果对比（附彩插）

拓展知识

1. Python 的统计模型

Python 还提供了一款功能强大的统计分析工具——Statsmodels 库，广泛应用于数据分析领域。Statsmodels 库提供了多种统计模型，包括线性回归模型、时间序列分析模型、广义线性模型等，可以直接使用这些模型进行数据分析。下面介绍如何通过统计模型进行商品销售额的预测分析[17]。

在使用 Statsmodels 库之前，必须先安装它，在命令提示符窗口中输入如下命令进行安装：

```
pip install statsmodels
```

安装完成后，将其导入 Python 环境就可以使用了。

2. 基于统计模型预测分析商品销售额

1）数据获取

本数据集（"订单数据.csv"）是生成式模拟数据，模拟了一个电商店铺 2024 年的订单数据，包含 3 000 条订单记录，用于分析用户行为、购物趋势以及制定营销策略[18]。"订单数据.csv"文件的部分内容如图 4-38 所示。

统计模型预测分析

图 4-38 "订单数据.csv"文件的部分内容

该数据文件中各字段的意义说明如下。"会员"表示该笔订单的下单用户是否为店铺会员；"首次下单用户"表示该笔订单的下单用户是否为首次下单用户；"活动优惠"表示该笔订单有无活动优惠；"换货"字段为 1 表示该笔订单被换货，为 0 表示该笔订单未被换货；"退货"字段为 1 表示该笔订单被退货，为 0 表示该笔订单未被退货；"已评价"字段为 1 表示用户评价了该订单，为 0 表示用户未评价该订单。

首先导入常用的统计分析库 Pandas，然后从存放在硬盘中的数据文件中读入所有数据到数据帧 data 中，并显示其前 5 行，代码如下。运行结果如图 4-39 所示。

```
import pandas as pd
# 加载数据集
file = r'd://订单数据.csv'
data = pd.read_csv(file)
# 展示数据集的前几行
data.head()
```

图 4-39 data 数据帧头五行

2）数据处理

检查数据帧中是否有缺失值。运行如下代码，运行结果显示所有字段的缺失值都为 0，说明都没有缺失值，不需要进行处理。

项目四　处理分析商务大数据进阶

```
data.isnull().sum()
```

需要为数据帧 data 增加一个字段"销售额",其值由"商品单价"与"购买数量"相乘而来,然后显示数据帧 data 的前 5 行。可以看到增加的"销售额"字段及其赋值。代码如下,运行结果如图 4-40 所示。

```
# 计算每个商品订单的销售额(商品单价 * 购买数量)
data['销售额'] = data['商品单价'] * data['购买数量']
data.head()
```

	订单交易时间	订单编号	订单来源	用户ID	会员	首次下单用户	性别	品类	商品单价	购买数量	活动优惠	换货	退货	已评价	销售额
0	2023-01-01	GNIW4174472	直播下单	YS940276	否	否	女	A	119	1	无	0	0	1	119
1	2023-01-01	UQNV753441	店铺下单	YY60341	否	是	女	D	59	1	无	0	1	1	59
2	2023-01-01	ZSES6481292	直播下单	LE367522	否	是	女	A	119	1	无	0	0	1	119
3	2023-01-01	PTDZ3789444	直播下单	UY543729	否	是	女	C	79	1	无	0	0	1	79
4	2023-01-01	AVTA3716825	店铺下单	RP810594	否	是	女	A	119	1	无	0	0	0	119

图 4-40　增加"销售额"字段后的数据帧 data 的前 5 行

运行如下代码,显示数据帧 data 各字段的数据类型。

```
data.dtypes
```

运行结果如图 4-41 所示,"订单交易时间"字段的数据类型是 object,须转换为 datatime 类型才能进行后面的按时间汇总操作。使用 Pandas 库的 to_datetime() 方法进行类型转换,然后重新保存到"订单交易时间"字段中,最后再次查看数据帧 data 各字段的数据类型。代码如下:

```
# 将"订单交易时间"字段的类型转换为 datetime 类型
data['订单交易时间'] = pd.to_datetime(data['订单交易时间'])
data.dtypes
```

运行结果如图 4-42 所示,显示"订单交易时间"字段的类型已经转换为 datetime 类型。

```
订单交易时间      object
订单编号        object
订单来源        object
用户ID        object
会员          object
首次下单用户      object
性别          object
品类          object
商品单价         int64
购买数量         int64
活动优惠        object
换货           int64
退货           int64
已评价          int64
销售额          int64
dtype: object
```

图 4-41　data.dtypes 运行结果

```
订单交易时间   datetime64[ns]
订单编号        object
订单来源        object
用户ID        object
会员          object
首次下单用户      object
性别          object
品类          object
商品单价         int64
购买数量         int64
活动优惠        object
换货           int64
退货           int64
已评价          int64
销售额          int64
dtype: object
```

图 4-42　"订单交易时间"字段转换类型结果

为了创建时间序列数据,按"订单交易时间"分组汇总"销售额"数据,得到每天的总销售额并保存到 time_series_data 中。代码如下,运行结果如图 4-43 所示。

225

```
# 聚合数据以得到每天的总销售额
time_series_data = data.groupby('订单交易时间')['销售额'].sum()
time_series_data
```

```
订单交易时间
2023-01-01    1189
2023-01-02     770
2023-01-03    1111
2023-01-04     792
2023-01-05     714
              ...
2023-12-24    1033
2023-12-25     317
2023-12-26    1847
2023-12-27     455
2023-12-28     713
Name: 销售额, Length: 362, dtype: int64
```

图 4-43　数据帧 time_series_data 的内容

至此数据处理完毕，可以进行 AI 模型训练。

3）ARIMA 模型训练

时间序列就是按时间顺序排列的、随时间变化的数据序列。生活中属于时间序列的数据很多，例如网站访问量、股价、油价、GDP、气温等。前面处理好的 time_series_data 就是一个时间序列的数据，这类数据可以用时间序列分析模型预测未来特定时间段内的趋势和需求。

对于时间序列数据的预测分析，推荐使用 Statsmodels 库的 ARIMA 模型（Auto Regressive Integrated Moving Average，自回归整合移动平均模型），这是一种基于时间序列历史值和历史值上的预测误差来对当前进行预测的模型。要使用 ARIMA 模型，首先必须确保数据是时间序列格式的并且按时间顺序排列，同时是预测粒度（如日、周、月）聚合数据。前面处理生成的数据帧 time_series_data 就是一个按日排列的销售额聚合数据，适用于 ARIMA 模型。可以在历史数据上训练 ARIMA 模型，最后使用 ARIMA 模型对未来的销售额进行预测。

具体过程如下。首先从 Statsmodels 库中导入 ARIMA 模型，并且导入 warnings 忽略警告信息。然后准备训练数据，从数据帧 time_series_data 中划分连续的一段时间数据（2023 年 1 月 1 日—6 月 30 日的数据）用于训练。把训练数据作为参数传入 ARIMA 模型，同时传入 order 参数（p=5，d=1，q=5），这里仅做演示，实际应用中这些参数需要通过网格搜索等方法来优化和调整。最后使用 fit() 方法进行训练，将训练的结果存放在 model_fit 模型中。代码如下：

```
from statsmodels.tsa.arima.model import ARIMA
import warnings
warnings.filterwarnings("ignore")       #忽略警告信息
# 时间序列分析需要连续的数据,选取连续的一段时间进行训练
continuous_time_series = time_series_data['2023-01-01':'2023-06-30']
# 使用 ARIMA 模型进行预测
model = ARIMA(continuous_time_series, order=(5,1,5))#给 ARIMA 模型传入训练数据和参数
model_fit = model.fit()#训练
```

项目四 处理分析商务大数据进阶

4）预测分析

使用训练好的 ARIMA 模型（即 model_fit）来预测未来 30 天的销售额，即 2023 年 7 月 1 日—7 月 30 日的每日销售额。

导入 Matplotlib 库用于可视化结果，用 ARIMA 模型的 forecast( ) 方法进行预测，steps 参数为 30，表示要预测向后 30 天的数据，将预测结果保存在数据帧 forecast 中。为了对比预测结果，在同一坐标轴中先画出 1 月 1 日—6 月 30 日的已有数据折线（蓝色），然后用预测生成的 7 月 1 日—7 月 30 日的数据画出红色折线。代码如下：

```
import matplotlib.pyplot as plt
plt.rcParams['font.sans-serif'] = ['SimHei']
plt.rcParams['figure.dpi'] = 100          #分辨率
# 预测未来30天的销售额
forecast = model_fit.forecast(steps=30)
# 绘制原始数据
plt.figure(figsize=(20,10))
plt.plot(continuous_time_series, label='已有值', color='blue')
# 绘制预测数据
plt.plot(forecast, label='预测值', color='red')
# 设置图例和标签
plt.legend()
plt.title('每日销售额预测',fontsize=20)
plt.xlabel('日期',fontsize=20)
plt.ylabel('销售额',fontsize=20)
plt.tight_layout()
plt.show()
```

如图 4-44 所示，预测值基本延续了已有值的趋势，销售额呈现轻微的波动，但大致保持在一定的范围内。这些预测有助于进行库存规划、营销安排及资源配置等，但需要注意预测值仅为 ARIMA 模型基于历史数据的估计，实际销售额可能受多种因素影响。此模型未考虑可能影响销售额的外部因素，如节假日、促销活动、市场趋势等，所生成的数据有一定误差。

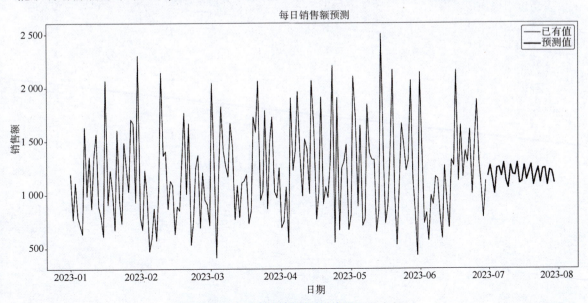

图 4-44　每日销售额预测折线图（附彩插）

227

思考与总结

通过以上的学习，同学们完成了基于 AI 模型的预测分析和可视化的过程，请同学们思考除了本任务中所使用的 LinearRegression 模型和 ARIMA 模型之外，还有哪些好用的模型，它们各适用于哪些方面（不限于本书中的内容）。

_____

_____

能力提升

请同学们打开课程中心页面，完成以下任务：对于指定的数据文件，进行数据导入和处理后，分别使用 LinearRegression 模型和 ARIMA 模型进行训练，然后预测数据，最后对预测结果进行对比分析。

任务训练

请同学们根据本任务的内容，独立完成任务单 4-3 中的实训。

任务单 4-3

任务单 4-3

班级		学号		姓名	
实训 4-3	基于 AI 模型预测分析中国人口数据				
实训目的	（1）能够使用 Pandas、NumPy、Matplotlib、Scikit-learn 和 Statsmodels 等库进行数据的获取、数据处理、AI 模型训练、预测分析。 （2）领悟中国经济繁荣、教育发达、人民安居乐业的现状和美好前景。 （3）培养尊重知识产权、严保数据安全和国家安全的责任意识。 （4）培养严谨、细致、耐心、有担当的职业素养。				
实训过程	创建 Jupyter Notebook 文件 "python4.3.ipynb"，对于提供的数据文件 "中国人口历史数据.csv"，通过数据获取、数据处理、AI 模型训练、预测分析，输出人口真实值与预测值的折线图。在下面按要求写出 Python 代码。 （1）将数据文件读入数据帧 df，并输出前 5 行。 （2）绘制用于对比的真实人口数据折线图。 （3）在训练 AI 模型前进行数据处理。①用线性插值方法 interpolate( ) 填充缺失值。②把数据帧中的数据按年份从低到高排序，排序后重新存储在数据帧 df 中。 （4）训练 AI 模型。①进行训练集与测试集的分割。以 "Year" "Birth_rate" "Death_rate" "GNI" 作为特征值，以 "Population" 作为目标值，以 0.1 作为分割比例，不打乱数据，使用 train_test_split( ) 方法把数据帧中的数据划分为训练集和测试集。②进行 AI 模型训练。用线性回归类 LinearRegression 创建对象 estimator，并传入训练集数据进行训练，得出模型 estimator。 （5）进行预测分析。用黑色折线绘制真实人口数据，用红色折线绘制预测的人口数据，并给出分析结论。				
总结	（1）在本实训中你学到了什么？ （2）在本实训中你遇到了哪些问题？你是怎么解决的？				

商务大数据的获取处理与可视化分析

任务 4　K-Means 聚类分析电商广告效果

预备知识

当前正处于数字经济发展的黄金时代，在信息技术革命的驱动下，社会经济各环节都发生了深刻变革。电子商务作为数字经济的重要组成部分，以独特的优势助力我国外贸逆势发力，实现量的稳定增长和质的稳步提升。

近年来，我国电子商务在恢复和扩大消费、促进数实融合、深化国际合作中发挥了重要作用。服务消费新热点趋向多元，在线旅游、在线文娱和在线餐饮销售额合计对网络零售增长的贡献率逐年上升，数实融合新模式越来越丰富，产业电商平台交易功能进一步强化。我国的国际合作新空间更加广阔，"丝路电商"伙伴国增加到 30 个，消费选择更加丰富多元，连续 11 年成为全球第一大网络零售市场。

我国电子商务创新驱动、融合引领作用明显，成为加快形成内外互促的双循环的重要引擎，为全面建设社会主义现代化国家、向第二个百年奋斗目标进军做出了积极贡献。

电商企业由于投放广告渠道较多，所以迫切需要进行有针对性的广告效果测量和优化，而聚类分析是当今商务大数据统计分析中经常使用的主流方法。本任务基于企业需求，介绍一种聚类分析电商广告效果的方法。

1. 聚类简介

聚类（Clustering）是最常见的无监督学习算法，它指的是按照某个特定标准（例如距离）把一个数据集分割成不同的类或簇，使同一个簇内的数据对象的相似性尽可能高，同时不在同一个簇中的数据对象的差异性也尽可能高。聚类后同一类的数据尽可能聚集到一起，不同类数据尽量分离[19]。与判别分析不同，聚类分析是一种探索性分析方法，它事先并不知道分类的标准，甚至不知道应该分成几类，而是根据样本数据的特征自动进行分类。

聚类算法有许多应用场景，例如新闻自动分组、用户分群、图像分割等。在很多时候，通过无监督的聚类算法得到的聚类结果还可以作为特征在后续监督学习中应用，提升整体效果[19]。常用的聚类算法有 K-Means、K-Medians、均值偏移、DBSCAN 和 HDBSCAN 等。本任务学习和应用 K-Means 聚类算法。

2. K-Means 聚类算法

下面通过示意图来说明 K-Means 聚类算法。在图 4-45 中，A、B、C、D、E 是图中的 5 个点，即需要分类的点，它们都是不能移动的固定点；灰色的点是用于分类的种子点，即用来分类的点，是可以移动的。种子点有 2 个，因此 $K=2$，表示所有的点要聚成 2 类。K-Means 聚类算法的思想如下。

（1）随机在图中取 K 个种子点，例如在图 4-45（a）中 K 取 2。

（2）对图中的所有点求到这 K 个种子点的欧氏距离。假如点 Pi 离种子点 Si 最近，那么 Pi 就属于 Si 点群。在图 4-45（b）中，可以看到 A、B 点属于上面的种子点，C、D、E 属于下面的种子点。

（3）移动种子点到属于它的点群的中心，如图 4-45（c）所示。

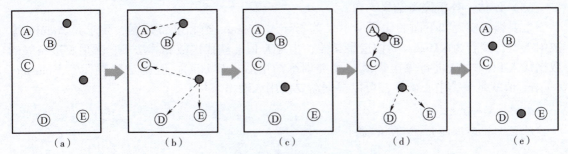

图 4-45 聚类算法示意

（4）重复第（2）步和第（3）步，直到种子点没有移动或者移动的距离小于某个阈值则停止。可以看到图 4-45（d）中重新计算欧氏距离，根据新计算的欧氏距离重新划分点群，结果如图 4-45（e）所示。上面的种子点聚合了 A、B、C，下面的种子点聚合了 D、E[20]。至此达到聚类目标。

需要注意，K 值是事先给定的，且 K 值的选取非常重要，对结果影响很大。通常需要经过其他算法（例如肘部算法等）来确定最优的 K 值，本任务不深入讨论。

二维空间的点 (x_2, y_2) 到点 (x_1, y_1) 的欧氏距离的公式如下：

$$\rho = \sqrt{(x_2-x_1)^2 + (y_2-y_1)^2}$$

K-Means 聚类算法具有简单易懂、计算效率高和易于实现等优点，因此得到了广泛的应用。但它也存在需要预先设定聚类数 K、可能陷入局部最优和对噪声及异常点比较敏感等局限。因此，要获得好的聚类效果，需要结合具体问题和数据特点选择合适的 K 值及优化策略。

3. 归一化（Normalization）

不同的特征常常具有不同的量纲，为了保证数据的一致性，消除特征的量纲和取值范围的差异对数据分析造成的影响，有必要对数据进行归一化处理。Min-Max 归一化（Min-Max Normalization）也称为线性函数归一化，是对原始数据进行线性变换，将结果映射到 0 和 1 之间，以便于不同单位或量级的指标能够进行比较和加权，从而使数据处理更加方便和快捷。其常用的公式如下：

$$\text{归一化输出范围} = \frac{X_i - X_{\min}}{X_{\max} - X_{\min}}$$

从这个公式看可以出，归一化输出范围为 [0, 1]。

4. K-Means 聚类算法的 Python 实现

K-Means 聚类算法的主要参数说明如下。

（1）n_clusters：要进行分类的个数，即 K 的值，默认为 8。

（2）max_iter：最大迭代次数，默认为 300。

（3）min_iter：最小迭代次数，默认为 10。

（4）init：默认为"k-means++"，即使用"k-means++"算法。

在用 Python 进行聚类编程的过程中，一般需要遵循以下步骤。

（1）数据准备：规范化数据，消除缺失值、异常值等。

（2）特征选择：对特征降维，选择最有效的特征。

（3）特征提取：对选择的特征进行转换，提取更有代表性的特征。

（4）聚类：基于特定的度量函数进行相似度度量，使同一类数据的相似度尽可能贴近，不同类数据尽可能分离，得到各类的中心以及每个样本的聚类标签。

（5）评估：分析聚类结果。

主要编程实现如下面的代码所示。首先导入 KMeans 类和准备数据，要求是 NumPy 库数组类型；接着为 KMeans 类构造聚类器，指定 K 值、迭代次数和算法等；然后将准备好的数据代入 fit() 方法进行聚类训练；聚类训练结束后，其 labels_值就是聚类标签，cluster_centers_值就是聚类中心坐标，可以根据需要使用或输出。

```
#导入 KMeans 类
from sklearn.cluster import KMeans
……
#准备用于聚类分析的数据 X,要求是 NumPy 库数组
X = np.array(……)
estimator = KMeans(n_clusters=3)          #构造聚类器，指定 n_clusters，即 K 值
estimator.fit(X)                           #用聚类方法训练
label_pred = estimator.labels_             #获取聚类标签
print("Cluster centers:\n", kmCluster.cluster_centers_)   #打印每个聚类中心坐标
#绘制 k-means 结果
……
```

5. 基于中国大学教育数据的聚类分析

本案例数据来源为教育部网站 2022 年教育统计数据中的各地基本情况，共 31 行、10 列。列包括"普通高校数""部属高校""普通本科""职业本科""职业专科""成人高校""部属成人高校""研究生在校生数""本科在校生数""职业本专科在校生数"，如图 4-46 所示。

基于中国大学教育数据的聚类分析

	A	B	C	D	E	F	G	H	I	J	K
1	地区	普通高校数	部属高校	普通本科	职业本科	职业专科	成人高校	部属成人高校	研究生在校生数	本科在校生数	职业本专科在校生数
2	北京	92	39	67	0	25	23	8	448426	559191	67399
3	天津	56	3	30	0	26	13	0	92726	375558	218947
4	河北	124	4	58	3	63	5	1	81824	962736	810957
5	山西	82	0	32	2	48	9	0	55379	543231	402479
6	内蒙古	54	0	17	0	37	2	0	37588	288595	245914
7	辽宁	114	5	62	1	51	18	2	172033	752201	428000
8	吉林	66	2	37	0	29	14	0	96646	528199	260478
9	黑龙江	78	3	39	0	39	16	0	111806	587214	324797
10	上海	64	10	39	1	24	12	0	242732	413570	141237
11	江苏	168	10	77	1	90	8	1	298659	1239560	979554
12	浙江	109	4	58	2	49	8	0	150296	705515	547750

图 4-46 "2022 各地教育数据.xlsx" 文件的部分内容

（1）获取数据。从 Excel 文件中读入数据到数据帧 df0 中，将列名改为简写的"t1"~"t10"，然后显示前 5 行。代码如下，运行结果如图 4-47 所示。

```
import numpy as np
import pandas as pd
from sklearn.cluster import KMeans
import warnings
warnings.filterwarnings('ignore')
df0 = pd.read_excel("d:/data/2022各地教育数据.xlsx", header=0,names=['t0','t1','t2','t3','t4','t5','t6','t7','t8','t9','t10'])
df0.head()
```

	t0	t1	t2	t3	t4	t5	t6	t7	t8	t9	t10
0	北京	92	39	67	0	25	23	8	448426	559191	67399
1	天津	56	3	30	0	26	13	0	92726	375558	218947
2	河北	124	4	58	3	63	5	1	81824	962736	810957
3	山西	82	0	32	2	48	9	0	55379	543231	402479
4	内蒙古	54	0	17	0	37	2	0	37588	288595	245914

图 4-47　数据帧 df0 的前 5 行

（2）准备数据。首先，检查有无缺失值。运行以下代码，结果全是 0，说明没有缺失值。

```
df0.isnull().sum()
```

然后，进行降维处理。根据重要程度选取最有代表性的 6 列数据，分别是 "t2" "t3" "t5" "t8" "t9" "t10"，分别对应原来的 "部属高校" "普通本科" "职业专科" "研究生在校生数" "本科在校生数" "职业本专科在校生数" 列。对选取的 6 列数据进行归一化处理，全部转换成 [0，1] 区间内的小数，其前 5 行如图 4-48 所示。把归一化的结果都转换成 NumPy 库数组并保存到 X 中。代码如下：

```
# 聚类分析数据准备,先降维:选取有代表性的 6 列数据
df2=df0.loc[:,['t2','t3','t5','t8','t9','t10']]
#归一化处理
max = df2.max(axis=0)
min = df2.min(axis=0)
m = df2.shape[0]
after_normalize = df2 - np.tile(min, (m, 1))
after_normalize = after_normalize / np.tile((max - min), (m, 1))
dfscaler=after_normalize
print(dfscaler.head())
X = np.array(dfscaler)          #准备模型数据,转换为 np 数组
```

	t2	t3	t5	t8	t9	t10
0	1.000000	0.863014	0.229167	1.000000	0.398963	0.037388
1	0.076923	0.356164	0.239583	0.206781	0.260666	0.141693
2	0.102564	0.739726	0.625000	0.182469	0.702880	0.549150
3	0.000000	0.383562	0.468750	0.123496	0.386944	0.268011
4	0.000000	0.178082	0.354167	0.083822	0.195173	0.160253

图 4-48　归一化结果的前 5 行

（3）进行 K-Means 聚类训练。指定 nCluster（即 K 值）为 4，把 X 值代入 fix() 方法进行聚类训练。训练结束后将每个聚类中心坐标和聚类结果输出。代码如下，运行结果如图 4-49 所示。

```
nCluster = 4
kmCluster = KMeans(n_clusters=nCluster).fit(X)       #建立模型并进行 K-Means 聚类训练
print("Cluster centers:\n", kmCluster.cluster_centers_)   #返回每个聚类中心坐标
print("Cluster results:\n", kmCluster.labels_)            #返回样本集的聚类结果
```

```
Cluster centers:
 [[0.05128205 0.13013699 0.1796875  0.06521394 0.12684608 0.10797312]
  [0.11680912 0.76864536 0.80671296 0.35530128 0.80074895 0.69781619]
  [1.         0.8630137  0.22916667 1.         0.39896326 0.03738838]
  [0.08284024 0.49631191 0.43189103 0.25017317 0.42275094 0.32285146]]
Cluster results:
 [2 0 1 3 0 3 3 3 3 1 3 1 3 3 1 1 1 1 1 3 0 3 1 3 3 0 3 0 0 0 0]
```

图 4-49 聚类结果

（4）用文字输出聚类结果。先输出聚类结果的类别及其个数，然后将得到的类别添加到原来的数据中构成 with_type1 并输出，结果如图 4-50 所示；再把得到的类别添加到归一化后的数据中构成 with_type2 并输出，结果如图 4-51 所示。可以看到 with_type1 和 with_type2 的最后都添加了"聚类结果"列，并且内容都是 0~3 的数字，说明聚类成功。

```
类别及其个数:
 3    13
 1     9
 0     8
 2     1
dtype: int64
聚类结果1:
       t0   t1  t2  t3  t4  t5  t6  t7    t8       t9       t10    聚类结果
0    北京   92  39  67   0  25  23   8  448426  559191   67399     2
1    天津   56   3  30   0  26  13   0   92726  375558  218947     0
2    河北  124   4  58   3  63   5   1   81824  962736  810957     1
3    山西   82   0  32   2  48   9   0   55379  543231  402479     3
4   内蒙古  54   0  17   0  37   2   0   37588  288595  245914     0
5    辽宁  114   5  62   1  51  18   2  172033  752201  428000     3
6    吉林   66   2  37   0  29  14   0   96646  528199  260478     3
7   黑龙江  78   3  39   0  39  16   0  111806  587214  324797     3
8    上海   64  10  39   1  24  12   0  242732  413570  141237     3
9    江苏  168  10  77   1  90   8   1  298659 1239560  979554     1
10   浙江  109   1  58   2  49   8   0  150296  705515  547750     3
```

图 4-50 类别个数及聚类结果 with_type1 的前 11 行

```
聚类结果2:
         t2        t3        t5        t8        t9       t10    聚类结果
0   1.000000  0.863014  0.229167  1.000000  0.398963  0.037388     2
1   0.076923  0.356164  0.239583  0.206781  0.260666  0.141693     0
2   0.102564  0.739726  0.625000  0.182469  0.702880  0.549150     1
3   0.000000  0.383562  0.468750  0.123496  0.386944  0.268011     3
4   0.000000  0.178082  0.354167  0.083822  0.195173  0.160253     0
5   0.128205  0.794521  0.500000  0.383637  0.544322  0.285576     3
6   0.051282  0.452055  0.270833  0.215523  0.375623  0.170277     3
7   0.076923  0.479452  0.375000  0.249330  0.420068  0.214545     3
8   0.256410  0.479452  0.218750  0.541298  0.289294  0.088208     3
9   0.256410  1.000000  0.906250  0.666016  0.911361  0.665189     1
10  0.025641  0.739726  0.479167  0.335163  0.509162  0.367995     3
```

图 4-51 聚类结果 with_type2 的前 11 行

代码如下：

```
label_pred = np.array(kmCluster.labels_)
count_type = pd.Series(label_pred).value_counts()      #得到各类别个数
```

```
print("类别及其个数:\n",count_type)
# 把得到的类别添加到原来的数据中构成 with_type1
with_type1 = pd. concat([df0, pd. Series(label_pred, index=df0. index)], axis=1)
with_type1. columns = list(df0. columns) + [u'聚类结果']
print("聚类结果 1:\n",with_type1)
# 把得到的类别添加到归一化后的数据中构成 with_type2
with_type2 = pd. concat([dfscaler, pd. Series(label_pred, index=df0. index)], axis=1)
with_type2. columns = list(dfscaler. columns) + [u'聚类结果']
print('聚类结果 2:\n',with_type2)
```

为了更清晰地观察,把聚类结果整理为字典输出,代码如下:

```
listName = df0['t0']. tolist()                        #将 dfData 的首列"地区"转换为 listName
dictCluster = dict(zip(listName,kmCluster. labels_))   #将 listName 与聚类结果关联,组成字典
listCluster = [[] for k in range(nCluster)]
print(dictCluster)
```

运行结果如下,字典中每个地区名为键,类别为值,31个地区都有输出:

```
{'北京': 2,'天津': 0,'河北': 1,'山西': 3,'内蒙古': 0,'辽宁': 3,'吉林': 3,'黑龙江': 3,'上海': 3,'江苏': 1,'浙江': 3,'安徽': 1,'福建': 3,'江西': 3,'山东': 1,'河南': 1,'湖北': 1,'湖南': 1,'广东': 1,'广西': 3,'海南': 0,'重庆': 3,'四川': 1,'贵州': 3,'云南': 3,'西藏': 0,'陕西': 3,'甘肃': 0,'青海': 0,'宁夏': 0,'新疆': 0}
```

还可以按聚类结果输出,输出每一类有哪些地区,代码如下:

```
for v in range(0, len(dictCluster)):
    k = list(dictCluster. values())[v]         #第 v 个城市的分类是 k
    listCluster[k]. append(list(dictCluster. keys())[v])   #将第 v 个地区添加到第 k 类
for k in range(nCluster):
    print("第 {} 类:{}". format(k, listCluster[k]))        #输出第 k 类的结果
```

运行结果如下,分成4类,第0类有8个地区,第1类有9个地区,第2类有1个地区,第3类有13个地区:

```
第 0 类:['天津','内蒙古','海南','西藏','甘肃','青海','宁夏','新疆']
第 1 类:['河北','江苏','安徽','山东','河南','湖北','湖南','广东','四川']
第 2 类:['北京']
第 3 类:['山西','辽宁','吉林','黑龙江','上海','浙江','福建','江西','广西','重庆','贵州','云南','陕西']
```

(5) 进行结果可视化。首先,按不同的聚类结果分组,求各列的平均值,为了增强显示效果,将所有数据放大 10 000 倍,代码如下:

```
#按不同的聚类结果分组,求各列的平均值
aa=with_type2. groupby('聚类结果'). mean()
dd=aa * 10000
dd
```

运行结果如图 4-52 所示,第 0 行即第 0 类地区各项特征的平均值,一共有 4 类地区,共 4 行。

然后,使用 Pyecharts 库按多个特征绘制雷达图。v1~v4 分别是第 0~3 类地区的特征,为它们从 6 个维度绘图,这 6 个维度是"部属高校""普通本科""职业专科""研究生在校生数""本科在校生数""职业本专科在校生数"。代码如下:

聚类结果	t2	t3	t5	t8	t9	t10
0	512.820513	1301.369863	1796.875000	652.139372	1268.460793	1079.731207
1	1168.091168	7686.453577	8067.129630	3553.012835	8007.489503	6978.161950
2	10000.000000	8630.136986	2291.666667	10000.000000	3989.632584	373.883813
3	828.402367	4963.119073	4318.910256	2501.731698	4227.509391	3228.514595

图 4-52　分组求各列平均值的 dd 内容

```
import pyecharts.options as opts
from pyecharts.charts import Radar
#准备列表数据,形如[[10000, 20000, 35000, 50000, 19000]]
v1=[list(dd.iloc[0])]
v2=[list(dd.iloc[1])]
v3=[list(dd.iloc[2])]
v4=[list(dd.iloc[3])]
r1=(Radar(init_opts=opts.InitOpts(width="1280px", height="720px"))
    .add_schema(
        schema=[
            opts.RadarIndicatorItem(name="部属高校数", max_=10000),
            opts.RadarIndicatorItem(name="普通本科数", max_=10000),
            opts.RadarIndicatorItem(name="职业大专数", max_=10000),
            opts.RadarIndicatorItem(name="研究生在校生数", max_=10000),
            opts.RadarIndicatorItem(name="普通本科在校生数", max_=10000),
            opts.RadarIndicatorItem(name="职业本专科在校生数", max_=10000),],
        center=["50%", "50%"],    #设置雷达图的中心位置为页面的中心
        radius="50%",             #设置雷达图的半径为页面宽度的80%
        splitarea_opt=opts.SplitAreaOpts(
            is_show=True, areastyle_opts=opts.AreaStyleOpts(opacity=1)
        ),
        textstyle_opts=opts.TextStyleOpts(color="#000000"), )
    .add(
        series_name="第 0 类",
        data=v1,
        areastyle_opts=opts.AreaStyleOpts(color="red",opacity=0.1),  #设置数据区域的透明度为0.1
        linestyle_opts=opts.LineStyleOpts(color="red",width=1),      #设置线条的宽度为1
    )
    .add(
        series_name="第 1 类",
        data=v2,
        areastyle_opts=opts.AreaStyleOpts(color="blue",opacity=0.1),
        linestyle_opts=opts.LineStyleOpts(color="blue",width=1),
    )
```

```
        .add(
            series_name="第 2 类",
            data=v3,
            areastyle_opts=opts.AreaStyleOpts(color="green",opacity=0.3),
            linestyle_opts=opts.LineStyleOpts(color="green",width=1),
        )
        .add(
            series_name="第 3 类",
            data=v4,
            areastyle_opts=opts.AreaStyleOpts(color="black",opacity=0.1),
            linestyle_opts=opts.LineStyleOpts(color="black",width=1),
        )
        .set_colors(["red","blue","green","black"])
        .set_series_opts(label_opts=opts.LabelOpts(is_show=False),symbol_size = None,symbol = 'none')
        .set_global_opts(
            title_opts=opts.TitleOpts(title="高校聚类分析雷达图",pos_left ='20%',pos_top ='20%'),
            legend_opts = opts.LegendOpts(is_show = True,pos_left = '20%',pos_top = 'middle',orient = 'vertical'),
        ))
r1.render_notebook()
```

运行结果如图 4-53 所示。红色为第 0 类地区,这类地区高校很少,各类在校生也少,为教育不发达地区。蓝色为第 1 类地区,这类地区部属高校较少,研究生在校生较少,但普通本科(院校)多,职业大专(院校)多,普通本科在校生和职业本专科在校生也多,

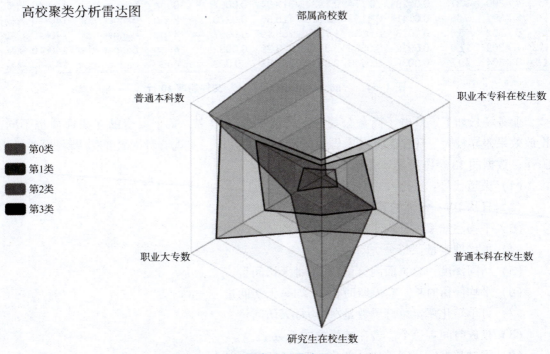

图 4-53　高校聚类分析雷达图(附彩插)

说明这类地区高校规模较大，但高水平研究型高校偏少，应用型高校较多，属于典型的具有地域特色的教育发达地区。绿色为第3类地区，这类地区部属高校和普通本科（院校）很多，研究生在校生也多，但职业本专科在校生很少，说明这类地区的高校多是研究型高校，教育极为发达。黑色为第3类，这类地区与第1类地区相似，只是这类地区的高校规模都偏小，也多是应用型高校，说明这类地区为教育中等发达地区。

任务实施准备

通过预备知识的学习，同学们已经了解了聚类分析的相关知识，以及聚类分析的基本流程，接下来需要运用这些知识进行电子商务广告的聚类分析。在任务实施前需要准备的软件工具和数据文件如下。

（1）操作系统：Windows 10 或 Windows 11。
（2）软件工具：Jupyter Notebook。
（3）数据文件："ad_performance.csv"。

需要提前安装好 Jupyter Notebook、Pandas 库、NumPy 库、Matplotlib 库、Seaborn 库、Scikit-learn 和 Pyecharts 库。文件 "ad_performance.csv" 是从网上获取的某电子商务公司的广告数据，共13列，其前10行如图4-54所示。

	A	B	C	D	E	F	G	H	I	J	K	L	M	N
1		渠道代号	日均UV	平均注册率	平均搜索量	访问深度	平均停留时间	订单转化率	投放总时间	素材类型	广告类型	合作方式	广告尺寸	广告卖点
2	0	A203	3.69	0.0071	0.0214	2.3071	419.77	0.0258	20	jpg	banner	roi	140*40	打折
3	1	A387	179	0.004	0.0324	2.0489	157.94	0.003	19	jpg	banner	cpc	140*40	满减
4	2	A388	91.8	0.0022	0.053	1.8771	357.93	0.0026	4	jpg	banner	cpc	140*40	满减
5	3	A389	1.09	0.0074	0.3382	4.2426	364.07	0.0153	10	jpg	banner	cpc	140*40	满减
6	4	A390	3.37	0.0028	0.174	2.1934	313.34	0.0007	30	jpg	banner	cpc	140*40	满减
7	5	A391	0.95	0.0141	0.4155	4.2113	415.56	0.0276	2	jpg	banner	cpc	140*40	满减
8	6	A392	3.3	0.0028	0.0852	1.7358	155.19	0.0007	4	jpg	banner	cpc	140*40	满减
9	7	A393	11.9	0.0032	0.0539	2.3751	243.29	0.0032	4	jpg	banner	cpc	140*40	满减
10	8	A394	49.2	0.0038	0.0448	2.3813	257.53	0.003	6	jpg	banner	cpc	140*40	满减

图4-54　"ad_performance.csv" 文件的前10行

业务场景如下。某电子商务公司投放广告的渠道很多，每个渠道的客户性质也不同，投放效果差异较大。现在需要对广告数据进行聚类分析，实现有针对性的效果测量和优化工作。数据的13个维度简单介绍如下。

（1）渠道代号：渠道唯一标识。
（2）日均UV：每天的独立访问量。
（3）平均注册率：日均注册用户数/平均每天访问量。
（4）平均搜索量：每个访问的搜索量。
（5）访问深度：总页面浏览量/平均每天访问量。
（6）平均停留时长：总停留时长/平均每天访问量。
（7）订单转化率：总订单数量/平均每天访问量。
（8）投放时间：每个广告在外投放的天数。
（9）素材类型：分别是 "jpg" "swf" "gif" "sp" 等。
（10）广告类型：分别是 "banner" "tips" "不确定" "横幅" "暂停" 等。

(11) 合作方式：分别是"roi""cpc""cpm""cpd"等。

(12) 广告尺寸：分别是长×宽的尺寸，例如"140＊40"即长为 140 cm、宽为 40 cm，其他依此类推。

(13) 广告卖点：分别是"打折""满减""满赠""秒杀""直降""满返"等。

任务实施与分析

对于提供的数据文件"ad_performance.csv"，经过数据获取、数据处理后进行聚类分析，计算各类电子商务广告的投放价值。要求得到聚类结果后，除了用文字输出聚类结果以外，还要使用 Pyecharts 库的雷达图从多维度绘图，并给出分析结论。要求分多步完成。

(1) 获取数据。从提供的数据文件中读入数据到数据帧 ad 中，显示每个数据帧的前 5 行，观察是否正确。

(2) 处理数据。查看数据帧中否有空值或异常值，如有则进行适当的处理。无用的列也需要删除。

对数据帧 ad 进行相关性分析，使用 Seaborn 库绘制相关性分析热力图并输出，结果如图 4-55 所示。

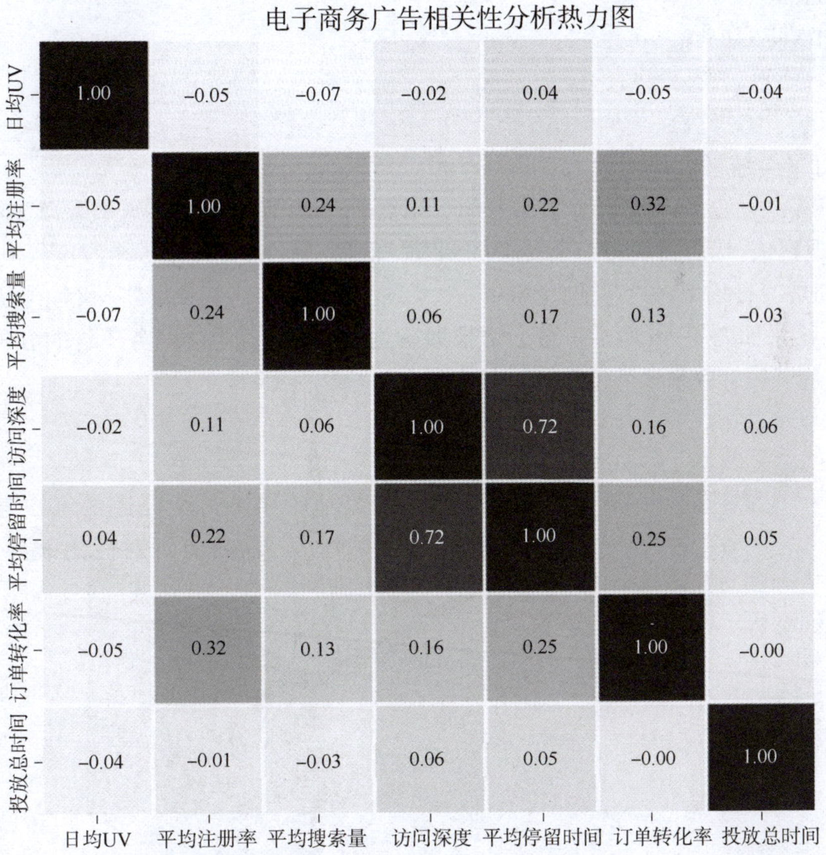

电子商务广告相关性分析热力图

	日均UV	平均注册率	平均搜索量	访问深度	平均停留时间	订单转化率	投放总时间
日均UV	1.00	−0.05	−0.07	−0.02	0.04	−0.05	−0.04
平均注册率	−0.05	1.00	0.24	0.11	0.22	0.32	−0.01
平均搜索量	−0.07	0.24	1.00	0.06	0.17	0.13	−0.03
访问深度	−0.02	0.11	0.06	1.00	0.72	0.16	0.06
平均停留时间	0.04	0.22	0.17	0.72	1.00	0.25	0.05
订单转化率	−0.05	0.32	0.13	0.16	0.25	1.00	−0.00
投放总时间	−0.04	−0.01	−0.03	0.06	0.05	−0.00	1.00

图 4-55 电子商务广告相关性分析热力图

(3) 进行聚类分析的数据准备。

首先，进行降维处理，选取有代表性的 6 列作为特征数据，推荐选取"日均 UV""平均注册率""平均搜索量""访问深度""平均停留时间""订单转化率"这 6 列，保存到数据帧 df2 中。然后，用本任务推荐的方法对数据帧 df2 进行归一化处理，全部转换成[0, 1]区间内的小数保存到数据帧 dfscaler 中，输出其前 5 行观察。最后，将归一化的数据帧 dfscaler 转换为 NumPy 库数组，保存到变量 X 中作为聚类的数据。

（4）进行聚类训练。

推荐 K 值为 4，即分为 4 类，将 X 代入 KMeans 类的 fit( ) 方法建立模型并进行聚类训练。训练结束后输出每个聚类中心坐标（cluster_centers_），以及聚类结果（labels_）。

（5）用文字输出聚类结果。

把得到的聚类结果的类别作为新列添加到原来的数据帧 ad 中构成 with_type1，输出 with_type1 并观察是否正确。

再将聚类结果的类别作为新列添加到归一化的数据帧 dfscaler 中构成 with_type2，输出 with_type2 并观察是否正确。

以渠道代号为键，以聚类结果为值，整理聚类结果为字典然后输出，代码如下：

{'A203': 1, 'A387': 0,……}

为了更清晰地观察，将字典按以下格式输出：

第 0 类：['A387', 'A388',……]
第 1 类：['A203', 'A402',……]
第 2 类：['A389', 'A391',……]
第 3 类：['A846', 'A849',……]

（6）将聚类结果可视化。

首先对 with_type2 按不同聚类结果分组，求各列平均值；然后将结果乘以 10 000 以放大数据（便于观察）；接着将 4 类结果转换成列表，使用 Pyecharts 库从 6 个维度绘制雷达图，这 6 个维度分别是"日均 UV""平均注册率""平均搜索量""访问深度""平均停留时间""订单转化率"。结果如图 4-56 所示。最后请根据雷达图给出各类电子商务广告的分析结论。

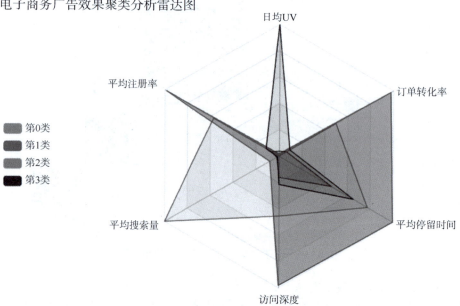

图 4-56 电子商务广告效果聚类分析雷达图（附彩插）

思考与总结

通过以上的学习,同学们完成了数据获取、数据处理、聚类分析及可视化的过程,请同学们思考除了使用雷达图之外,还可以使用哪些图形来可视化聚类结果,它们各有什么优点。

_____
_____

能力提升

请同学们打开课程中心页面,完成以下任务:对于提供的数据文件,导入后进行适当的数据处理,选择更多算法进行聚类分析,并用多种图形可视化结果。

任务训练

请同学们根据本任务的内容,独立完成任务单4-4中的实训。

商务大数据的获取处理与可视化分析

任务单 4-4

任务单 4-4

班级		学号		姓名	
实训 4-4	K-Means 聚类分析电商广告效果				
实训目的	（1）能够使用 K-Means 算法对商务大数据进行聚类分析。 （2）能够使用 Pyecharts 库绘制多维雷达图。 （3）领悟中国经济繁荣、教育发达、人民安居乐业的现状和美好前景。 （4）培养尊重知识产权、严保数据安全和国家安全的责任意识。 （5）培养严谨、细致、耐心、有担当的职业素养。				
实训过程	对于提供的数据文件"ad_performance.csv"，经过数据获取、数据处理后进行聚类分析，计算各类电子商务广告的投放价值。要求得到聚类结果后，除了用文字输出聚类结果以外，还要使用 Pyecharts 库的雷达图从多维度绘图，并给出分析结论。 （1）写出下面各步的代码和注释。 第一步，获取数据。 第二步，处理数据。处理空值、异常值和无用值并进行相关性分析。 第三步，进行聚类分析的数据准备，包括降维、归一化等。 第四步，进行聚类训练。推荐 K 值为 4。 第五步，用文字输出聚类结果。 第六步，将聚类结果可视化。使用 Pyecharts 库绘制雷达图并给出分析结论。 （2）将运行结果截图粘贴在下面并分析结果。				
总结	（1）在本实训你学到了什么？ （2）在本实训中你遇到了哪些问题？你是怎么解决的？				

素养提升

本项目 4 引入当前火热的人工智能、大数据等前沿技术，进一步提升学生的专业素养，为加快建设网络强国和数字中国提供新的技术支撑。

《中国数字经济发展研究报告（2023 年）》显示，2022 年我国数字经济实现了更高质量发展，进一步向做强、做优、做大的方向迈进，全年数字经济规模达到 50.2 万亿元，同比名义增长 10.3%，已连续 11 年显著高于同期 GDP 名义增速，数字经济占 GDP 比重达到 41.5%，这一比重相当于第二产业占国民经济的比重，数字经济成为国家经济发展的主引擎[5]。我国数字经济的发展以电商为代表的消费互联网为主，近年来工业互联网对数字经济的带动作用变得更加明显。任务 1 通过相关性分析爬虫抓取的短视频网站数据即侧面反映了我国网络市场活跃，数字经济发达的现状。

任务 2 通过词云分析成都大运会数据，说明我国不仅有创办世界各类体育大赛的能力，而且有大批的体育健儿为国争光、屡创佳绩，侧面反映了我国已经成为世界体育强国。

在当前火热的人工智能技术领域，我国的进步也是举世瞩目。《2024 全球数字经济白皮书》显示，我国人工智能技术突破与产业发展提速，截至 2024 年第一季度，全球有人工智能企业近 3 万家，我国占 15%。2023—2024 年第一季度，全球有人工智能独角兽 234 家，我国占 71 家。截至 2024 年，全球有 AI 模型（大模型）1 328 个，我国占 36%[21]。任务 3 通过导入 AI 模型，预测分析了多个案例，特别是通过 AI 模型预测分析中国人口数据，客观反映了我国各行各业欣欣向荣，百姓安居乐业，人口逐步增长的盛况。

任务 4 进行基于中国大学教育数据的聚类分析，通过真实具体的数据分析雷达图，可以看出不管是东部还是西部，沿海还是内地，我国每个省份都有自己的大学，都能为地方培养各类人才，为区域的经济发展服务。这反映了我国大学数量众多，专业门类齐全，教育高度发达的景象。

项目评价

知识巩固与技能提高（40分）			得分：
计分标准： 得分=1×单选题正确个数+2×填空题正确个数+1×判断题正确个数			
学生自评（20分）			得分：
计分标准： 得分=2×A的个数+1×B的个数+0×C的个数			
专业能力	评价指标	自测结果	要求 （A，掌握；B，基本掌握；C，未掌握）
Seaborn库及Pyecharts库	1. 相关性分析原理 2. 使用Seaborn库绘制热力图的方法 3. Pyecharts库配置方法 4. 使用Pyecharts库绘制词云图的方法	A□ B□ C□ A□ B□ C□ A□ B□ C□ A□ B□ C□	理解相关性分析的概念，掌握Seaborn库的特点与绘图方法，掌握Pyecharts库的配置及绘图方法
AI模型预测分析	1. AI模型的概念 2. AI模型预测分析方法	A□ B□ C□ A□ B□ C□	理解AI模型的概念，掌握使用AI模型进行预测分析的方法
K-Means聚类分析	1. K-Means聚类算法 2. 使用Python编程实现K-Means算法的方法 3. 使用Pyecharts库绘制多维雷达图的方法	A□ B□ C□ A□ B□ C□ A□ B□ C□	理解K-Means聚类算法，能够使用Python编程实现K-Means算法，能够使用Pyecharts库绘制多维雷达图
职业道德思想意识	爱党爱国、爱岗敬业、团结合作、严谨、细致、耐心、有担当	A□ B□ C□	专业素质、思想意识得到提升，德才兼备
小组评价（20分）			得分：
计分标准：得分=10×A的个数+5×B的个数+3×C的个数			
团队合作	A□ B□ C□	沟通能力	A□ B□ C□
教师评价（20分）			得分：
教师评语			
总成绩		教师签字	

参考文献

[1] 张红，胡坚，张荣臻，等. Python 程序设计案例教程［M］. 杭州：浙江大学出版社，2022.

[2] TIOBE. TIOBE Index for August 2024. https://www.tiobe.com/tiobe-index/.

[3] GitHub. Octoverse：The state of open source and rise of AI in 2023. https://github.blog/news-insights/research/the-state-of-open-source-and-ai/.

[4] 菜鸟教程. Python 推导式. https://www.runoob.com/python3/python-comprehensions.html.

[5] 中国信息通信研究院. 中国数字经济发展研究报告（2023 年）［EB/OL］.（2023-4）［2024-8-20］. http://221.179.172.81/images/20230428/59511682646544744.pdf.

[6] 夏敏捷，尚展垒. Python 数据分析与可视化教程微课版［M］. 北京：人民邮电出版社，2024.

[7] 黄锐军. Python 爬虫项目教程［M］. 北京：人民邮电出版社，2021.

[8] 菜鸟教程. 正则表达式-语法. https://www.runoob.com/regexp/regexp-syntax.html.

[9] 于子平. 全国首例"爬虫"技术侵入计算机系统犯罪案［EB/OL］.（2020-1-12）［2024-8-28］. https://www.chinacourt.org/article/detail/2020/01/id/4769105.shtml.

[10] 李阳，杨尚东. 游戏行业深度报告：游戏产业全景解析［EB/OL］.（2023-9-7）［2024-8-20］. https://new.qq.com/rain/a/20230907A01LKT00.

[11] 电愉. 2022 年 3 月全球热门移动游戏收入 TOP10：《王者荣耀》持续领跑［EB/OL］.（2022-4-20）［2024-8-20］. https://www.sohu.com/a/539592841_120046429.

[12] ［日］吉田拓真，尾原飒. NumPy 数据处理详解［M］. 陈欢，译. 北京：中国水利水电出版社，2021.

[13] 李良. Python 数据分析与可视化［M］. 北京：电子工业出版社，2021.

[14] pyecharts. https://05x-docs.pyecharts.org/#/.

[15] 刘学博，户保田，陈科海，等. 大模型关键技术与未来发展方向［J］. 中国科学基金，2023，37（05）.

[16] 竹山全栈. 如何使用 Python 从 0 训练自己的 AI 模型［EB/OL］.（2024-3-8）［2024-8-16］. https://blog.csdn.net/qq_22593423/article/details/136574460.

[17] 和鲸社区. https://www.heywhale.com/home/project.

[18] 韩信子@ShowMeAI. 图解机器学习 | 聚类算法详解［EB/OL］.（2022-3-8）［2024-8-17］. https://www.showmeai.tech/article-detail/197.

[19] 万蕊清. K-Means 算法［EB/OL］.（2014-4-8）［2024-8-8］. https://blog.csdn.net/gateway6143/article/details/23202483.

[20] 田柳.《全球数字经济白皮书（2024 年）》正式发布，全球 AI 大模型中国占比超三成［EB/OL］.（2024-07-04）［2024-1016］. http://szjj.china.com.cn/2024/07/04/content_42850655.html.

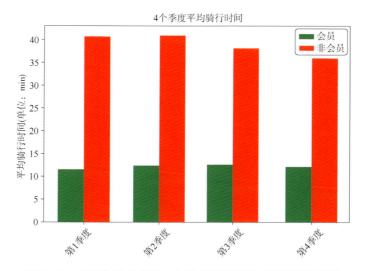

图 3-42 会员与非会员的 4 个季度平均骑行时间簇状柱形图

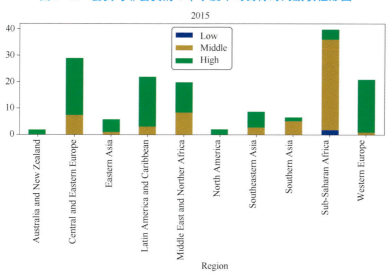

图 3-61 2015 年世界各区域国家幸福等级堆积柱形图

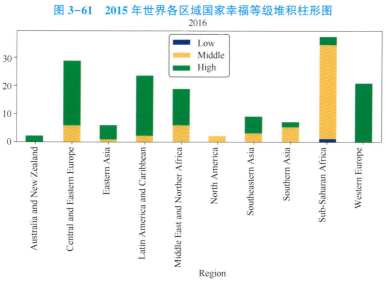

图 3-62 2016 年世界各区域国家幸福等级堆积柱形图

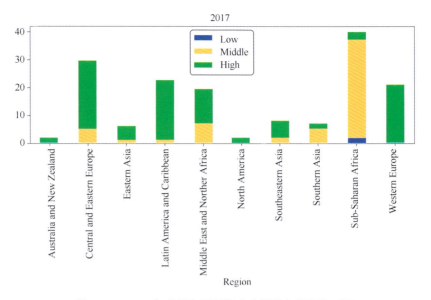

图 3-63　2017 年世界各区域国家幸福等级堆积柱形图

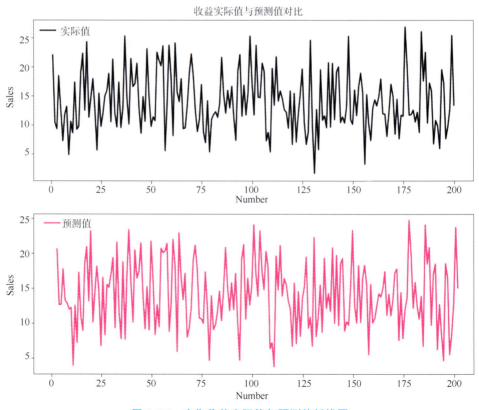

图 4-34　广告收益实际值与预测值折线图

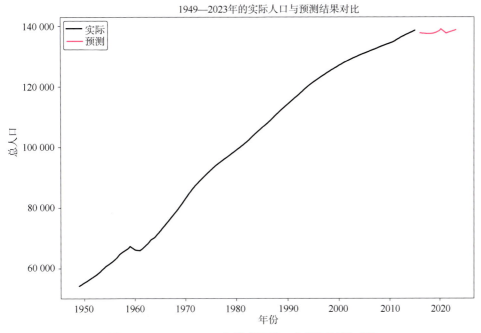

图 4-37　1949—2023 年的实际人口与预测结果对比

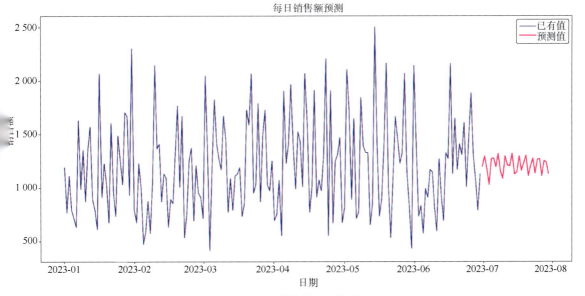

图 4-44　每日销售额预测折线图

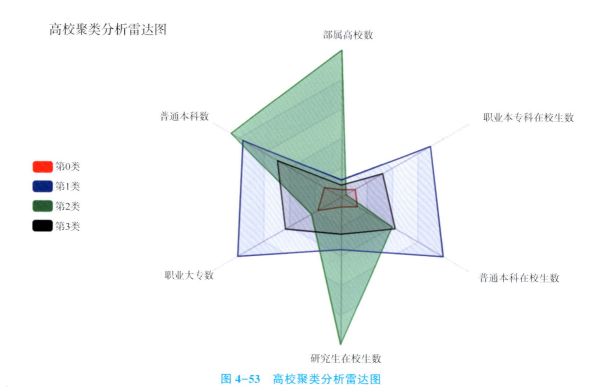

图 4-53 高校聚类分析雷达图

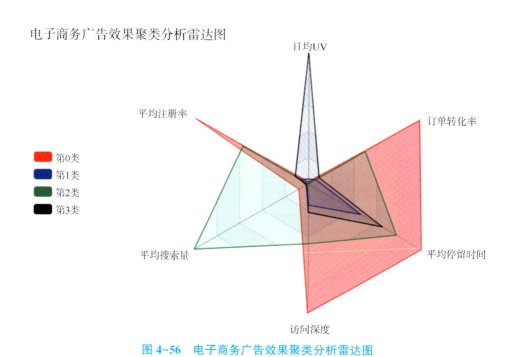

图 4-56 电子商务广告效果聚类分析雷达图